橫濱瑪麗

ヨコハマメリー

白塗りの老娼はどこへいったのか

TAKAYUKI NAKAMURA
中村高寛

柏樂——譯

目次

第一章 瑪麗小姐是誰？

第二章 從「橫濱」解讀近現代

第六章　兩個人的〈My Way〉

第七章　聽見伊勢佐木町藍調

終章

第一章

瑪麗小姐是誰？

1　一切都從電話俱樂部開始

開始做某件事的契機，往往是一些微不足道的瑣事。沒想到，當初一個臨時起意的念頭，竟讓我獻上了自己整個二十多歲時的時光。

一九九七年四月，我二十二歲，剛出社會工作，擔任電視電影和兩小時電視劇[1]的導演助理。職位甚低的我，其實不過就是打打雜，每天在拍攝現場跑來跑去。我很快生出了辭職的念頭，剛成為社會新鮮人還未滿一個月，就滿腦子開始尋找逃走的藉口。也許，這就是所有人都經歷過的「五月病」[2]。當時我想，或許習慣了這份工作後，心緒就會平靜。可是半年過去了，即始時序已至秋冬，我憂鬱的情緒仍不見好轉。

我原本是因為喜歡電影，才從看電影的觀眾成為製作電影的人，投入電影的世界。但是，理想與現實畢竟不同，我深深意識到真不該把愛好當作職業。

那段時間裡，唯一愉悅的事，就是休假時走進電影院看電影。

我所居住的橫濱，曾經是全國屈指可數的電影院聚集地。即使到了九〇年代，它的全盛時期已過，但僅僅在關內和伊勢佐木町周邊就有馬車道的東寶會館、伊勢佐木町的橫濱松竹、橫濱Piccadilly（横浜ピカデリー）、伊勢佐木町東映、日活會館、甚至是在日本締造了「首映」（封切）

模式的橫濱ODEON電影院（横浜オデヲン座）等。除此之外，還有專門以迷你戲院形式放映電影的關內Academy電影院（関内アカデミー）、名畫座的橫濱日劇電影院（横浜日劇）、Cinema Jack & Betty（シネマジャック&ベティ）等等。

那天，橫濱日劇電影院一早即滿座。這家電影院曾經是永瀨正敏主演的熱門電影《私家偵探濱麥克》系列的拍攝地點。這裡一直都在放映兩部聯映的好萊塢B級電影。進到電影院內，就會聞到裡面瀰漫著混雜了尼古丁和泡麵的難聞氣味。絕大多數觀眾都是當天現領日薪的工人，或者可能是中途蹺班的上班族。因為是循環放映，不需要移動更換影廳，進場即可坐著消磨一整天。與其說是看電影，不如說只是找個地方待著。黑暗中，菸頭的渺渺火花猶如螢火，也讓眼前的銀幕籠罩在煙霧中，僅僅是待在裡頭，便足以讓人放鬆。

兩片聯映連看兩輪之後，我走出了電影院。抬眼望去，已是黃昏。在有點寒意的感覺裡，我沿著橫濱日劇電影院前面的若葉町街往伊勢佐木町商店街走去。曾經誕生流行語「伊勢漫步」（ISEBURA）的伊勢佐木町商店街在當年曾是燈火輝煌的鬧區，如今商圈化之後，改造成行人專

1　類似電視電影的單集電視劇。基本上片長約兩小時，按照劇情片標準製作。當時許多電影導演無片可拍，故轉而拍攝此類電視劇。

2　日本就業是以每年四月為始，然而好不容易進入新環境不到一個月，就迎來四月底到五月初長達七天假期的黃金週，因為如此，許多社會新鮮人放完假後在五月回到職場，便出現了憂鬱等負面情緒，即為所謂的五月病。

用區域，往年的模樣已蕩然無存。

雖然只是傍晚，但因時值晚秋，日落顯得格外早。在滿是絢麗霓虹燈光的街道，人潮來往交錯，就在此時，一種奇妙的衝動突然襲來。

「想去電話俱樂部。」

我不知道自己為何興起了這樣的念頭，只知道這個時間回家似乎說早不早、說晚不晚。也或許是一個人獨自走在人群中，突然想依偎誰吧。

學生時代，我確實曾經沉迷此事一陣子，但許久未碰。然而，為什麼那時迷上了電話俱樂部？現在回想，又觸動了過去的心靈創傷。

因為父親的工作經常因調派而變動，我光是在橫濱市金澤區[3]就曾轉學換過五所小學。中學時又轉到熊本就讀，在那裡，由於滿口「標準語」（亦即東京腔）而備受同學嘲笑。

「你這個東京崽子！」

「不！我是橫濱人！」

當時我儘管自知弱勢，仍咬緊牙關針鋒相對。靠著「我可不像你們這些鄉巴佬，我是道道地地的橫濱人！」這種特權意識，支撐著自己。

初中二年級，我終於離開熊本、回到橫濱，但結果這回卻又因為「說話帶有地方口音」而遭新同學嘲笑。也許因為是小孩子，適應力特別強吧，我在不知不覺間，竟也成為說著道地熊本腔的鄉巴佬了。原本那點脆弱的特權意識隨之崩潰，我陷入完全的失語狀態，一句話也說不出來。橫濱的兩年初中歲月，是我人生中最陰暗的時刻，至今依然不願回顧。那時，我孤伶伶一個人，備嘗孤獨，只有電影是我唯一的救贖。就是所謂的逃避現實吧。在電影院裡和素昧平生的觀眾一起盯著銀幕同喜同悲，彷彿也感覺到自己與人產生了連結。

幾年過去，我總算擺脫了熊本腔，但還是不擅長開口和人說話。就在此時，我跟著哥哥去了電話俱樂部。由於可以不必看著對方的臉，只憑聲音交流，我才終於能夠沒有障礙地與人對談。在那段時間裡，對我來說，電影和電話俱樂部都是與人產生連結的管道。而後，我愈發習慣流連於電話俱樂部，不僅發展出聲音的交流，還有了肉體的交流……也許在那天，是這種十多歲時難為情的記憶被喚醒了。那天，我想要的不只是看一場電影，還想和人有更加緊密的連結。於是，對我而言，能想到的選項就只剩電話俱樂部了。

在諸多店家裡，我選中了「情人節呼叫」的關內分店，隨即動身前往。所謂的電話俱樂部分成兩種服務形式。一種是轉介式，也就是由女方打電話到店家，服務櫃檯會確認興趣與目的，再轉接給適合的男性顧客。無論是有意援交或單純交友的通話，雙方都能以同樣目的進行交談，因而發展迅速。但如果沒有合乎心意的女方來電，就得一直苦等下去。

3　橫濱市最南邊的行政區，緊鄰鎌倉市和逗子市。

還有一種是搶接式。不必透過櫃檯轉接，女方來電時，男客面前的電話會同時響起，最早接起電話的客人便贏得通話權。雖然很有意思，但要一直保持備戰狀態，比較辛苦。

「情人節呼叫」提供的是轉介式服務。我選了一個兩小時的方案，在櫃檯旁的錄影帶架上隨手拿了兩支成人錄影帶。看什麼都無妨，只是為了在接到電話前打發時間罷了。我被帶往一間約三張榻榻米大的狹小房間。一關上門，壓迫感頓時襲來。記得當時我還忍不住嘀咕了一句：「有幽閉恐懼症的人肯定受不了吧。」在皮革沙發坐定後，映入眼簾的是一臺電視、錄放影機與電話。由於不知電話何時會響起，也惹得我情緒高漲，為了平靜下來，我拿起房間裡的使用手冊開始翻閱。手冊說明了電話俱樂部裡一些最基本的禮儀守則：要耐心地把女方的話聽完，不得強人所難地逼迫對方見面，還有，不可簡單粗暴地掛斷電話等等。我一邊點頭，一邊認真地逐條閱讀下去。

就這樣，一個小時過去了，電話一聲都沒有響起。這就跟釣魚也有始終釣不到的時候一樣。我彷彿進入了和尚打坐的狀態。當初也許該選搶接式服務的店啊，一陣後悔襲來，我又放入第二支錄影帶。就在螢幕裡的女人露出痴迷神情、發出啊啊的呻吟聲時，我的睡意逐漸升起。或許是收工後的疲憊湧上了，我忍不住閉起了眼睛。就在這時，電話突然響了起來，瞬間嚇得我心跳差點停止。

我急忙關掉電視。不過既然是轉介式，實在無須焦急。我做了個深呼吸，讓自己鎮靜下來，然後不慌不忙地拿起話筒。

「你好。」

「你好。你現在在做什麼啊？」

原來女方在賭場工作，今年二十五歲。聽她說話的口氣，以前可能是個不良少女的大姊頭吧。不過，我們兩個聊了大約五分鐘，已覺無話可說。感覺對方也是為了打發時間才打來。這種狀況也是有的。我想儘快掛掉電話，等待下一個機會，也許還有其他女人會打進來。但是我一直找不到結束話題的時機。好吧，我不得不說出那句話了……

「那個……」

我試圖結束交談。就在此際，她忽然拋來一句：「最近，都沒看到瑪麗小姐啊。」

「……你是說那個臉塗得白白的老太婆嗎？」

我確認性地回問道。「是啊。不知道她怎麼樣了？」

命運的瞬間，彷彿降臨了電話俱樂部的這個房間。

瑪麗小姐是橫濱的名人，是個臉妝塗抹得如歌舞伎演員般、一身白色洋裝的老太婆。除了瑪麗小姐這個稱呼之外，隨著世代或地域差異，也有白臉妖怪、白小姐、白髮婆婆、白粉面具等別名，稱呼各不相同。

我第一次見到她是初中時。當時我在東寶會館看完《回到未來2》（一九八九年上映），正走在馬車道大街上，忽然注意到對面的人行道長椅上似乎有個白色物體。

「是洋娃娃嗎？但未免也太大了吧……」

起初，我看不出來那是什麼，但就在我盯著它看時，那東西忽然微微動了一下。

至今我仍難以忘懷當時受到的衝擊。事實上，我以為那是個怪物。不僅僅是外表而已，是渾身都散發著妖氣。週一上學才知道，原來好幾個同學都和我一樣看到了「瑪麗小姐」，於是有那麼一陣子，她成了班上的熱門話題。每個人都有來自不同出處的說法。真偽難辨、不負責任的傳聞讓大家聊得很興奮。

「據說本來是華族[4]，因為家境沒落，才淪為妓女的。」

「很久以前，因為孩子死掉而發瘋了，從此流浪街頭。」

「聽說卸了妝後，其實是個年輕又漂亮的女人噢。」

「是梅毒感染傷到大腦，才發瘋的。」

再說回電話俱樂部這件事上。由於我和她聊著各自所知道的瑪麗小姐，談得十分熱切，結果竟然聊到超過了預定的兩小時，我又額外支付了延長費用。我們意猶未盡，立刻約定：「等等見面吧。」

以瑪麗小姐為話題還能約到女人，大概就只有在橫濱了。約好的見面地點是京急日之出町站前的電話亭。我急忙走出電話俱樂部，快步跑向約定地點。穿過伊勢佐木町的人群，好不容易趕到了站前的行人限時穿越道。只要紅燈轉為綠燈，馬上就能抵達約定地點了。我等不及地盼著紅燈轉成綠燈。我一邊上氣不接下氣地站在那裡，一邊將目光望向目的地的電話亭，有一個女人獨自站在那裡。一定是她！我瞇起眼睛，試圖將她看得更清楚。是個體格彷若女子摔角選手北斗晶[5]的女生。我並不會太在乎一個人的外表，但她的模樣確實有點嚇人。綠燈亮了。人潮開始往車站、她所在的方向移動。但我只是站在原地，就在此刻，我的目光與她交會。

在隔著斑馬線的十字路口互相對視的兩人，那感覺，彷若被蛇盯上的青蛙。可悲啊，待我意識到時，我發現自己已轉過身去，狂奔著逃離了現場。真是不可原諒，爛透了的自己啊，我使盡全力奔跑，企圖隱身在夜幕降臨的城市裡。

「那個像大姊頭的可怕女人⋯⋯⋯⋯」

「竟然透過瑪麗小姐的話題跟她聊起來，真是不可思議⋯⋯」

我缺氧的腦袋裡斷續浮現這些破碎的念頭，而後突然想起了電話俱樂部使用手冊上的那句話：「對待女方，要細心體貼」，頓時覺得心痛。

4　華族是一八六九至一九四七年間日本存在的貴族階級。

5　原為日本女子職業摔角選手，退休後轉型為藝人。

2　都市傳說與流言

電話俱樂部的事情不久後，我認識了中澤健介。他小我一歲，從事劇情片電影的攝影助理工作。碰到我倆都休假時，就經常聚在一起天南地北地聊天。當我開始關注起瑪麗小姐的事，也跟他聊起了這個話題。

「你知道瑪麗小姐嗎？」

「當然知道。她還出現在電影裡過，很有名呢。」

中澤用一副理所當然的神情回答我。他指的電影是《通往遙遠時代的階梯》（林海象導演，一九九五年上映），劇中出現了永瀨正敏扮演的私家偵探濱麥克，以及以瑪麗小姐為原型的老太婆「港都瑪麗」的對話場景。

〔**場景**〕73　**沿著大岡川河岸的街道，夜晚**

一群妓女並列站著，正在拉客。

年過八十，滿臉塗白的妓女「港都瑪麗」也在其中。

遮著臉的麥克走了過來。

麥克：「瑪麗小姐。」

瑪麗小姐：「唉呀，是麥克啊。你終於對我有意思了啊？你可是我喜歡的類型喔，等等我一定會讓你舒服的。」

她拋了個媚眼，挽住麥克的手臂。

麥克：「不、不是啦，瑪麗小姐……關於這座城市，恐怕沒有你不知道的事，對吧。」

瑪麗小姐：「那當然。我站在這裡五十個年頭了，是看著這城市一路走來的。」

（《私家偵探濱麥克》第二集，《通往遙遠時代的階梯》劇本）

飾演港都瑪麗的是坂本壽美子。她是資深女演員，也是歌手，唱紅了〈黃昏的御堂筋〉、〈夜盡天明〉等暢銷歌曲。後來我才知道，現實中的瑪麗小姐從未在大岡川畔和洋妓一起阻街拉客，在橫濱站了五十個年頭的說法也是錯的。但由於電影作品純屬虛構，這樣戲劇化的設定，也是在可接受的範圍內。

我一邊斜眼看著中澤，一邊試探地問：

「你不覺得瑪麗小姐的故事很有趣嗎？或許可以拍成電影。」

「……」

「我說的不是劇情片。應該是那個才對，紀錄片？」

中澤驚愕了片刻，隨即盯著我的臉，滔滔不絕地說了起來。

「這個太有意思了！可以考慮在片中採訪永瀨正敏。還可以把橫濱日劇電影院也拍進來，鏡頭從電影院入口移動到電影院裡面，螢幕上則放映《通往遙遠時代的階梯》，然後導演林海象也坐在觀眾席上，你覺得如何？」

看來除了這個點子，對於主題本身的魅力，中澤也是毫不懷疑。朋友的贊同無疑成了我的助力。可是，才剛點亮的希望之芽瞬間就熄滅了。那天晚上，中澤打電話給我。

「剛剛我從我媽那裡聽說，瑪麗小姐已經不在此地了。」

「好像有這樣的傳言……」

「而且，似乎已經有相關題材的紀錄片。」

掛斷電話後，我倒在床上。現在的副導生活看不見未來，只有痛苦。就算我拚命努力，也許還是要過個十年二十年才能當上導演。但即使拚盡全力，我現在負責拍攝的兩小時電視電影都已耗盡了我的時間精力，根本無緣成為導演，執導我長久以來所嚮往的、在電影院放映的電影。這就是我所追求的電影世界嗎？不，應該不是這樣。但如果自己不行動，什麼都不會改變。我認為《瑪麗小姐》好像會是我擺脫現狀的突破口。一片寂靜的屋子裡，時鐘秒針的擺動聲比平常更大了。我緊緊咬住下唇。

又過了兩個月左右，我開始頻繁造訪滿是聖誕燈飾、盡顯歲末繁華的伊勢佐木町商店街，但這一回，我既不是為了看電影，也不是去電話俱樂部，而是要多方打聽瑪麗小姐的事。在那通電話之後，我開始調查有關「瑪麗小姐的電影」，但一無所獲。其實，倘若已有相關影片，我所做的一切都將是徒勞無功。但我依然覺得無妨，因為想知道為什麼瑪麗小姐如此吸引著我。不過，儘管有所行動，我也沒有做出什麼了不得的事情。

我只是在伊勢佐木町商店街遊蕩，逢人便問：「您知道瑪麗小姐嗎？」

「瑪麗小姐嗎，她可是個了不起的人物。」

「據說來橫濱之前，是在橫須賀。」

「好像現在還在接客呢。我親眼看她走進了賓館。」

「聽說她還上過美國《生活》（*LIFE*）雜誌的封面。」

「聽說已經不見了。幾年前就被救護車載走了。」

瑪麗小姐果然有名。儘管她既非藝人也非名流，但在此地，她卻是無人不知無人不曉的存在。聽說從前上過報紙，於是我趕緊順著這個線索搜尋。

就在那次電話俱樂部事件的事發地點日之出町站前……順著旁邊的坡道往上走，到了野毛山半山腰處，就是橫濱市藏書最豐的中央圖書館。圖書館的三樓有個橫濱歷史資料專區，那裡收藏著編訂齊全的各時期舊報紙。根據我在伊勢佐木町聽來的消息，一九九五年到一九九六年期間似乎疑點較多。於是我便鎖定那段時期，除了搜索地方報紙《神奈川新聞》之外，也仔細留意了《讀賣新聞》與《朝日新聞》的全國版。即使報紙刊登過瑪麗小姐的報導，應該也不會以太大篇幅介紹一個滿臉塗白的老婆婆。為了不漏掉線索，我一版一版地檢查每一張報紙，耗費的時間超出想像。就這樣按照一月、二月、三月的裝訂順序逐步篩檢，不敢遺漏。

這不是一天就能完成的工作，是一項需要耐心的艱鉅任務。接連幾月，下班後我就往圖書館跑。某天抬眼望向圖書館窗外，已然是櫻花盛開的時節。自從電話俱樂部事件以來，已經整整過了半年。我本來就沒做過這類調查，對於查閱檢索也不得要領，曠日費時，也是理所當然之事。那些聽來的消息會不會是假的呢……就在我開始不安時，終於發現了與瑪麗小姐相關的報導。

〈攝影集《PASS　橫濱瑪麗》　森日出夫著〉

白衣白裙、白色妝容、腳上也是清一色的白。這部攝影集拍攝的是經常出沒於橫濱關內附近的一位神祕女性，人稱「瑪麗小姐」。作者是活躍於橫濱市區的攝影家，從過去迄今，他持續拍攝了新港碼頭的紅磚倉庫、東橫線高島町至櫻木町站之間的電車高架橋下等等，並將一系列以市內景觀和建築作為拍攝主題的作品命名為「森之觀測」。這一回，攝影集裡的瑪麗小姐，也是作為攝影師鏡頭所瞄準的橫濱「風景」，被收錄其中。

（《神奈川新聞》，一九九五年九月十日）

印刷在粗糙報紙上的瑪麗小姐臉部特寫果然令人震撼。過去，我從未如此靠近她，只能遠遠觀望，對於瑪麗小姐的印象，不過是一團「白色物體」。第一次這樣看著瑪麗小姐的臉，她那帶著淡淡笑容的神情，果真散發著一股妖氣。我趕緊影印了這份報導，奔向圖書館的檢索電腦。

一輸入關鍵字《PASS　橫濱瑪麗》，瞬間豁然開朗。果然燈檯底下往往是一片漆黑，這部攝影集一直就放在這幾個月來我必經的橫濱資料專區。自費出版、B4開本的攝影集，拿在手中，有種沉甸甸之感。我一頁一頁緩緩仔細翻閱，找到了那張刊登在報導上的特寫照。此外，還有神情凜冽而優雅的瑪麗小姐側臉、抱著行李走在街上的瑪麗小姐身影、委靡地坐在人行道長椅上的瑪麗小姐……各種姿態的瑪麗小姐，被如實定格在照片上，每幅照片中的她，都不再是「白色物體」，而是暮年的女性。

「太棒了……」除此之外，我什麼話也說不出來。頓時，我感覺找到了目標。幾個月來奔波於圖書館的鬱悶時光彷彿瞬間得到了解放，接下來的檢索搜尋也做得更加起勁。我遍覽了一九九五年的全部報導之後，就開始往九六年的報紙搜尋。漸漸地，又發現一些相關報導。

在橫濱市內已見不到瑪麗小姐。記者詢問了曾經照顧過她的香頌歌手，據悉去年歲末，瑪麗小姐摔倒，被救護車送到醫院。然而數日後她便離開了醫院。最後見到她的身影，是棲居於橫濱市中區福富町住商混合大樓的走廊裡。她靠著幫人按電梯按鈕索取小費維生。由於視力衰退，化起妝來就如同歌舞伎勾花臉一般。（中略）不久前，五大路子在東京上演了以瑪麗小姐為原型的獨角戲，演繹了一部與日本繁華無緣、隻身承載了「戰後」，真實直面人生的女性個人史。

（《神奈川新聞》，一九九六年四月十八日）

她的名字叫「港都瑪麗」。據說她在戰後離開故鄉，輾轉於東京、橫須賀，在橫濱的伊勢佐木町以美軍為對象賣春維生。即使戰爭已結束五十年，她仍拖曳著黑暗時代的陰影，徘徊在深夜街頭。（中略）已半年多沒在街上看到瑪麗小姐。「聽說去年被救護車載走了」、「聽說死在醫院裡了」。橫濱的各色酒館流傳著各式八卦流言。在此，我們或該把採訪獲得的消息告知讀者。去年年底，她已經回到有著豐富大自然的故鄉懷抱，由好心的弟弟與弟妹照顧。原本罹患多年的白內障在手術後已治癒。目前臥床時間較多，但除了耳朵有點重聽，身體還算健康。據其弟妹對記者所說：「她不會再回到橫濱了。」

（《讀賣新聞》，一九九六年五月二十六日）

瑪麗小姐已經回到家鄉，和弟弟、弟妹一起生活。

得知此事時，我多少受到了一點衝擊。因為我還沒有放棄把瑪麗小姐的故事拍成電影的構

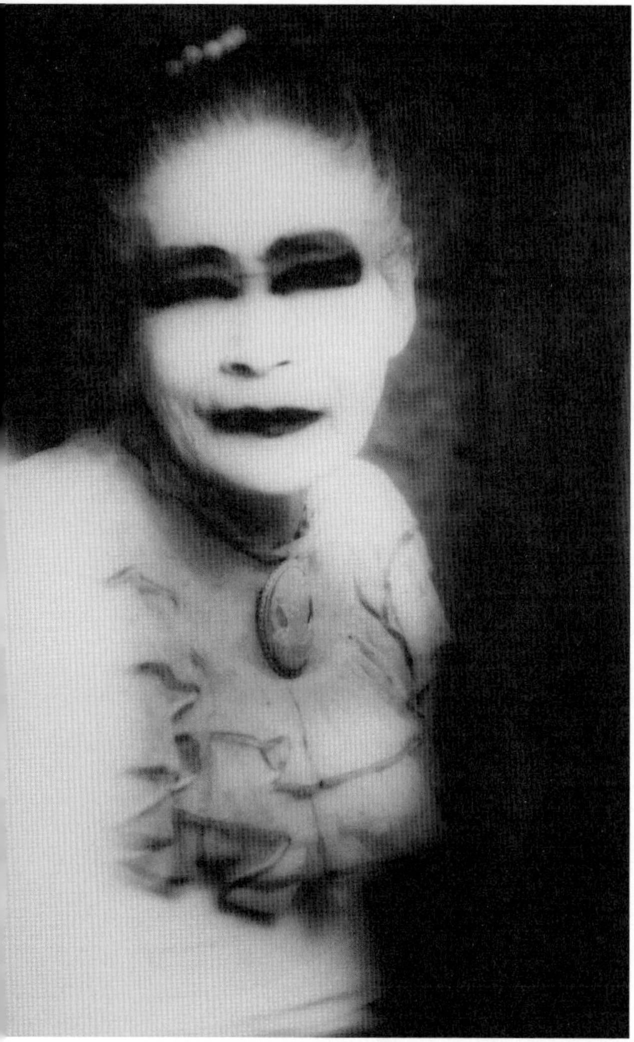

人們口中的「瑪麗小姐」。即使在橫濱，隨著地域或世代之不同，也出現各種稱呼。（森日出夫攝影）

想。然而，面對一名已經宣布引退的老妓，怎麼能讓採訪打擾她平靜的餘生？是否就到此為止呢……我垂頭喪氣，但無論如何仍不想就此罷休。可是我苦無對策，只是眼看著時間白白流逝。

不過，瑪麗小姐從來都沒有離開過我的思緒。

一九九八年八月，陽光灼熱的盛夏一日。距離我知曉瑪麗小姐的近況後，又過了大約半年。

我走在通往中央圖書館的坡道上，一邊以上衣衣袖擦拭汗水。此刻，我又重新開始了關於瑪麗小姐的調查行動。其實並不是我想到什麼好點子，只是對瑪麗小姐的興趣毫無減弱之意，是這份感覺而非理性在推動著我，讓我主動邁開步伐前進。

「不久前，五大路子在東京上演了以瑪麗小姐為原型的獨角戲。」

一九九六年四月十八日《神奈川新聞》介紹的這齣戲劇，全名叫《橫濱羅莎——紅鞋娼妓的傳說》。九六年四月十二日，在東京日本橋三越劇場首演之後，又在橫濱馬車道的橫濱市市民文化會館關內廳、岐阜縣大垣市、東京的六本木俳優座劇場上演。

五大路子是新國劇劇團的女演員，在日本放送協會（ＮＨＫ）晨間劇[6]《第一顆星》中以女主角身分出道。近年來，她將演藝重心轉移至自己生於斯、長於斯的都市橫濱，並因《橫濱羅莎》的演出得到好評，進而榮獲橫濱文化獎藝術獎勵獎。

（劇情梗概）橫濱某住商混合大樓的七樓電梯處。走廊一角，有名老婦已在此棲居一段時日。人稱橫濱羅莎的她，是以外國人為賣春對象的妓女。她如今已年過八十，仍每天堅持上街拉客。心情好時，她會在黃昏時分現身於馬車道或美利堅碼頭，但儘管她濃妝豔抹，一名步履維艱的老娼妓已無人問津。（……）她陷入漸漸老去的孤獨與死亡的恐怖。在不眠的夜晚，她惡作劇般地叫來救護車以打發孤獨。她一個人叨絮不休，伴隨著淚水所訴說的屈辱人生，本身即為一部日本戰後史的縮影。（……）

（摘自《橫濱羅莎》演出傳單）

看來這齣戲不是以獵奇或都市傳說的視角詮釋瑪麗小姐，而是從戰後個人史的角度切入。我查了《橫濱羅莎》的演出日期，發現明年還有公演。

另外，還有中島羅門以瑪麗小姐為主題創作的小說《白色瑪麗》，是一部由女高中生之間的傳聞與都市傳說交織而成的恐怖小說。書中情節圍繞著誰都沒有親眼目睹的「白色瑪麗」，製造出各種流言，青春期少女們不安的情感亦交織其中，構成了這部小說的主要框架。小說的主角垂水是一位專門追查街頭巷尾流言蜚語的自由撰稿者，他如此談到了民俗學與「傳聞」的關聯性。

民俗學者需要有系統地整理流言從發生到傳播的過程。自柳田國男[7]以來，民俗學就建立在對古老故事、民間譚、怪談、傳說、神話的採集基礎上，以此考察研究。進入現代社會

6　NHK自一九六一年起推出的電視劇系列，於日本時間每週一至五上午八時在NHK綜合頻道播出，因此也稱為「晨間劇」，每集十五分鐘。早年有紅遍亞洲的名劇《阿信》，近十年內則有《小海女》、《阿淺來了》，都是膾炙人口的節目。

7　日本民俗學之父。

《橫濱羅莎》在關內廳首演時的傳單。(橫濱夢座提供)

以後，「傳聞」也加入其中，並占有重要的位置。在考察「都市民俗」時，「傳聞」是不可或缺的資料要素。

（中島羅門《白色瑪麗》，講談社，一九九四年）

他還藉主角之口說到，「傳聞當中，必定蟄伏著時代的潛在欲望與恐懼」，並舉出如下事例。

二十世紀初，對於傳聞流言的研究，比起廣告和民俗學，更重要的是在法律心理學領域。例如在美國就進行過這樣的實驗：準備好一張圖片，內容是在地鐵中一名手持剃刀的白人與黑人口角的畫面。將這張圖片拿給受試者觀看，再讓受試者將所見內容口頭轉述給下一位受試者。如此口耳相傳幾回合，最後，受試者描述的內容變成「手持剃刀的黑人在威脅白人」。由此可知，內容描述的反轉，呈現出時代孕育的深層意識具有極大的影響力。

（同前揭書）

說起過去的傳聞，確實只有虛實交織的負面印象。事實上，在瞭解關於瑪麗小姐的傳聞過程中，我的心情也有幾分沉重。為什麼瑪麗小姐會作為一種都市傳說，成為市井八卦的對象呢？正是這一點，讓我感到之間潛藏著什麼，吸引我往下探尋。

都市在空間上必然具有深不可測的暗部與不易察覺的間隙。按照民俗學的角度與說法，人們認為這樣的空間具有靈的特質，神聖不可侵犯。換言之，是一種相當於「界」的存在。一旦在都市中發現了「界」這樣的場域，便會以此為中心，產生與其有關的都市傳說。

（中世都市研究會編　宮田登《都市研究之方法　中世都市研究6》，新人物往來社，一九九九年）

如果將瑪麗小姐所在的區域視為某種界，那麼，由此衍生的傳說與流言，便也具有某種必然性了。後來，我持續輸入「瑪麗小姐」、「橫濱」、「都市傳說」等關鍵字來查詢，遂找到了一篇透露出瑪麗小姐個人生活細節的紀實報導。是她住在賓館的情景。

瑪麗小姐酷愛白蘭地。配著起士，還有音量調大的音樂，她便隨即輕鬆起來。此時，她看來就像個慈祥的老太太。憶起從前，她會打開話匣子：外國人真是紳士，總是女士優先，非常溫文體貼。瑪麗小姐年輕時喜歡時髦打扮，十年前還一直穿著八公分高的高跟鞋，後來換成了六公分高的鞋，最近鞋跟愈磨愈平了，只剩下三公分。直到鞋子的皮都綻了，露出裡頭的木質鞋跟，她仍一年到頭都穿著那雙鞋，直到磨得只剩大約一公分高，才肯換雙新的。（……）傍晚時分，她就會說該去店裡了，然後拎著一個大紙袋準備上工。紙袋看來很重，於是出手幫她拿到玄關處，她便用流暢的英語道謝。她到底提供什麼樣的接客服務呢？反正每回瑪麗小姐退房之後，整理都很辛苦。從她浴室排水溝裡流出的洗澡水都是白的，再加上她那染成茶色的頭髮糾結堵塞，以清水沖洗根本洗不乾淨，必須先用熱水澆淋，再噴灑除黴清潔劑，用刷子用力搓洗，才能洗掉。但即使用熱水澆過，剛開始水面都會浮起一層油，所以也得重複澆淋幾遍才行。

（花井和子《旅館內部祕話》，近代文藝社，一九九五年）

作者花井從一九七五年起在橫濱黃金町開始經營賓館，她將自己營業二十多年的所見所聞以及她所見到的男歡女愛祕事寫進了這本書裡。內容提到諸如「瑪麗小姐已經八十四歲」等事，儘管很多真偽難辨，但毫無疑問的，她的確接觸過瑪麗小姐。我想向她直接瞭解情況，便透過出版社打聽她的住所，但得到的回答是，她也和瑪麗小姐一樣，已經離開了這座都市。很可惜，通往都市之間隙、界的線索，便這樣斷了。

3　傾聽街坊的聲音

又到了伊勢佐木町商店街兩旁的行道樹轉紅的季節。距離我開始搜集瑪麗小姐的資料，一晃眼已過去一年了。這些事都是趁工作空檔和假日進行，故而實際的工作時間並不那麼多，但畢竟還是跨過了一年。懷著這樣的感慨，我挾著一本攝影集《PASS》走在街頭。馬車道藝術大樓前的公共長椅、從前設有關所的吉田橋，從附近的十字路口進入伊勢佐木町，依次有漢堡店「森永LOVE」、松阪屋百貨公司、瑪麗小姐棲居的GM大樓等。我按圖索驥，照著攝影集的照片核對拍攝地點，並不是為了考察都市傳說中的瑪麗小姐，而是為了核對她實實在在留下的生活與活動軌跡。在確認的過程中，我不經意走入一家商店，一位老太太告訴我：「那家店的老闆娘和瑪麗小姐很要好喔。」進而從那位老太太處得知了非常有價值的線索。

專營化妝品的「柳屋」與松阪屋百貨公司比鄰，是明治三年創業的老鋪。老闆娘叫福長惠美子。我沒有直接造訪，而是幾天後先寄去一封信，希望謹慎行事。在信中，我說明來意：「我正在做有關瑪麗小姐的調查」、「為什麼（我）對瑪麗小姐有興趣」、「想採訪認識瑪麗小姐的人，聽聽他們的想法」。

寄出信件數日後，心想乾脆直接上門聯絡吧，但又不是很情願。一個陌生人寫信來說要瞭解瑪麗小姐，這樣的人一定很奇怪。就算換成我自己，也會覺得來者很是可疑。我並不想這樣做，但若不先見上一面，就沒有下一步。可是萬一在電話裡遭到拒絕該怎麼辦？……就在陷入糾結之際，電話響了。

「不好意思……我是柳屋的福長。來信我收到了。」

瑪麗小姐經常光顧的橫濱松坂屋，據說有個她鍾意的店員。（森日出夫攝影）

這通電話來得實在太巧了，瞬間我的腦海一片空白。

「對對，我是中村。信是我寄給您的。」

「原來如此。光是看了信，我還是不大明白啊，您想問什麼呢？」

「我對瑪麗小姐很感興趣。不過，她已經離開橫濱了吧？」

「對，已經不在了。」

「其實我想拍一部和瑪麗小姐有關的電影。」

明明尚未有任何預定或計畫，我卻一時衝動，脫口說出了這麼一句，到底是露出了不肯放棄的真心。

「能不能和您見面談談？」

柳屋絲毫不像老鋪，店內陳設看來就是一家現代藥妝店。也許這一行要求敏銳地跟上化妝品及美容用品的流行，所以店內的設計風格也必須與時俱進。

「歡迎光臨。」

濃妝女店員將我直直帶往店鋪裡頭，試妝的化妝桌旁佇立著一位身穿和服、上了些年紀的女性，那模樣，恰如其分地展現了她老闆娘的身分。

福長惠美子，生於一九二四（大正十三）年，長伴多年的丈夫幸四郎於去年五月離世後，福長便以老闆娘的身分，接手了這間從明治時代經營至今的藥妝店。

「還是出去談吧？」

寒暄兩句後，她將我帶出店鋪，去到隔壁的咖啡館。

「現在，我媳婦也在店裡幫忙。我去店裡時，老顧客都會過來『老闆娘』、『老闆娘』地喊我。這就惹得我媳婦不高興了。」她嘆著氣，從婆媳之間打開了話匣子，彷彿身在她一個人的演說舞臺。我無可奈何，只好當她的聽眾。好不容易，她終於問道：「對了，您今天來的用意是？」進入正題了，接下來是成敗的關鍵。

「以前有位叫瑪麗小姐的客人吧？」

「瑪麗小姐？啊，您是說西岡小姐。」

看來瑪麗小姐自稱西岡。在之後的談話中，我得知她自稱西岡雪子。當然，並非本名。

「我對她這人很感興趣，正在多方收集關於她的資料。」

據福長所說，她與瑪麗小姐初識於昭和三〇年代末。當時瑪麗小姐來店裡購買染金髮用的染髮劑。

「之後又來買過眼線之類。她喜歡進口貨，曾用過露華濃的身體乳液。」

她與瑪麗小姐變得親近，是一九六九（昭和四十四）年一月的事。福長一從店裡打開鐵捲門，就看見從老家回來的瑪麗小姐站在門口。

「她對我說：『我回來了。』看似是新年的問候。所以我就問她：『您從哪裡回來？』她回答我：『西邊。』」

「那是第一次開口交談嗎？」

「以前她來買過東西，不過像這樣面帶笑容、用好聽的嗓音主動開口說話，還是第一回。」

每週一次，她一定會來店裡買點什麼。不多說話，也不搭理其它店員，總是直接朝著福長走去。

「如果要買染髮劑，她就只有一句『給我染髮劑』，然後說『媽媽桑，Thank you』，就沒了。如果店員再過來多問幾句，她就會生氣，提高嗓門吼道：『我不是說染髮劑嗎！』感覺是個挺急躁的人呢。」

瑪麗小姐開始在臉上塗抹像歌舞伎演員臉上塗的白粉，還是老闆娘福長的貼心建議。原本她

昭和二十五年時期的化妝品店「柳屋」。福長惠美子與丈夫幸四郎。

習慣用進口粉底把臉塗白，但福長見她總是居無定所，又帶著許多行李漂泊街頭，就建議她試試這種白粉。

「因為她本人想要雪白的妝容，我就推薦她資生堂的白粉。每月一盒，即使天天用也足夠。」

「您沒推薦過別的牌子？」

「她希望能迅速把妝化得雪白。再加上她一直睡在森永LOVE的大樓，如此情況下，這款粉底不含油，正適合她。洗臉時立刻就能洗乾淨，我覺得挺好的。瑪麗小姐從沒主動說過想要這款，是我建議她的。真是非常不好意思。」

福長現在還清晰記得，有次在松阪屋百貨公司遇見了瑪麗小姐。

「那次是在手扶梯旁。我看見她獨自一人

拿著大大的行囊，看起來好孤單，就問她：『要不要一起喝杯茶？』結果，她眼神一下子就變了，好像不認識似的，一直說：『走開，走開，走開。』我心想，那個每次都會說『媽媽桑，Thank you』才離去的她，怎麼會變成這副樣子？我覺得自己非常尷尬，很是可悲……回到家裡，我跟丈夫說：『瑪麗小姐真是怪人，我今天看她孤單，約她喝茶，可她……』，結果老公打斷我說：『你說那什麼話，你有沒有常識啊。如果瑪麗小姐跟你坐在一起，你們年齡又相仿，別人會以為你和她是同行，不是嗎？那其實是瑪麗小姐對你的體貼啊。』這樣誇自己的老公或許有些奇怪，不過他還真是個敏銳而有洞察力的人呢。」

雖然說的是瑪麗小姐的事，不過也由此讓人窺見福長老闆娘和亡夫之間的關係，是令人嘴角揚起的小插曲。如此一來，我也明白了瑪麗小姐使用化妝品的來龍去脈。其他的未解之謎，我詢問了福長老闆娘，她也馬上答覆了我。

「她問我，『老闆娘，哪裡有美容院啊？』瑪麗小姐之前好像是去高島屋的美容院。因為她說『要近一點的』我就介紹了『露娜』給她。」

「為什麼介紹這家美容院呢？」

「我自己常去的是『瑪蘿榭』，不過我覺得這家近一點，比較好。」

與福長分別後，我決定去『露娜美容院』。它距離柳屋只有步行幾十秒的路程，就位在一座紅磚建築的二樓。

「歡迎光臨！」

來應門的是美容院老闆娘湯田辰。

很難一開口就說要訪談與瑪麗小姐有關的事，所以我先裝成來理髮的客人。

「不好意思，我想剪頭髮。」

「我們是預約制喔。」

才剛開始就碰了一鼻子灰。這天只好作罷，打道回府。過了大約十天，我預約好再次登門。

環顧店內，無論椅子、鏡子或各種陳設，皆一律是洛可可風格。我腦海裡想像著瑪麗小姐造訪時的場景。在湯田的帶位之下，我坐上了椅子。

她朝我頭髮上噴了點水，剪刀便帶著節奏喀嚓喀嚓地剪了起來。蓬亂的頭髮逐漸呈現出我想要的平頭輪廓。就在我正要找機會開口之際，湯田先和我說話了。

「您是從哪裡知道我們的？」

就是美容院會和客人進行的尋常閒聊。沒錯，我正等著她問我這句話呢。

「不是有一家叫柳屋的藥妝店嗎？那裡的老闆娘介紹我來的。」

「她有來過我們店裡嗎？」

福長確實沒來過「露娜」。她介紹瑪麗小姐來這裡，而她自己則是去另一家。雖然近在咫尺，湯田和福長兩人並不相識。

「那位瑪麗小姐曾來過你們店裡，對嗎？」

「……」

「我是從柳屋的老闆娘那裡聽來的，聽說瑪麗小姐來過。」

我透過鏡子觀察著她的表情。

「是啊，她以前來過。」

「聽說是柳屋老闆娘介紹瑪麗小姐來這裡的。」

「……」

「這是我聽到的說法。」

「哦，是這樣啊。」

看來湯田對這個話題沒什麼興趣。難道是不願提及瑪麗小姐？我向她做了簡單的自我介紹，並對她說了我收集瑪麗小姐資料的來龍去脈。就這樣，一直到剪完頭髮，我盡其所能地向她發問。

「她不見了，是幾年前的事吧？」

「……」

「她有多久沒來店裡了？」

「大概有七、八年了吧。」

八年前的話，應該是一九九〇年左右。瑪麗小姐消失是一九九五年的事。如此說來，中間有五年的空白期。

「她是換了別家美容院嗎？」

「不，應該也不是。」湯田禁不住低聲嘟囔了一句，又陷入沉默。也許我不小心問到了什麼難言之隱。我沒有再追根究柢。那一天就這樣結束了。

之後，為了瞭解瑪麗小姐的故事，我再度登門造訪。店門口掛出了本日公休的木牌。「露娜」每週公休一日。

湯田辰，生於昭和二十二年。二十一歲來到東京，起初在銀座的山野愛子美容院工作。八年後，亦即昭和五十一年，她在伊勢佐木町開起了「露娜美容院」，兩年後，瑪麗小姐開始光顧。湯田生長在鹿兒島縣川內市，據她說，她對瑪麗小姐的存在原本一無所知。

「第一次見到瑪麗小姐，看她滿頭金髮，臉塗得雪白，我還尋思著也許她是要登臺演出呢。於是我搭訕了一句：『您等一下有什麼表演嗎？』她『欸』了一聲，感覺對我的問話非常驚訝。」

「她多久來一次店裡？」

「大約一個星期一次吧。」

「有什麼具體要求嗎？」

「她幾乎讓我一手包辦。就是要我幫她把頭髮往內梳。」

一般而言，她並不修剪頭髮，而是要湯田為她梳理造型。為了保持金髮，她染髮的次數很頻繁，導致髮質粗糙，髮絲斷裂得厲害。此外，通常不怎麼說話的瑪麗小姐，一進美容院裡便多話起來。

「她喜歡聊天皇陛下的事。也會聊到皇后陛下。她說過想去皇居參加一般參賀，還問我該如何才能進到皇居裡。」

「還有其他故事嗎？」

「迪士尼樂園開幕時，她問我：『灰姑娘城堡裡真的有仙度瑞拉公主嗎？』我跟她說：『那是童話，她不在東京迪士尼樂園啊』。但後來，她好像自己去了，回來還送了我伴手禮。你看，那裡的那只米老鼠托盤就是她送的。」

在東京迪士尼樂園，仙度瑞拉和瑪麗小姐兩人的夢幻競演，竟然在某一刻成了現實。

可是瑪麗小姐與湯田的關係很快便告終了。起因是一九八七年發生的愛滋風波。當時，厚生省公布了日本愛滋感染者的數字：包括日本的外國人在內一共有九百八十六人。翌年的一九九八年，愛滋監控委員會宣布發現一名性工作者罹患愛滋，但只提到這位性工作者「是在關東地區活動的女性，從事過色情服務」，並未公開當事人姓名、年齡、地區，以及服務店家。如此有限的資訊，竟衍生出一種毫無根據的「性工作者等於愛滋」的偏見。於是，以娼妓為業的瑪麗小姐也因衛生安全的理由，而成為眾矢之的。

「結果，因為愛滋的話題鬧得沸沸揚揚，一些客人開始議論，說什麼『要是瑪麗小姐來這裡，那我就再也不來了』。所以儘管我認為『這跟瑪麗小姐沒什麼關係』，可是一般人並不那麼想……我做了很殘忍的事，即使很對不起瑪麗小姐，也只好拒絕她了。」

「您要求她不要再來店裡了？」

「是的。」

「當時瑪麗小姐聽了怎麼說？」

「她看來非常遺憾，表情像是在問『這樣嗎？無論如何都不行了，是嗎？』的感覺。」

那是一九九〇年的事了。在一九九五年瑪麗小姐消失之前，這五年的空白中，因為無端的歧視，瑪麗小姐失去了她經常光顧的美容院。這個時代與這個城市的居民，驅趕了瑪麗小姐。

「後來，您在街上還見過瑪麗小姐嗎？」

「見過幾次，看來頭髮都沒有梳理。」

「當時，您有向她打招呼嗎？」

「沒有。我覺得她也不希望我跟她打招呼吧。」

柳屋，還有露娜美容院。那些和瑪麗小姐有關，並將瑪麗小姐視為平等人類的人們。從他們的話裡，我窺見了另一位不同於流言與傳聞、報紙或書籍中並沒有記錄的瑪麗小姐。

4 真實與事實之間

「有家洗衣店瑪麗小姐常去。」

在伊勢佐木町打聽調查的過程中，一名中年女子說她也是那家洗衣店的常客。我向她問到地址後，馬上趕到那家洗衣店。

這家洗衣店叫「白新舍」，開在福富町，位於伊勢佐木町的隔壁區。白色洋樓式的外觀格外引人注目。追隨著瑪麗小姐常去的地方而行，就會瞭解她的品味。不僅從她的容姿、打扮即可領略幾分，她常出入的店家似乎也都偏向風格現代或調性優雅的建築。走進店內，櫃檯有一位三十七、八歲的女店員。根據打聽來的消息，這家店的老闆娘和瑪麗小姐年歲相仿，兩個人關係較為融洽。

「不好意思，請問，瑪麗小姐從前經常光顧貴店，對吧？」

店員用狐疑的眼光打量著我：「有什麼事嗎？你問的那些我不知道。」

「店裡有誰清楚嗎？聽說你們老闆娘比較瞭解情況？」

「她已經不來店裡了。」

店員似乎對我很有些疑心。不過這也是正常的。一個既非記者也不是什麼人物的年輕人，也沒預約，一進店裡就問起瑪麗小姐，總是令人起疑。儘管如此，我並未就此罷休，繼續展開黏人攻勢。

「要怎樣才能聯絡上老闆娘呢？」

「不可能。她已經上了年紀，不會來店裡。」

店員轉過頭去，開始整理起單據。我只好說句「打擾了」，離開了洗衣店。

在此之前，一切都太順利了。露娜美容院就有客人討厭瑪麗小姐。並非人人都對瑪麗小姐抱持著善意。我深切地認知到瑪麗小姐周遭的環境，以及她所面臨的困難。然而，如今這已成為我無法迴避的問題。本來，我是對瑪麗小姐本人感興趣，才進而展開了調查。

「她到底是一個什麼樣的人呢？」

這是截至目前為止我調查的動力。但是聽了福長和湯田的敘述，我所關注的重點好像發生了變化。那些和一身白的妖怪般的妓女打交道的人們，他們到底抱持著什麼樣的感情和想法？

也就是說，不是瑪麗小姐，而是她身邊和她有各種關聯的人們，讓一切變得有趣。我一提起想拍電影的事，他們都異口同聲地說：「太遲了，瑪麗小姐已經不在這裡。」確實如此。如果瑪麗小姐還在，是最好不過的事。但是我對她產生興趣的時候，她本人已經不在此地了。既然如此，我只能以此為出發點。只是無論我如何費盡心思調查，都沒有答案。簡直就像鑽進了死巷。

一九九八年年底，我從報紙的電視節目欄中看到「五大路子一人獨演《橫濱羅莎》」，神奈川電視臺將播放一刀未剪版的演出。真是不期而遇的好消息。如此一來，我就不必等到明年的公演了。在節目開始的五分鐘前，我便已坐在電視機前準備收看。隨著淡谷典子演唱的〈昨夜的男人〉甘美的旋律揚起，緊接著便開啟了約一小時四十分鐘的舞臺劇。

劇情描述一位叫做「羅莎」的女性的一生，她在終戰結束後不久，遭到美軍強暴，最後淪為專接外國客人的妓女（又稱「伴伴[8]」）。羅莎做生意的風格是這樣的：身著白衣裙，扮成皇后的樣子在街頭拉客。期間歷經日本戰敗、韓戰、越戰，再到東京奧運，直到昭和天皇駕崩……透過五大路子的獨角戲，演繹出作為伴伴活下來的羅莎的半生，昭和時代也在其中交織著展開。雖然舞臺上的表演張力十足，但我卻有一種莫名的違和感。這就是瑪麗小姐的故事嗎？劇中的情節，無論是在遭到美軍強暴後成為伴伴，或是有一位名叫麥克的美軍戀人、後來死於韓戰，根據我的調查，這些說法都從未出現過。飾演羅莎的五大路子對於這部獨角戲做了如此的敘述。

在橫濱這座城市生長的我，親眼看見一個女人像風颳過一般行經我的眼前。這就是橫濱人應該都見過的，傳說中的「瑪麗小姐」。在那瞬間，我被瑪麗小姐吸引住了。這個鮮明而強烈的事件彷彿向我拋來一個尖銳的問題：「現在，這是為什麼!?」我把這些想法告訴了杉山義法先生（《橫濱羅莎》的編劇與導演），於是他創作出《橫濱羅莎》的劇本。

8　二戰剛結束時，以占領軍為交易對象的阻街私娼。

（引自《橫濱羅莎》演出傳單）

我在街頭打聽消息時，發現許多人也誤以為《橫濱羅莎》寫的就是瑪麗小姐的半生。作為一部舞臺劇，它確實傑出不凡，但和瑪麗小姐的人生沒有任何重疊之處，而首先，要描繪她的真實人生本來就近乎不可能。若是本人親口所述，也許機會尚存，但如今此事已經不可能了。那麼，該如何講述瑪麗小姐的故事？

《橫濱羅莎》帶給我的違和感，使我內心生出了這樣的疑問。迄今為止的採訪過程中，我已朦朧地意識到什麼，不過僅停留於點與點，尚未連成一線。接下來該怎麼辦呢？儘管我還沒有成型的答案，但我要拍一部關於瑪麗小姐的電影！唯一很確定的就是這個想法。這個念頭始於靈光一閃，如今已成了強烈的願望，連我自己都感到驚異。沒有誰推著我往前走，只是心中洶湧著無法打退堂鼓的情感。就在這時，我重讀一遍《PASS　橫濱瑪麗》中收錄的作家五木寬之與森日出夫的對談，彷彿抓住了救命的稻草。

即使我年輕時第一次看見她，別人告訴我她是妓女，我也只覺得這是個年紀很大的妓女，並未有更多奇怪之感。別人說了，我就有了這樣的印象，僅此而已。現在眾人對她的印象似乎都帶有某種奇異感，其實真正的原因在於，作為一個確實擁有肉體的女性，她還保持著風韻猶存的性感姿色罷了。

住在橫濱的五木曾經見過年輕時的瑪麗小姐。據說那時有關瑪麗小姐的各種軼聞便已經確立成一種故事了。所謂的故事，其實帶有各自的記憶和聽到的傳聞，五木分別使用了事實和真實這兩個詞彙，對此做了定義。

從前，所謂紀實（documentary）這個詞彙，在五〇至六〇年代期間一度是熱門的話題。（……）當時，大家不厭其煩地說著要把真實與事實分開來思考。因為事實未必等同於真實。所謂事實，是藉由物證，證明確實發生的事件。而真實，並不具有普遍性，是很私密或很個人的，亦可說是帶有主觀性質的。（……）比起事實，我更在乎真實。假設瑪麗小姐周遭的事實確實存在，而那些崇尚新新聞主義的寫手認真地採訪、收集過去各式各樣的大眾證詞，加以匯總，寫出了作為事實的瑪麗小姐，即使是如此，也很難就把它稱為真實的瑪麗小姐。我是這麼認為的。所謂真實的瑪麗小姐，是在人們的心目中形成印象的、由各種故事與傳說所構成的，且其中不乏誤傳或夾雜個人願望的因素，進而映入人們的視野，或者刻入人們腦海中的那個人。我以為，這個瑪麗小姐才是真正重要的。（中略）

在橫濱這座城市，既有著像瑪麗小姐這樣的人，她的存在有別於所謂遵守公共秩序良善風俗的市民，也有罪犯。但這座城市對這些另類的存在並沒有趕盡殺絕的潔癖，也就是說，沒有那種機械性的、守舊的、免疫性般的排斥異己的反應，是具有寬容之心的城市。

關於瑪麗小姐的事實和真實，分別是什麼？

《橫濱羅莎》彰顯了對於製作群而言的真實，但在觀眾眼裡，卻似乎將其誤認為「瑪麗小姐的戰後史」的事實。那麼，對我而言，瑪麗小姐的真實是什麼？攝影集的版權頁印著出版單位天野攝影工作室（Amano Studio）的電話號碼。按此聯繫的話，也許能見到《PASS　橫濱瑪麗》的拍攝者森日出夫。我想當面向他請教，也許會找到什麼突破口。我心中被如此的強烈衝動驅使著，但光是這麼想，最後還是不了了之，就那樣過了新年。我始終遲遲未有行動，是因為一旦吃了閉門羹，這條線索就徹底斷掉了，所以不得不慎重。但是我也明白，再這樣下去，是無法打破僵局的。一九九九年一月，過年的喧囂氣氛好不容易平息，我終於下定決心，撥通了天野攝影工作室的電話。

「喂，我想買一本瑪麗小姐的攝影集，就是那本《PASS　橫濱瑪麗》。」

聽說，從前有一位喜歡瑪麗小姐的歐巴桑曾親自去天野攝影工作室購買這本攝影集，我心想，我先打電話詢問，應該就不會令對方感到唐突了吧。

「我們這裡有販售。」

「那什麼時候方便過去購買？」

「您什麼時候來都可以，老師在的話……」

「老師？是森日出夫先生嗎？」

「是啊。老師來工作室的時候，您再過來買，可以嗎？」

這正是一個求之不得的好機會！

5 拍攝瑪麗小姐的人

天野攝影工作室位於橫濱關內地區，就在有著神奈川縣政府及公務員宿舍的辦公區裡。來到工作室前，我頓時明白為什麼在我詢問此處的地點時，對方回答我：「只要到附近，你一眼就會認出來的。」這座利用舊時碼頭倉庫改造而成的工作室，被重重綠樹和爬藤所掩映，在一片水泥鋼筋大樓中顯出遺址般的趣味。

我在約定的時間內抵達，一樓的攝影棚裡空無一人。我沿著樓梯上到二樓，見到了工作室裡的年輕員工。

說明來意之後，我被帶到靠窗處一張灑滿陽光的桌子前坐下。就在端上來的咖啡熱氣逐漸消失的時候，一位身材短小精幹，蓄著鬍鬚的男士出現了。他與瑪麗小姐恰好相反，一身黑色衣褲，神情看來很是溫柔，露出了笑容歡迎我。「您好，我是森。」

森日出夫。據說他的老家在橫濱車站附近，西區淺間町有一家販售蔬果的「森青果店」，就是他的老家在經營。他出生於昭和二十二年，在共有九個兄弟（他排行老八）的大家庭中成長。高中畢業後，他在姐夫經營至今的攝影棚工作，也因此做起了攝影這一行。他以「新港碼頭」、「櫻木町的鐵道橋下」為主題發表個人作品後，在橫濱的攝影圈中成了極具知名度的人物。

我決定開門見山地談談對攝影集《PASS　橫濱瑪麗》的想法，儘管有些唐突，但這是唯一的話題。

「我從學生時代就經常看到瑪麗小姐，不過是這幾年才對她感興趣。我透過各種管道瞭解她，然後得知了森先生的這本攝影集，在圖書館翻閱了它。」

「橫濱的每家圖書館應該都有喔。」

森從架子的抽屜中拿來了一本全新未開封的《PASS　橫濱瑪麗》。

「不只是橫濱，地方的圖書館也採購了這本攝影集。你看這裝幀很講究吧？自費出版的，貸款還沒還完呢。」

森苦笑道，限量的一千冊都已售罄，但帳面上仍是赤字。

我直接向他問起瑪麗小姐消失的事。

「她是什麼時候消失的呢？好像是這本攝影集出版前。」

「您知道是什麼原因嗎？」

「聽說回到老家去了。但詳細情況我也不清楚。」

截至目前的採訪，幾乎每個人都異口同聲地說不清楚。看來想要得知瑪麗小姐的現況，並非容易的事啊……我打起精神，繼續往下問。

「那您當初為何決定拍攝瑪麗小姐呢？」

「我很早就留意到她的存在。她很久以前就在這座城市了。第一次拍到她，大約是在二十多年前（七〇年代後期）。攝影集則是從九三年開始，大約花了一年的時間完成的。」

「您得到了她的同意？」

「我經常去GM大樓喝一杯。當時她在那裡充當電梯小姐。」

那段時間，瑪麗小姐的拉客生意難以為繼，於是她便在電梯旁按按鈕，向酒後的乘客討點小費維生。

「有天我喝得醉了點，就在大樓走廊裡坐著。當時，瑪麗小姐正好也坐在那裡，就在我旁邊。於是我和她聊起天來。我意識到這是個好機會，我一直想拍她。就問她：『我可以幫你拍照嗎？』」

瑪麗小姐答應了森的要求。森開始利用工作空檔拍攝瑪麗小姐。起初，他並不知道瑪麗小姐在何方出沒。問了很多熟人和朋友，才終於摸清了瑪麗小姐的行跡。

「有人告訴我在哪裡哪裡看到瑪麗小姐了，我就會趕緊跑去。漸漸也掌握了瑪麗小姐的行蹤。花了差不多一年，才拍攝完成。」

為什麼耗費近一年的時間拍攝瑪麗小姐？

對森來說，瑪麗小姐的意義何在？我直截了當地抛出問題。

「瑪麗小姐是這座城市的風景。我一直在拍攝城市景觀，瑪麗小姐正是構成城市景觀的一部分。每座城市不都有自己的象徵物嗎？好比說，城中某處有一棵大樹，大家都知道這棵樹，於是這棵樹就成了這座城市的標的。我想，瑪麗小姐就是這樣的存在。」

我曾拿著這本攝影集在街頭反覆徘徊。過程中，以此確認瑪麗小姐在城市中留下的痕跡，借用森所說的話——或許，我是在無意識的狀態下探尋「城市標的消失了」的過程。

「瑪麗小姐的消失已經無可挽回。這不是我個人可以阻止的。城市的標的不在了，因為城市也在發生巨大變化。我所能做的，就是將它記錄下來。」

零散的點與點之間，似乎有了逐漸連成線的端倪。也許我應該整理消化後再來發言，但此刻，我好想說些什麼。

「其實我來買您這本攝影集之外，還有別的目的。我現在是電視劇的副導演，這一年來，對瑪麗小姐的事很感興趣。工作之餘，做了很多有關她的調查，想在不久拍一部有關她的電影……」

「電影？拍什麼內容的？」

一九九〇年代前葉，瑪麗小姐在橫濱比流行的偶像更為人所知。（森日出夫攝影）

瑪麗小姐喜歡節慶祭典。這是她在「神奈川慶典50選」中榜上有名的「三之宮秋慶典」上。（森日出夫攝影）

直到剛才神情還很溫和的森，突然變得嚴肅起來。

「前陣子，我在電視上看了《橫濱羅莎》。當時我就覺得那並不是瑪麗小姐的故事。」

「那的確不是瑪麗小姐的故事。」

「可是，有不少人誤以為那就是瑪麗小姐的半生，對吧？」

「嗯，是啊。」

「我覺得《橫濱羅莎》很棒。故事說的是戰後打拚了一輩子的女人，應該說，是一齣很好的戲劇……可是關於瑪麗小姐，我在街頭打聽到的感覺是，每個人都有各自的印象和認識……想說那樣的故事。」

「很有趣啊。大家心目中各有不同的瑪麗小姐。」

「我已經採訪了很多人，如今聽了森先生所說的，我腦中漸漸浮現了瑪麗小姐的樣貌。」

「你是說，把大家各自對瑪麗小姐的記憶串聯起來？」

「在她本人已不在此地的情況下，眾人的記憶反而更能描繪出瑪麗小姐。我想去追尋那些對瑪麗小姐有所牽掛，或者與她有所關聯之人的記憶……」

森沉默了片刻，終於開口說話。

「留下有關瑪麗小姐的記憶是重要的事，因為那也是橫濱這座城市的記憶……我明白了。你儘管使用《PASS》無妨，我也會幫你介紹一些認識瑪麗小姐的朋友，盡我所能地協助你。」

電話俱樂部事件之後，歷經了一年又三個月。如今，彷彿瞬間走出了闃無邊際的漫長隧道。這就是所謂武士臨戰般的激動顫抖嗎。在森面前，我的身體微微抖著，我拚命壓抑自己的激動情緒。同時，一種深不見底的不安向我襲來，我知道自己的心跳得很快。因為不能回頭，只能堅持到底了。

我馬上從這次和森的對話中歸納出這部電影的基本概念。

「這是一部以瑪麗小姐為主角、但主角並不在場的紀錄片。透過與瑪麗小姐相關人們娓娓道出的、與瑪麗小姐往來的故事，勾勒出核心（主角）缺席，卻從外部逐漸浮現出來的人物輪廓。」

紀錄片在半年後的一九九九年七月開拍，在此之前，除了拍攝準備之外，我也按照確定的拍攝概念進行事前採訪。

中島羅門在《白色瑪麗》中所提到的「傳聞當中，必定蟄伏著時代的潛在欲望和恐懼」，是在訴說瑪麗小姐的故事時，無法忽視的一點。但是，僅靠街頭採訪，畢竟有其局限，我希望能聽到更多不同世代的聲音。一番思量過後，我在地方情報誌《PADO》（一九九九年六月二十四日，No. 553）的留言板上刊登了以下訊息。

現在，我正在製作關於「橫濱瑪麗小姐」的紀錄片。如有關於『瑪麗小姐』的線索，還請提供！——大船電影製作所・中村090（9149）19××

當時，我的一位朋友在松竹大船電影製作所擔任放映技師，因為要讓他拿《PADO》專用的手機收集相關消息，所以就自報為「大船電影製作所」。結果有四十多人回應，其中有人講起對「瑪麗小姐」的回憶時便滔滔不絕。

（小川，女性）以前我在（橫濱車站的）高島屋百貨寢具賣場工作時，經常見她過來。即使白天，她也會躺在（賣場的）樣品床上睡覺。

（齊藤，男性）瑪麗小姐有八十歲了吧，一、兩年前去世了。橫濱山手地區有人與她熟識。其實她有姐妹。

（冷水，女性）二十年前，我在關內購物中心大樓四樓的皮草店工作時，經常見她來店門前的休息處坐著。我印象深刻的是，有一次，從下午到傍晚，她一直在看銀行的存摺。也曾進到我們店裡，看了三十分鐘左右。身上的香水味濃得讓人受不了。

（杉本，女性）我十年前常在關內、福富町、伊勢佐木町見過她。當時她正兜售Oronamin C[9]，一罐賣兩百日元。

（木村，女性，四十歲左右）從前，她曾住在橫濱王子大飯店，或山王台診所旁邊的磯子區的旅館。她非常愛乾淨，有個兒子。

（井上，女性）我經常在福富町的咖啡店見到她。有次和一個五十多歲的男人在一起，那男的對她說：「我會照顧你，不要再工作了。」另外，計程車司機之間似乎有「瑪麗小姐占卜」的說法。

絕大多數人只是聽過瑪麗小姐的傳聞，或經常在街上見到她。實際與她真有來往的人，少之又少。即使如此，我還是直接與那些可能提供重要資訊的人見面談話。那些話裡是否潛伏著時代的潛在欲望和恐懼，我不得而知，不過我總認為那些資訊往後或許用得上。

有一天，我和一位聯繫我的人見面。約好的地點是橫濱市營地下鐵弘明寺車站附近的咖啡店。對方（杉本，女性）是四十多歲的家庭主婦。我們入坐、點好咖啡後，她突然向我怒吼：「你到底有什麼目的！瑪麗小姐不是已經回老家了嗎？你就放過她吧！」

看來她是要讓這個企圖揭露瑪麗小姐過去的無禮之徒打消念頭。我小心翼翼地向她說明作品概念，告訴她這是一個瑪麗小姐不在場的故事。不料她的語氣更加嚴峻。

9　日本一種高單位維他命C補給飲品。

「瑪麗小姐本來就已經不在了，你要怎麼拍？主角本人不在了，還拍什麼瑪麗小姐的電影，誰想看啊？」

我無法反駁。她質問有誰想看，我只能說我自己想看。難道這只是我個人的自私，自我滿足……才剛開始便受到挫折，我一時之間難以恢復。如此的開端，令人感覺前途多難。

第二章

從橫濱解讀近現代

1　人柱——三之宮的傳說

為了準備拍攝，我決定先研究橫濱的歷史。如果沒有最低限度的背景知識，採訪時或許會忽略、錯過受訪者口述過程裡的關鍵詞。於是我按照年代順序，查閱起古老的文獻資料。

橫濱，位於距東海道的神奈川宿（現在的神奈川區）東南數公里左右海底較淺的一處海灣。江戶幕府御用的石材木材商吉田勘兵衛立志要將這片海灣填為平地。明曆二（一六五六）年，經江戶幕府許可，他便開始動工。然而翌年，持續近兩週的暴雨沖垮了剛剛建好的防波堤，填海計畫受到重挫。即使如此，勘兵衛仍不放棄。三年後重啟工程，歷經近九年的光陰，終於完成了名為吉田新田的人工新生地。於是，有著百餘戶人家的橫濱村就此誕生。在橫濱市營地下鐵吉野町站附近的日枝神社，至今仍傳誦著與填海造地有關的傳說。我參考了若干文獻和資料，將相關內容彙整於下。

「三之宮的傳說」

「請一定要讓填海工程成功。」勘兵衛前去身延山久遠寺（位於山梨縣南巨摩郡身延町的日蓮宗總本山）祈願的歸途中，有了命運的邂逅。在駿河國（靜岡縣）的沿海道路上，突然傳來女人喊著「救命」的叫聲。他循聲急忙趕去，發現是一名年輕女子正被幾個惡棍調戲糾纏。勘兵衛趕

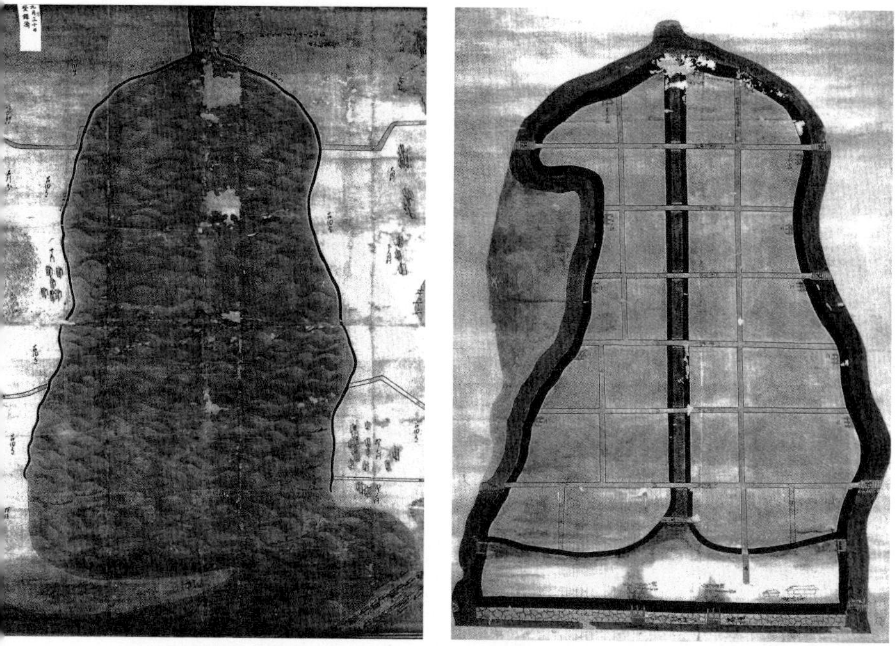

吉田新田開墾圖。開墾之前（左）與開墾後（右）。海灣完全填埋後形成了伊勢佐木町等關外的中心區域。在開墾圖上塗黑的部分至今還留有兩條河流，右側是「大岡川」，左側是「中村川」。原來還有一條河流在地圖中央自上而下流過，如今已經被改造成「大街公園」。（吉田興產株式會社提供）

走了那些惡棍，拯救了這名女子。問起身世，才知道這女子孤身一人浪跡天涯，已經無處可去。

「我正要回橫濱村，不嫌棄的話，就跟我一起回去吧。」

「您幫助了我，還對我如此慈悲……」

「我方才去了身延山參拜，或許這正是佛祖的牽緣啊。」

這個女子名叫阿三，就此在勘兵衛家當起了女傭。她工作認真，也很能幹。然而，平靜的日子並不長久。明曆二（一六五六）年，勘兵衛的填海工程動工，但第二年他的計畫便受到重挫。連續十三天的大雨，導致原本填好的地坍塌了。勘兵衛十分沮喪，陷入了沉默，不再與任何人交談。深陷不安的村民之中也流傳著「野毛浦的海神發怒了」的說法。

「從前有重大工程開工時，捐出人柱，就會一帆風順。」

阿三相信了人們的傳言，暗自下定決心。萬治二（一六五九）年，填海工程再度開啟時，她直接央求勘兵衛。

「大人，我有個請求。請讓我做人柱吧。」

「你在胡說什麼！不可輕率對待自己寶貴的生命。」

「自從被大人所救的那一刻起，我就想著有一天要報答您的恩情。」

「你有這份心意就足夠了。就像往常一樣，在這裡為我工作吧。」

勘兵衛握著阿三的手說道。可是，阿三的決心已定。那晚，她身穿全白和服，雙手合掌，從野毛浦的懸崖躍身入海。自此以後，再無重大災害，填海工程順利進行，終致完工。於是勘兵衛興建了日枝神社，以祭祀阿三的亡靈。

日枝神社，由於也是阿三的神社，因此又稱為「三之宮」。一名女性的慘烈犧牲，才造就了如今繁榮的橫濱，想著便讓人不由得胸口一緊。從圖書館回家的路上，我前往「三之宮」，向她合掌祭拜。

2 唐人阿吉與洋妾

查閱資料的過程中發現，伴隨著黑船來日，橫濱二字開始頻頻出現在文獻紀錄中。

一八五三（嘉永六）年六月三日（陰曆），美國東印度艦隊總司令馬修．培理率領四艘軍艦進入浦賀港，迫使日本開放門戶。他於此行將美國總統的親筆信函交給江戶幕府，然後便短暫離開了日本。一八五四（安政元）年一月十六日，美國艦隊又再度來日。幕府原本考慮將談判地點設在鎌倉，但因培里要求在鄰近江戶之地進行交涉，於是談判地點選定於距離東海道神奈川宿不遠的橫濱村。

二月六日，在橫濱村北端的駒形（現在的神奈川縣政廳附近），以軍樂隊為首，培里率領五百名士兵登陸。經過四輪談判，日美締結了和親條約（神奈川條約）。

兩年後的一八五六（安政三）年，湯森．哈里斯以總領事的身分來到日本，在伊豆下田的玉泉寺設立了領事館，並持續與幕府談判。一八五八（安政五）年，日美友好通商條約正式簽訂。除了下田、箱館，又開放神奈川、兵庫、新瀉、長崎。次年，與俄羅斯、荷蘭、英國、法國也締結了通商條約，兩百多年來的鎖國政策宣告終結。

在這段歷史中，有一個廣為人知的故事，是關於美國總領事哈里斯。這齣因與外國人有所來往而飽受偏見與歧視的女性之悲劇，可說是幕府末期的瑪麗小姐。

馬修・培理在橫濱登陸（海涅畫）。右邊那棵大樹「玉楠」現存於橫濱開港資料館的庭院中。（橫濱開港資料館）

悲劇的主角是「唐人阿吉」。她本名齊藤吉，一八四一（天保十二）年出生於愛知縣知多郡。四歲和家人一起移居伊豆下田，十四歲成為藝妓。十六歲時，在下田奉行所的要求下，成為湯森・哈里斯身邊的侍女。起初是看在高額的報酬上才去的。服侍了三個月後，她離開哈里斯，重操藝妓舊業，但周遭的人們認為她賣身給外國人，將她蔑稱為「唐人[1]阿吉」。她與先前的未婚夫鶴松同居，後來搬到橫濱，但無法維持生計，只好又回到下田。之後，她與鶴松分手，四十二歲時開了一家小飯館謀生，但貼著「唐人阿吉」的標籤，屢屢遭人毀謗中傷，小飯館不到兩年的時間便關門歇業。一八九〇（明治二十三）年，在過了一段乞丐般悲慘的生活之後，她最後投河自盡，得年四十八歲。

因為這齣悲劇，「唐人阿吉」乃是第一號「洋妾」的說法便流傳開來了。然而，哈里斯是虔誠的基督徒，與阿吉之間看似並無男女關係，是以訛傳訛的坊間傳言和評價使得阿吉的人生陷入動盪。另外，我查找了洋妾（らしゃめん）一

詞，發現這正是這段時期產生的新詞。「らしゃ」（羅紗）的詞源是葡萄牙語的RAXA，意指厚的毛織物，「らしゃめん」原本指的是產出羊毛的羊。據說在當時，「羅紗」便等於西洋人，再與「船員為了處理食慾和性慾帶上船來的」俚語說法相互混合之後，便誕生了「らしゃめん」的蔑稱，用來指稱以外國人為交易對象的妓女。

幕末，全國各地掀起激烈的攘夷運動，對於向外國人賣身的日本女性，坊間的輿論十分嚴苛。但是隨著門戶不斷開放，「洋妾」的數量只是有增無減。此一現象，也是幕府外交政策推動的結果。

唐人阿吉，據說這是她十九歲的照片。在此之前兩年她成為哈里斯的侍妾。

這種嚴肅執行的外交策略，在安政六年橫濱開港以來開始實施，作為對外國人的懷柔手段，政府開啟了「洋妾女郎」（對外性服務）的機制，接著江戶也有了洋妾，迎來橫濱的洋妾全盛時期。從始於唐人阿吉的外交政策來看，幕府對於洋妾的管理分寸把持寬嚴得宜，向江戶的外國公使館獎勵性地送去侍妾，又如橫濱

1　唐人在此指的是外國人。

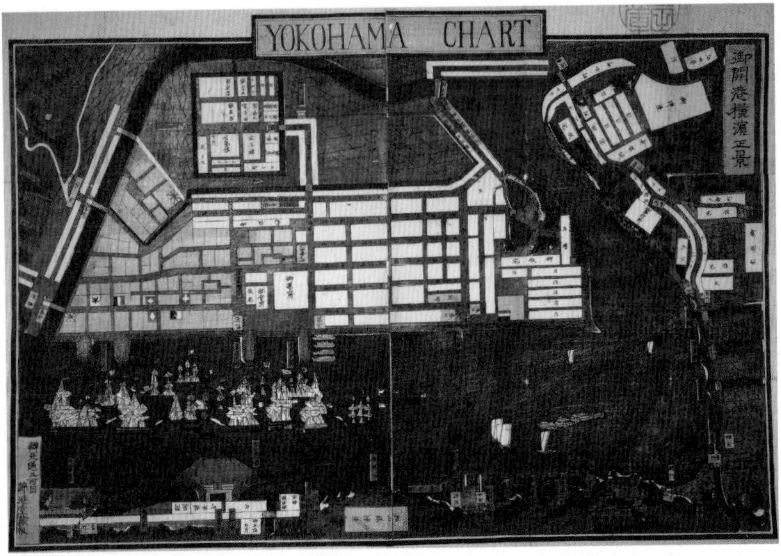

橫濱開港盛況。黑船來日十年之後的關內地區（文久三年〔一八六三〕）。三面環海的人工島上方圍成四方形者乃港崎遊廓，位置相當於現在的橫濱公園。（橫濱開港資料館）

領事館，各館幾乎都有洋妾，外國商人們大多也包養了日本女人。如上所述，這既是幕府作為對外國人的懷柔政策，也是迎合手段，向其提供方便，洋妾更傾向於是在那樣具有鼓勵色彩的容忍態度下誕生的。

（《橫濱市史稿》〈風俗篇〉，橫濱市編）

雖然神奈川成為開放口岸（貿易港）之一，幕府卻選定橫濱村作為談判地點。理由在於，神奈川是東海道的宿場（驛站）町，人潮來往頻繁。況且，橫濱村面向大海，從東海道去到他處，必須翻越野毛山。換言之，橫濱這個填海而成的人工島，其地理位置非常適合隔離外國人。面對堅稱「橫濱也是神奈川」的幕府，以美國為首的各國大使強烈抗議，但為時已晚。參考當時的地圖可知，隨著填海造地的推進，橫濱村演進為一座規模巨大的開港地的過程。

一八五九（安政六）年，開港地（如今的關內地區）誕生。以進行關稅和外交事務的「運上所」為中心，從海上向左側（山手側）看，是外國人居留區，向右側（櫻木町側）看，是日本商人的據點。東西兩側並建造了碼頭，與外國進行貿易為主的東碼頭稱為法國碼頭，國內貨船用的西碼頭稱為英國碼頭。

當時，在橫濱開店的商人共七十一人。日後被稱為橫濱商人的他們，起初根本摸不清外國人的喜好，把漆器、陶器、絲織品、海產品、茶葉、日用雜貨等都擺在店前試探銷路。結果發現，外國商人看中的是日本生產的優良蠶絲。於是，全日本的蠶絲被集中到了橫濱。不用多久時間，蠶絲在橫濱總出口量中的占比便超過八成。現今國道十六號線的八王子至橫濱區間（八王子街道）是當年運送蠶絲的要道，因此被稱為「日本絲路」。

蠶絲出口生意活絡的情況下，為了監管和保護外國僑民，將包含了外國人居留區的開港地（如今的關內地區）和日本人居住區（如今的伊勢佐木町一帶）連接起來的吉田橋成為重要的關口。隔著這座橋，開港地被稱作「關內」，朝伊勢佐木町的方向則被稱作「關外」。這也讓我恍然大悟，為什麼化妝品店柳屋的福長惠美子曾說：「這裡可是關外哦。」現在仍在使用的「關內」、「關外」這兩個詞所衍生的歷史的重量，實是因為連接了這座城市的過去與現在。

3　成為攘夷犧牲品的遊女

現在的橫濱公園（橫濱棒球場亦位於其中）一帶，開港當時，原本是遊廓（妓館區）。遊廓之所以會出現，據說與幕府和美國總領事哈里斯所締結的日美友好通商條約中並未記載的密約有關。

「設置遊女屋的要求」

此事並無列於條約本文中，談判紀錄上也未有記載，但在談判橫濱開港時，哈里斯要求另外針對設置遊女屋的條款進行私下會談。江戶幕府馬上接受了哈里斯的要求，橫濱甫一開港，在各種建設工程忙碌進行之際，官方也出資興建所謂的長屋，公開認可了像宿場女郎那般的遊女。哈里斯費心於此有其道理，此番要求，不僅是因為他通曉人之常情，想讓本國海軍滿足生理需求，同時也是在替日本政府留意，避免管理上的麻煩。他的理由如下：首先，這些船員兩三個月的生活起居皆在船上，期間根本看不到女人。而人無論賢愚貴賤，都要解決性慾問題，有時為了達到目的，往往連性命都可以不顧。因此，當橫濱開港之際，在雙方尚未彼此瞭解的情況下，這些海軍登陸時，難保不會為了一逞其性慾而禍及良家婦女。如果發生此類事件，對日本和美國都屬不幸之事。若有花錢買春的自由，便可完全免除此類禍端，對雙方而言是皆大歡喜。故而我國政府隨即接納他的要求。

（橫濱貿易新報社編《橫濱開港側史》，下岡蓮杖翁談）

在與哈里斯談判以前，幕府禁止神奈川宿的旅店擁有向旅客提供服務甚至賣淫的「飯盛女」。神奈川乃東海道的宿場町，人員來往頻繁。其中有很多尊皇攘夷的武士，如果日本人和來找「飯盛女」的外國人發生爭執，有可能會引發國際問題。也就是說，在開港的當下，哈里斯的要求所反映的問題也正是幕府所擔心的。

「提供旅途慰藉的『飯盛女』——保土谷之宿」

自從萬治二（一六六〇）年，德川幕府禁止娼妓出現在東海道五十三次各驛站之後，取而代之的就是飯盛女。也許因為她們為旅人提供了旅途中的情趣，人數便逐漸增加。於是，幕府在享保三（一七一八）年規定，每家旅館僅能有兩名「飯盛女」的額度，並制定《旅籠屋渡世之者家數人數名冊》，以便管理。根據這條規定，當時保土谷之宿除了大名住宿的本陣、脇本陣之外，有六十七家旅舍。以一家兩名來算、共計有一百三十四名「飯盛女」，當然，這只是檯面上的數字。實際上流連在此的女人比這個數字要來得多，處處可聽聞攬客的撩人聲音，成為宿場特有的風景。

（淵野修編《橫濱今昔》，每日新聞橫濱分社，一九五七年）

雖然只記載了保土谷之宿的情況，但不難想像，與之相鄰的神奈川宿也有同樣的宿場風情。的確，如果外國人也混入宿場町尋花問柳，混亂恐怕是難以避免的。

於是當局全面禁止了神奈川宿的飯盛女。取而代之的，是在橫濱的新市街設置以外國人為服務對象的新遊廓。當然，這也是基於與外國使節們的約定。就在下達神奈川宿場禁娼令的不久前，也就是從同年四月起，根據新門辰五郎提出的申請，進行太田宅邸填埋方案的改建（不過，辰五郎中途便退出了這項計畫），同年六月，舊神奈川宿宿場的五十名娼妓便被強制送往駒形町的臨時遊廓[2]，還包括了品川、小田原間的宿場遊女。

（戶伏太兵《洋娼史談》，鱒書房，一九五六年）

一八五九（安政六）年，港崎遊廓（位於如今的橫濱公園）建成後，共計有十五家娼館、三百三十一名遊女。娼館中以豪華絢爛而著稱的，當屬岩龜樓。一八六三（文久三）年出版的《美那登能波奈橫濱奇談》中，記載了岩龜樓的彼時情景。

岩龜樓的建築結構繁複猶如海市蜃樓，宛若身處龍界一般。陰曆七月看燈籠，八月看即興滑稽舞蹈，各種節目可謂花樣紛呈，十分奪目。日人與外國人混雜流連其中，不分晝夜，絡繹不絕。

當時的港崎遊廓，嚴密區分為外國人專用與日人專用。日人區很快引來了吉原與其他地區的遊女，但外國人區，直到開業前，前來參與招募者仍寥寥無幾。

於是，他們派人到各地遊廓召募遊女，動之以利，以期湊足開業所需的人數。最後甚至遠至長崎徵人，以為當地多少熟悉異國風情的遊女及其他私娼等或許不排斥外國人。不過，

岩龜樓的石燈籠。現在位於橫濱公園的角落。（本書作者攝影）

2　位於現今神奈川縣廳附近。

結果不盡理想，開業人數仍未達要求。於是只好鎖定特殊部落出身的遊女或婦女，果然招來了許多的應徵者。從此，「洋妾女郎」的概念逐漸定型為特殊部落出身者。

（《橫濱市史稿》〈風俗篇〉，第七章第二節）

部落出身的女子，因此承受了開港之初日人對外國人的偏見和歧視，這種雙重歧視的結構，實在令人不忍卒睹。在這樣的背景下，遊女喜遊的悲劇令港崎遊廓一舉名聞全國。

喜遊十五歲進了品川的遊廓，十七歲時，被港崎遊廓的經營者佐七帶到岩龜樓的日人區。對喜遊一見鍾情的法國外交官是在法國工作的美國人，名叫伊路斯。伊路斯原本進出的是岩龜樓的外國人區。某天，他得到參觀日人區的機會，一眼便看上喜遊。他馬上找老闆佐七喚來喜遊，但日人區和外國人區兩者有別，區隔的規定十分嚴格，佐七遂一口回絕。可是伊路斯並未死心，轉而找上幕府的要人幫忙遊說。表面上，伊路斯的身分是常駐橫濱的貿易商，但實際上，他是法國官方領事階層，亦是幕府要在財政方面與法國經濟界搭上線的關鍵人物。面對他的要求，幕府高層實在難以拒絕，只得向佐七施壓，佐七便以「為國獻身」的理由說服喜遊。至此，喜遊也無法回絕，只得勉強答應。但一想到要與外國人有肌膚之親，實乃奇恥大辱，喜遊遂在接客的前一晚留下辭世詩，自殺身亡。

厭朝露之大和女郎花
不容急風斜雨美利堅濕衣袖
（川元祥一《開港慰安婦與被歧視的部落》，三一書房，一九九七年）

關於喜遊的悲劇，也有人認為是「尊王攘夷派」的宣傳，虛實難辨。不過它也堪稱是頗具代表性的軼聞，可以藉此瞭解當時日人社會的心理。不久，港崎遊廓也迎來了盡頭。一八六六（慶應二）年十月二十日，於關內經營豬肉舖的鐵五郎，其豬舍起火，飛竄的火舌最後竟將整個街區燒為灰燼。開港七年，好不容易初具規模的橫濱街道，房屋一千六百間，洋人商館四十八處，包括港崎遊廓，盡皆付之一炬。關內三分之二以上的街區被焚燒殆盡。

因為這場火災，外國人為了避免今後日人街區起火又危及自身地盤，便在兩個街區的邊界鋪設了寬一百二十英尺的馬路，兩側還各留有寬二十英尺的人行道。這便是日本最初規劃的馬路——日本大道。

那麼，港崎遊廓又何去何從？不論什麼時代，只要有需求，遊廓和風俗業就不會絕跡。

一八六七（慶應三）年，關外的吉原町（現在的羽衣町附近）被選定為港崎遊廓的替代地。這裡與江戶的遊廓一樣，被稱為「吉原遊廓」，面積約為港崎遊廓的一半，有娼館十九家，遊女四百二十四人。

生麥事件現場。（橫濱開港資料館）

另外，若不談東海道上的生麥村發生的慘案「生麥事件」，恐怕便無法討論當時的日本。一八六二（文久二）年八月二十一日，薩摩藩的島津久光一行四百人，在返回薩摩途中，與四名騎馬的英國人迎面相遇。因英國人闖亂了行伍，一名憤慨的武士怒罵「無禮的東西」，並揮刀砍殺了一名英國人，另有兩人負傷。當時，橫濱也頻頻發生攘夷派襲擊外國人的事件。對此事態感到憂慮的英、法、荷、美四國為了保護居留的僑民，便命令駐軍登陸橫濱。據說登陸軍隊多達八千人，身著藍色制服的是法國海軍陸戰隊士兵、身著紅色制服的是英國陸軍士兵，他們吹著軍號行軍，負責保衛外國人街區。

就在此一時期，出現了一首歌曲〈野毛山節〉。歌詞中提到了窺見外國人與洋妾的情事、從野毛山高台眺望所見的開港地街景、駐軍的模樣、泊滿港口的軍艦等。歌詞中有一詞「ノーエ」（發音為no-e），較令人信服的說法是指當時日本人好不容易聽懂的兩個英語單字「no」與「yes」。作詞者不詳、由人們自然傳唱下來的〈野毛山節〉，被認為是明治時期流行歌謠的濫觴，亦是如今仍繼續傳唱、足以代表橫濱的靈魂歌曲。當時我還不知道，〈野毛山節〉將在我的電影中扮演重要的角色。

野毛山節

一、代官山來的no-e　代官山來的no-e
　代官saisai
　從高山看異人館
　與洋妾兩人no-e
　與洋妾兩人no-e
　洋妾saisai
　抱來抱去　紅褲子

二、代官山來的no-e　代官山來的no-e

代官saisai
從高山看蒸汽船
看那煙囪好粗no-e
看那煙霧黑黑no-e
黑黑的saisa
從旁飄來的煙霧

三、秋天的演習no-e　秋天的演習no-e
秋天的saisai
演習的黑白兩軍
黑白兩軍no-e　黑白兩軍no-e
黑白　saisai
兩軍結束演習

四、野毛山來的no-e　野毛山來的no-e
野毛的saisai

從高山看異人館
扛著大砲 no-e　扛著大砲 no-e
大砲　saisai
推著前進　小隊前進

五、雜耍吹笛 no-e　雜耍吹笛 no-e
雜耍 saisai
吹笛　小隊前進
咚咚鏘鏘 no-e　咚咚鏘鏘 no-e
咚咚鏘　saisai
鏘鏘咚　小隊前進

4 淘金熱

一八六七（慶應三）年，大政奉還。江戶幕府的幕藩體制瓦解，政權轉移到明治政府，自此

高島遊廓的神風樓。港崎遊廓開業時名為「伊勢樓」，搬遷時改稱神風樓。（橫濱開港資料館）

神風樓的遊女們。神風樓地處九號地塊，因街牌「Nectarine No.9」而被稱為「九號館」（橫濱開港資料館）

從山手地區遠眺外國人居留地（關內地區）。左邊的山丘是現在的義大利山。（橫濱開港資料館）

橫濱成為日本近代化的象徵。一八七二（明治五）年，自橫濱（如今的櫻木町車站）至東京新橋的日本第一條鐵路建成，全長二十九公里，全程行駛需五十三分鐘。明治天皇巡幸時並出席了通車典禮。

一八七一年，關外的「吉原遊廓」再次毀於大火。翌年的一八七二年，在高島嘉右衛門填海造地（如今的西區高島町）的新址上，又新建了「高島遊廓」。新建好的神風樓和岩龜樓如雙壁交相輝映，屬於和洋結合的三層樓建築，裡面擺設了西洋家具與日用品。據說雇用的都是梳著唐人髻的遊女或散髮披肩的時髦遊女。

說到唐人髻，就要提及今日堪稱橫濱觀光勝地的「中華街」。這條街發端於一八七二（明治五）年，當時，九百六十三名清國人（中國人）在開港地的一角（如今的山下町）建造了一百三十多棟房屋。據說當初的店家多半早晚經營餐飲、白天兼營進口買賣。到了日俄戰爭時期，才進一步分工為服裝衣料等等的進口專門店，或是餐飲專門店。

自從黑船來日，才二十多年的時間，就共有兩萬八千多人移居到最初只有百餘戶的橫濱村。「只要去到橫濱，總有機會出頭」。當時橫濱聚集了一大批希望一夜致富的人，掀起淘金的熱潮。人口不斷增加，對土地的需求迫切，填海造地的工程不得不繼續進行。承包這項工程的是當地名士，常次郎。一八七三（明治六）年，耗時三年苦工、終於完成的新生地，分別依序被命名為萬代、蓬萊、不老、翁、扇、壽、松影等吉祥名稱，統稱為新生地七町。戰後，壽町與山谷、釜崎並稱為三大臨時日雇工的居住區（ドヤ街），就是在此時誕生的。

曾設有關口的吉田橋一帶附近有許多名義上販賣「麥茶」的店。每家店都有稱為「新造」的年輕女店員，她們會招呼男客入店喝茶，並進而向客人提供性服務。

「可疑的麥茶店」

街上的年輕武士、匠人在用過晚飯後便到麥茶店見世面。被招呼入座後，新造會問：「要點什麼？」客人便回答來杯麥茶吧。其間，客人打量女店員，女店員也端詳客人，若彼此有意，遂達成某種約定。女子說聲：「大嬸，我回家轉轉就來，」便出門而去。客人尾隨其後，進入其所居住之「魔窟」，來番「魔風」雲雨，但通常來說，要先回一趟店裡。依照特別約定，等到深夜一時，店門關了，再帶女店員回到「魔窟」，然後便換著花樣玩起各種「魔術」，逍

明治時期伊勢佐木町的劇場街。(橫濱開港資料館)

遙至翌日清晨。

(橫濱貿易新報社編《橫濱開港側史》,藝窗庵翁談,一九七九年)

一八八〇(明治十三)年,關外地區的伊勢佐木町一丁目、二丁目、福富町二丁目、羽衣町、蓬萊町等等,是政府許可的娛樂演出地段,蔦座、羽衣座、Nigiwai座等小劇場和落語劇場林立,以這些客人為對象開設的餐飲店也隨之增加。一八八九(明治二十二)年,「大日本帝國憲法」頒布,同時實行市町村制,橫濱村升級為神奈川縣橫濱市。這時的橫濱市人口十一萬六千一百九十三人,共二萬五千八百四十九戶。

鐵路開通後,明治天皇前往橫濱的次數增多,鐵路沿線的高島町「高島遊廓」便顯得礙眼了。一八八〇(明治二十三)年,「高島遊廓」遷

從現在的根岸不動阪上遠眺，左邊是外國人專用散步道。可見到海岸一帶根岸村的房屋鱗次櫛比，更遠處可以看見本牧岬。（橫濱開港資料館）

移至永樂町和真金町，改名為「永真遊廓」（永樂真金遊廓）。到了戰後，永真遊廓變成紅線區[3]，直到賣春防止法施行之前，這條風化街大約繁榮了八十年。現在，即使走在這條街上，也會隱隱感覺到空氣中飄蕩著奇異的氛圍。應該是因為沿街種植的柳樹，四處可見、透著歲月滄桑的日式老屋等，使得濃厚的時代烙印留在這條街上。

橫濱特有的風俗店「chabu屋」（チャブ屋）也是在那一時期興盛起來的。它的起源可以追溯到生麥事件。一八六四年，為保護僑居此地的外國人安全，簽訂了《橫濱僑居地備忘錄》。根據備忘錄，從橫濱村到本牧、根岸村一帶，建成了外國人專用的步道。沿街的民居經營起以外國人為對象的茶屋，「飯盛女」也隨之而來。起初只

據稱根岸茶館乃chabu屋之濫觴。（橫濱開港資料館）

有十三家茶屋，不到十年過去，便增加到三十幾家，並進一步發展成後來的「chabu屋」。

第一家「chabu屋」是在本牧開店的春木屋，大約始於一八八二（明治十五）年。關於「chabu屋」的詞源，眾說紛紜，但最具可信度的一個說法乃其源自於「Chop House」，也就是簡易食堂。據說，在外僑區工作的日本人時常在外國人那裡聽到「Chop House」，以訛傳訛之下，變成了「chabu屋」。與遊廓裡的公娼遊女不同，在這裡工作的女性屬於「私娼」。「遊女」必須遵守遊廓的嚴格規定，但「chabu屋」的私娼則與店家私訂契約，沒有得到官方認

3　官方公認允許的賣春地區。

證，是在公家單位睜一隻眼閉一隻眼的狀態下拉客。從這一點來看，情況有些近似如今的色情業者。這些摩登女孩留著當時還十分罕見的短髮，穿著長洋裝。她們住宿費和伙食費為本人負擔，除夜間營業時間以外，其餘時候則不受限制。

「《橫濱名產「chabu 屋」盛衰記》，齋藤昌三」

大體而言，接客收入六四分帳，有一說是老闆娘拿四分，也有一說是私娼拿四分。按照當時這個行業的規矩，通常是老闆娘拿六，本人拿四。不過因為這是一種新型行業，情勢相反過來也不無可能。但不管是六分或四分，都要從中拿出一大部分償還預付債務，支付房租和伙食費，還必須買化妝品等。（……）不過大致來說，不至於讓她們像賣藝妓女那樣欠債，以此為業的女性相對較為自由，外出也無須顧慮太多，可去到橫濱的鬧區伊勢佐木町（相當於橫濱的銀座）一帶散步、購物，對她們也不看得那麼緊，有時甚至可以遠至銀座，也會出現在日本橋的「聯合」舞廳。另外，根據客人的要求，只要客人支付一日之約的出門費，甚至會陪同客人去到箱根一帶。

（《Grotesque》，一九二九年六月號）

和遊廓明顯不同，將酒吧、夜總會和舞廳的各種功能融為一體的「chabu 屋」並沒有娼館常見的不快氛圍。作家大佛次郎也是chabu屋的常客。他曾描述那裡的體驗如何給他的小說《霧笛》帶來靈感。

「從碼頭情調催生出來的《霧笛》，大佛次郎」

「喜代」旅館等雖然住了不少外國人，但也有以日本客人居多的店家。從事這個行業的旅館裡有非常老式的東西。儘管建築物本身是西式設計，但裡面卻有神祇，供奉著古老的佛龕，令人感覺很不協調。這是梳著日本傳統髮型的女孩子說著英語單詞的年代。儘管海之屋、松之屋、富士旅館等更為知名，但喜代旅館的大廳底下即是大海，浪濤聲形成旅館獨有的伴奏，在東京人的耳裡聽來實在妙不可言，所以許多東京人總是特意前往。為外國人服務的「chabu屋」女郎中就多有《霧笛》中的小花那一類人，這部小說也是以本牧的女子為原型所創作的。

（《橫濱今昔》，每日新聞橫濱分社編，一九五七年）

「chabu屋」街與其他花街不同之處，在於它與普通民宅相連共生。作家谷崎潤一郎曾於大正活映（日本知名電影公司）擔任劇本部顧問，而大正活映在山下町有片廠，所以他一度住在本牧的「chabu屋」街。他在〈港都的人們〉裡就記述了代表大正時代後期的chabu屋「喜代」旅館。

喜代旅館的女人們——除了一兩個混血兒外，大多是日本女孩——也許是因為常接待外國客人的關係，個個都嬌蠻、活潑、動作敏捷，身材也很出色。有個叫梅麗豬的女孩，高大得讓人必須仰視，還有豐腴雪白的肌膚。以這個梅麗小姐為首，底下還有將近二十個女孩吧，她們夏天時穿著單薄得近乎赤裸的和服，僅僅繫著一條細帶，在二樓欄杆後或棧橋上嬉戲，有時也跳入海裡狂歡嬉鬧。其中也有善於划船或游泳的高手，直到天黑，水面幽暗，她們仍像河童一樣嘰嘰喳喳、喧鬧不休。

（谷崎潤一郎《潤一郎迷宮〈15〉》之橫濱故事〈港都的人們〉，中公文庫，一九九五年）

「美利堅阿濱」隸屬於喜代旅館，是本牧的洋妾明星，享有盛名。據說淡谷典子演唱的著名歌曲〈離別的藍調〉就是從她那裡得到創作靈感，其知名度已經不限於橫濱，而是在各地都廣為人知。

喜代旅館乃西式建築，無論大廳或客房都洋溢著濃濃的異國情調，在嚴選的近二十名「chabu屋」女孩中，又以阿濱為第一。她一晚的價碼至少要五十日元。儘管如此，碧眼的船員們還是無法忘懷阿濱那迷人的魅力，從馬賽和洛杉磯的港口寄來了一封封以紫色或綠色墨水書寫的情書。儘管收件人姓名只寫著「日本國橫濱　阿濱小姐收」，但憑著她的知名度，郵差總能將逐年增加的信件送到阿濱手中。

昭和十二年，新進作詞家藤浦洸與作曲家服部良一想以橫濱港的氣氛創作一首流行歌曲，便來到南京街[4]小酌，並留宿於「喜代」。翌日清晨，在阿濱的房間裡聽到輪船的汽笛聲，打開房間的兩扇橫板窗，宿醉的藤浦洸為之驚醒。從窗戶往外望去，是猶如亮麗油畫般的美利堅碼頭、海鷗翱翔的南突堤，以及靜靜出航的外國豪華郵船。那首讓淡谷典子一舉成名的〈離別的藍調〉，其中「打開窗就能望見海港口／望見美利堅碼頭的燈火」的歌詞便是這樣誕生的。

（小堺昭三《美利堅阿濱的一生》，波書房，一九七二年）

此外，〈本牧阿濱〉（《漫畫EROTOPIA》，原作：戸川昌子、劇畫：上村一夫，一九七六年）、《浮世一代女》（野阪昭如，新潮社，一九七三年）等，都是以阿濱為題材的作品。即使是尚在業界的知名洋妾阿濱，當時仍在雜誌上被爭相提及。她是本牧chabu屋的象徵，也是充滿傳奇的女子。

4　橫濱中華街的舊稱。

「橫濱國際旅館街的國際女郎，北林透馬」

傳說ＫＹ（喜代）旅館每日營收八百日元，有一半是阿濱賺的。關於這種說法，由於她是本牧的知名女性，這種說法也就愈能發揮作用。雖然她有「笨蛋阿濱」的外號，但這絕非說她低能，而是感嘆她猶如不死之身的體力，以及她從袖口將揉成一團的十元大鈔隨意掏出的那種率性。——最近甚至聽到這樣離奇的傳說：一個年紀尚輕的日本青年不敵她的過人精力，竟累死在床上。

（《中央公論》，一九三一年四月號）

前文提到的作家大佛次郎，據說也見過阿濱，而這是否對《霧笛》的誕生有所影響呢？

「她是《霧笛》的原型？不，不是這樣的。我雖然認識阿濱，但完全沒有以她為原型。（中略）我曾和阪東妻三郎[5]一起去過「喜代」。阿濱的臉蛋啊，在兩頰的部位特別粗糙，一看就覺得果然是做賣春生意的女子，我一點也不覺得她特別。不過，久米正雄[6]、田中純[7]等人常去找她。他們跟我說，她討人喜歡的是那個行為，據說做愛到忘我時她會哭泣，因而非常受歡迎。所謂的第一，並不在於姿色，而是那種異常的特質，才讓她成為第一。」

（《週刊文春》，一九六九年三月二十四日號）

據說阿濱遇到討厭的客人時會獅子大開口，對喜歡的客人則願意白白獻身。另外，還有人傳說她每天吞十五個生雞蛋，好為客人服務。有關她的傳說實在有趣，眾多文人和作家都拜倒於她的裙下，要說是激發了創作的動力，也說得通。

5 世界貿易港「YOKOHAMA」

橫濱曾是「妖媚的洋妾們」吸引來客的溫柔鄉，對海外航線船舶來說，也是最終目的地、是航海的終點港口。為此，期盼設置「得以修理、檢查船舶之設施」的外國國家增多了。於是在橫濱的蠶絲商原善三郎、茂木惣兵衛等人的帶領下，一八九一（明治二十四）年，建造了橫濱船渠（現今的三菱重工業橫濱製作所），並在如今的港未來區設置了船渠所，進行更換損壞零件、清除船底牡蠣和海草等工作。

5 一九〇一年―一九五三年，二十世紀日本最傑出的電影演員之一，本名田村傳吉，為知名演員田村正和之父。

6 一八九一年―一九五二年，日本大正與昭和時期的小說家、劇作家、俳人。曾師從夏目漱石，後成為知名流行作家，為芥川龍之介好友。

7 一八九〇―一九六六，大正與昭和時期小說家。大正年間創辦文學刊物《人》，小說代表作為《妻子》。

開業時的大棧橋全景。（橫濱港博物館）

不過，橫濱確立其世界級貿易港之地位，是一八九四（明治二十七）年日清戰爭[8]爆發以後的事情。主要的業務是出口蠶絲、茶葉到歐美，再以換得的外匯進口軍艦、機器等。另一方面，也向亞洲各國出口棉紗和棉製品，這正是當時日本的產業結構。由於橫濱港水淺，且沒有可供固定船隻的碼頭，行駛海外航線的大型船隻只能停泊在海面上，要靠著接駁船運載貨物和乘客上岸（到港口）。

一八九四（明治二十七）年，為了彌補此一缺陷，美利堅碼頭前面建造起大棧橋（全長七百三十八公尺）。據說當時海外航線的船運十分繁榮，熱鬧非凡。但相對的，無理的歧視因此產生，這也是不容忽視的事實。作家長谷川伸曾因家裡的產業倒閉而從小學中途退學，在橫濱船渠做「小工」。長谷川如此描述了自己青春期時在橫濱的經歷。

「外僑區的好人和壞人」

不僅是外國人，日本人中也有人能輕鬆說出三、五十

大正中期（一九二〇年左右）的伊勢佐木町。畫面左側是一九一一（明治四四）年創業的橫濱ODEON電影院的大招牌。（橫濱開港資料館）

句日常英語，他們戴著戒指、剃短鬢角，以最新潮的打扮顯示「迎接海外風氣之先者，當然是橫濱」的自信。在這樣的一個時代、在橫濱最具異國情調的外僑區，我度過了正當青春歲月的幾年，外國人的好與壞在我心中都留下了深刻的印記。外僑區的階級按照白人、中國人、日本人等依序劃分，船夫唱道：「真倒楣，外國人無端踢我腿。問他踢啥？回說不為啥。」字句裡滿是抱怨，卻也是現實生活的寫照。我想，這是那些遠赴東洋之盡頭、未知國日本的冒險家們壞的一面，是征服欲和蠻橫的物欲使然。不論怎麼解釋，被踢過、打過的我都難以釋懷。

（每日新聞橫濱分社編，《橫濱今昔》，一九五七年）

一九〇九（明治四十二）年，橫濱開設了最初的電影常設館「開港紀念電氣館」（KINEDEN）。而後又相繼在

8 即為中日甲午戰爭。

伊勢佐木町街道入口開設了橫濱館，長者町則有專門放映外國電影的「橫濱ODEON電影院」。關東大地震前的伊勢佐木町，是國內屈指可數擁有劇場、電影院的娛樂地點，也是妓女們闊步暢行的歡樂街。

一九一一（明治四十四）年紅磚倉庫二號館竣工，一九一三（大正二）年紅磚倉庫一號館竣工。如今殘存的橫濱風景幾乎就是在這段時期成型，然而此時，橫濱的主要出口商品蠶絲業也面臨了轉型期。開港以來，外國公司原本一直掌握著蠶絲出口的實權，但到了明治四十年後，三井物產、橫濱蠶絲合名會社、原合名會社等日本企業開始崛起。

一九一四（大正三）年，第一次世界大戰爆發，為了彌補戰爭導致的物資短缺，橫濱港成為向歐洲出口貨物的主要供應據點，「YOKOHAMA」（橫濱）之名從此傳遍世界。

6　象徵復興的山下公園

繁華瞬間崩解……一九二三（大正十二）年的關東大地震讓橫濱淪為災區。由於填海而成的新生地地基脆弱，橫濱市有八成建築物倒塌。當時橫濱約四十五萬的人口之中，竟有二萬一千三百八十四人遇難。據說在大棧橋上的人們和棧橋一同落海，紛紛溺斃。世界上屈指可數的貿易城市，轉眼間便化為一片焦土。

交通、通訊等全都中斷了，第一天的餘震有二百三十七次，第二天有九十一次。不分晝夜的餘震讓每個人都驚駭怖懼。此外，以維持治安為名、由市民志願者組成的自警團也釀生了慘劇。當時，「朝鮮人在井裡下毒」、「朝鮮人即將暴動」等謠言四起，自警團殺害了許多無辜的朝鮮人。據說這與朝鮮發生為了擺脫日本殖民統治而興起的三一獨立運動[9]之背景有關。在受災的極限狀態下，「搞不好會被朝鮮人所殺」的被害妄想引發了這些暴行。

9 此為為朝鮮被日本占領時期的韓國獨立運動，因發起日為一九一九年三月一日而得名，是韓國近現代史規模最大的全民反日救國運動。

畫面左側遠處是一九一七（大正六）年完成的橫濱市開港紀念會館。六年後毀於關東大地震。（橫濱市史資料室）

重建後的伊勢佐木町一丁目（昭和六（一九三一）年左右）。左前方是松屋（後為橫濱松阪屋西館，現在是Excel伊勢佐木），後方是野澤屋（後為橫濱松阪屋）。（橫濱開港資料館）

「山下公園」是橫濱的觀光名勝之一。我在查詢它的歷史時，發現了有趣的事。據說地震後，全城遭到焚毀的斷垣殘壁被堆放在原來的海岸峭壁處，後來以此為基礎，才建造了山下公園。換言之，在公園底下，還埋著地震時的瓦礫。將震災的負面力量轉化為正面影響，這不是「復興」一詞就能全盤概括的，當年「橫濱人」的毅力實在令人欽佩。

在整個復興時期，東京電力鶴見火力發電所、東洋埠頭、芝浦製作所[10]、標準石油、旭日石油[11]、富士電機、五十鈴汽車等大工廠相繼設立於鶴見至品川沿線。京濱工業區亦由此誕生。受到這些以重工業為主的工廠影響，橫濱港從商業港轉型成工商業港。震災後的復興，不僅改變了橫濱港的功能，甚至也改變了貿易的方式。

7　二戰期間——接吻是公然猥褻罪

一九二九（昭和四）年發生了世界大蕭條。美國股市大跌，世界經濟陷入谷底。受此波及，京濱工業區也捲入了經濟不景氣的浪濤中。據說當時街上到處都是失業者，離開橫濱返回故鄉的人們絡繹不絕。有「橫濱船塢」之愛稱、深受橫濱人喜愛的橫濱船渠也受到影響，陷入經營困境。一九三五年（昭和十）年，三菱重工將其收購，改名為三菱重工橫濱船渠。

一九三一（昭和六）年發生的滿洲事變[12]以及一九三三（昭和八）年日本退出國際聯盟一事，令日本和橫濱得以擺脫經濟困境。日本向軍國主義一路狂奔，軍備擴張成為日常口號，連帶以京濱工業區為代表的日本重工業亦恢復了生機。接下來，終於在一九三七（昭和十二）年，日中戰

10　東芝的前身。
11　ライジングサン石油株式會社，THE RISING SUN PETROLEUM，如今昭和殼牌石油公司的前身。
12　九一八事變。

爭[13]爆發。當時，在山下公園接吻的三對年輕情侶被警方以「公然猥褻罪」逮捕，成為報紙關注的焦點。

（……）如果是梳著髮髻、腰佩雙刀的時代，那麼便毫無爭議，但在千百艘船隻來去的日本門戶城市，特別是以異國情調為傲的橫濱，街頭電影院裡司空見慣的「接吻」絕非公然猥褻罪，而是對年輕人青春的頌歌。

（《橫濱貿易新聞》，一九三七年六月十九日）

最終，這三對情侶雖然未被起訴，對橫濱而言，卻是宣告黑暗時刻來臨的事件。一九三八（昭和十三）年，國家總動員令公布後，幾乎所有政黨都相繼解散，整合到以首相為總裁的大政翼贊會[14]。工會統一納入產業報國會，舉國一致的體制宣告成形。為了迎合時代氣氛，伊勢佐木町的松屋百貨商店舉辦了「防諜展」和「市民防空展覽會」，野澤屋（後來的橫濱松阪屋百貨）舉辦了「代用品振興展」，展示大豆以科學處理後製成的西服。

此外，日本開始侵略中國後，京濱工廠區的各家工廠景氣便活絡起來。當然，這與「滿洲國」成立、確保可以得到資源，也有很大的關聯。一九四〇（昭和十五）年，日本與德國、義大利締結三國軍事同盟。翌年，實施國防保安法，橫濱市內禁止從二十公尺以上的高度俯瞰拍攝，也禁止在野毛山、橫濱外國人公墓、根岸賽馬場、新格蘭旅館等處拍照。俯瞰橫濱的既存照片與明信片也禁止銷售，因為戰爭，橫濱的景觀遭到剝奪。

一九四一（昭和十六）年十二月八日，日本突襲位於夏威夷珍珠港的美軍基地，太平洋戰爭爆發。開戰同時，英美國家的居留民眾被當成所謂的「敵方外國人」帶走，並強制他們在根岸賽馬場和新山下町的橫濱遊艇俱樂部所設置的拘留所生活。專門放映外國電影的「橫濱ODEON電影院」，以「敵方橫寫文字」為名目遭到取締，更名為橫濱東亞電影劇場。伊勢佐木町大街上的路燈遭到拆除，野毛山不動尊（成田山橫濱別院延命院）的三十六尊黃銅佛像和香爐，全被熔煉於製造兵器。

一九四四（昭和十九）年，野澤屋、松屋兩家百貨公司皆成為軍需工廠（東京芝浦電氣公司的通訊設備製造廠，東芝公司的前身）。「chabu屋」的洋妾們白天穿著農用工作褲進行防空演習，晚上的接客對象則由從前的外國人變成日軍軍官或軍需工廠幹部。但隨著戰況不斷惡化，chabu屋全都陷入了停業的困境。原本象徵橫濱特色的船舶也遭遇同樣的命運。日本占領了亞洲各國和

---

13 或稱日本侵華戰爭。一般以一九三七年的「盧溝橋事變」算起，稱為「八年抗戰」。中國史家則從發生在一九三一年的「九一八事變」算起，稱其為「十四年抗日戰爭」。

14 二戰期間興起的右翼政治組織，於一九四五年解散。

太平洋諸多島嶼之後，徵用了許多一般客輪和貨輪從橫濱港啟程，作為戰場的交通工具。約有二千五百艘客輪與貨輪及六萬名船員就此捲入戰火，葬身魚腹。

當美軍占領塞班島和關島後，載有大量燃燒彈的B29轟炸機便由這些地區起飛，盤旋於日本上空，瞄準京濱工業區，橫濱也成為美機的標靶，連日遭到瘋狂轟炸。

一九四五（昭和二十）年，橫濱遭受二十五次空襲。其中破壞最為慘烈的，是五月二十九日的「橫濱大空襲」。美機累計投下約二十萬七千枚炸彈、燃燒彈，數量超過同年三月的東京大空襲。空襲傷者一萬六千名，死者六千名，橫濱近五成房屋被炸毀。反覆的空襲使城市燒成一片廢墟。

縱觀橫濱的歷史，彷彿也看見日本近代史的縮影。隨著開港，「橫濱」也肩負了近代日本之名。即使戰後，來到現代日本，橫濱的地位依舊不變。

8　占領軍來了

橫濱大空襲的三個月後，美國分別在廣島（八月六日）和長崎（八月九日）投下原子彈。八月十五日，昭和天皇透過廣播的「玉音放送」宣布接受波茨坦宣言，日本戰敗，無條件投降。

美軍們走在散落瓦礫的馬車道。從前這裡是關口吉田橋的「關內側」入口，十分繁榮。（橫濱市史資料室）

八月三十日，同盟軍總司令道格拉斯．麥克阿瑟在厚木機場走下舷梯，宣稱「從墨爾本到東京，真是十分漫長的路程」。他與美國第八軍團第一師、第十一師、第二十七師共計五千六百人進駐了橫濱。麥克阿瑟住在新格蘭旅館，而日本郵船大樓則成為駐日盟軍總司令部（GHQ）的臨時據點。九月十七日，盟軍總司令部遷移至東京日比谷第一生命大樓。

占領軍的接收範圍涵蓋了整個關內、大棧橋、橫濱公園、本牧，以及關外地區的福富町、若葉町、伊勢佐木町等廣大區域。橫濱公園球場（如今的橫濱體育場）被作為美軍專用棒球場。伊勢佐木町的松屋、野澤屋成了美第八軍團PX[15]，餐飲店不二家成了士兵俱樂

15 軍人的飲食、日用品賣場。

專為美軍開設的PX（現為不二家橫濱中心店）。（橫濱市史資料室）

部，吉田橋畔的舊松屋則化身為美軍醫院。「橫濱ODEON電影院」（戰時更名為橫濱東亞電影劇場）劃歸美軍專用，易名為OCTAGON（八角）劇場。市中心被占領軍的帳篷兵營、美軍的補給物資放置場、汽車停放場所占據，橫濱完全喪失了原有的城市功能。

關於這段歷史，我從柳屋的老闆娘福長惠美子那裡得知當時的伊勢佐木町情況。「（柳屋的）後面全被帳篷兵營占據了。下午三點左右，兵營大門一打開，大兵們就蜂擁而出。我們店裡滿是（等著美軍出來的）街娼。」

關於當時妓女的生態，福長接著說道：「在伊勢佐木町，要往關內的方向去，叫『上』，往相反的阪東橋方向去，叫『下』。這都是街娼們的行話。所以常聽到她們在對話中彼此問道：『往下去嗎？』、『往上去嗎？』有時會聽她們說：『一直拉不到客人啊，往上去吧』。」

此時，終於來到了瑪麗小姐活躍的時代。不過，若我們快速瀏覽從開港至終戰的橫濱，就能察覺瑪麗小姐存在於橫濱的必然性。「YOKOHAMA」不僅作為開放口岸接納外國人，無論任何時代也都有妓女與之共存。即使到了戰後同樣如此。

一九五二（昭和二十七）年起，占領軍逐步解除接管，但很少有人能馬上重建家屋或店鋪。解除接管的空地上雜草叢生，被揶揄為關內牧場。在橫濱，接管面積最大的是本牧地區。這座戰前因漁業而繁榮的城鎮，也面臨戰後的混亂。占領軍在這裡建立了「橫濱海濱住宅區」（yokohama beach DH-Area），裡面住著在橫濱和橫須賀美軍基地工作的軍人、文職人員與其家人，共約九百一十戶。住宅區內設有發電廠、學校、郵局、銀行、超市、保齡球館、電影院、棒球場等，並因掛有「日本人禁止入內」的告示牌，還架設了與外部（日本）區隔的鐵絲網，被稱為「圍籬之外的美國」。

戰爭結束後，市井百姓的生活又是如何？從日本占領諸國遣返的人裡，光是在橫濱就有遣散的十五萬三千名軍人和文職人員、四萬一千多名平民，街頭到處都是失業者。據說露宿街頭的無家可歸之人達三千多名，在戰爭中失去雙親的兒童數以千百計。就在ＧＨＱ限制食品、物資的買

櫻木町的鯨魚橫丁。又稱劣酒橫丁。（五十嵐英壽攝影）

賣之際，黑市因應而生，食衣住方面的非法交易盛行。據說當時只有中華街可以自由買賣糧食。橫濱的中國人被視為戰勝國（同盟國）一員，不必遵守GHQ的法律。中華街（山下町）的熱鬧景象甚至刊登於當時的報紙上。

最近，在橫濱山下町支那街的廢墟上，林立起鐵皮外牆的簡陋房屋，四處都展現出迅速復興的景象。店家在店門口擺售或站著叫賣蘋果、橘子等水果、各種炸物、魚類食品，或簡陋食堂供應的丼飯等，都吸引市民駐足，是新的城市風貌。從商品的價格來看，蘋果依大小不同分成四顆到兩顆十日元，炸物類四個十日元，沾有砂糖的甜甜圈一個五日元到三個十日元不等，栗子約十五、六顆五日元，葡萄兩串十日元，炸番薯十片左右五日元，橘子十顆左右十日元，大約是這等價格。至於純白的米飯，更是引來眾人驚呼。

（《每日新聞》，一九四五年十一月四日）

因櫻木町站和三菱重工業橫濱船渠（從前的橫濱船塢）而繁榮起來的野毛町，則成為市內最大的黑市。野毛大街上有販售日用品、雜貨的市場。在櫻木町車站附近，出現了名為鯨魚橫丁的露天市場，裡面有許多餐飲攤販。據說此名來自於燒烤鯨魚肉的煙霧。後來鯨魚橫丁遭到拆除，在原址上建起了二層樓的木造建築，這便是擁有一百三十八間店鋪（一間三坪）的櫻木百貨店。當初在鯨魚橫丁的露天攤販們都遷移進去了。於是，隨著戰後混亂逐漸平息，野毛的黑市也不知不覺地從人們的視野中消失。

現在，野毛一帶變成了橫濱的酒館街。每晚都擠滿了上班族和學生。街上仍有許多店家在販售鯨肉料理，似乎猶見當年黑市的餘韻。

9 守衛大和撫子的貞潔

我聽聞過「瑪麗小姐曾在神戶的慰安所裡服務」的傳言。事實如何，不得而知。但所謂神戶的慰安所，似乎是指美軍的特殊慰安設施協會「RAA」（Recreation and Amusement Association）[16]。於是我嘗試回溯那些與瑪麗小姐或有相同背景的娼妓之源頭。

戰爭結束、同盟國軍隊進駐日本時，日本面臨的最大問題，便是「如何保護良家婦女」。政府的具體對策是決定設立占領軍專用的特殊慰安設施協會。八月十八日，以「警保局長通達」（無線電）的形式，對全國都道府縣下達「占領軍特殊慰安機構建設準備案」的電報。這是象徵日本接受戰敗的措施之一，也是為了維持治安、無法避免而做出的決定。

> 本縣沒有RAA體系的組織，警察部保安課全體動員致力於解決此問題。但是設置機構的時間非常倉促，且建築物多被燒毀，重要的工作人員大多失散，設置慰安所的工作難度甚高。縣內僅有橫須賀倖免於戰禍，設置工作建議在此進行，較為順利。緊急召集的女子約有四百名，分配至原海軍工廠員工宿舍以及其他幾處，等待占領軍登陸。
>
> （《神奈川縣警察史》占領軍特殊慰安機構建設準備案指令）

戰敗後的第三天，八月十八日，根據政府指令，已下達了設置慰安所的指示。當時，大藏省[17]主稅局局長池田勇人（而後的日本首相）發下豪語：「哪怕要花費一億日元，只要能守護大和撫子的貞潔，這些錢不算什麼。」政府決定透過大藏省，由日本勸業銀行提撥最高五千萬日元的貸款，好讓業者因應所需。當時一名工廠工人的平均月收入為一百六十日元（昭和二十年厚生省調查）。八月二十八日，RAA成立，在皇居前廣場舉行了宣誓儀式，並宣讀以下聲明。

在此時期，政府下令，我等以己本職，作為國家戰後處理緊急設施之一，肩負起向進駐軍提供慰安服務之艱難事業。（……）在此，志同道合者結盟，堅守信念勇敢赴命，在數千名「昭和阿吉」的人柱之上，築起力挽狂瀾之防波堤，共同維護未來百年民族之純潔，亦是為鞏固戰後社會秩序之基礎，作為隱形之地下柱石。（……）我等絕非獻媚於占領軍，即使屈節，也非賣心。（……）為貢獻於社會安寧，以此高聲疾呼，為維護國體，挺身而出在所不惜。特此聲明。

（豬野健治〈白奴信託組織RAA〉，收於《創》，一九七四年八月號）

16 二戰後美軍占領時期，日本政府為美軍開設的「慰安」機構。

17 成立於明治維新時期，直至二〇〇一年隨著日本中央省廳組織機構重新整合而解散，是日本過去的最高財政機關，為現今財務省之前身。

所謂的昭和阿吉，是對「唐人阿吉」的挪用。另外，基於警視廳的特別許可（默許公開招募妓女），銀座街頭公然貼出了這樣的招聘看板：「昭告新日本女性：作為國家戰後處理辦法之一，徵求參與進駐軍慰安大事業之新日本女性。女事務員，年齡十八歲至二十五歲。供宿舍、衣物、食糧。」在東京，最初的開設機構是大井町的小町園。利用從前高級料亭的建築，將十疊或二十疊榻榻米的大房間以鐵絲加上布簾隔成眾多的簡易小隔間。沒有床，而是直接鋪著日式被褥接客。

包括去到以屏風隔開的房間接客的她們在內，這些慰安婦們一天所接的客與士兵們，每人多達十五人，甚至最多達六十人……小町園，宛如沙漠中的綠洲，蜂擁而至的大兵們排隊向女人走去，場面頗為壯觀。

（橋本嘉夫《百億日元的賣春市場》，彩光新社，一九五八年）

當年的RAA情報課長鏑木清一透露，小町園門口曾排著近六百人的漫長隊伍。所謂「沙漠裡的綠洲」，實際情況往往過分到令人不忍卒睹。最後，某一名慰安婦還是發生了悲劇。

其中啊，有一邊往嘴裡灌威士忌、一邊等不及就撲上來的人，也有些人是穿著鞋子就衝進來。有人喝得爛醉後，惡行惡狀就現形了，甚至把女人倒吊起來玩，跟擺弄玩具一樣。可是，日本人卻不能出手干涉。在這種情況下，真的是無能為力，只得拜託那兩三個在慰安所執勤的憲兵過問一下。

——對女性來說，一定很衝擊吧。

第一次接客就是外國人，她當時還是處女，對於以前原本只是公司職員、因三月十號的空襲而父母雙亡的這名女孩來說，衝擊確實很大，當晚就衝向慰安所後面疾馳而過的京濱線電車自殺了。由於擔心此事對其他員工產生嚴重影響，所以只能祕密地舉辦葬禮。

（摘自東京12頻道社會教養部《新編　我的昭和史4　追憶世態》，鏑木清一〈進駐軍慰安作戰〉，學藝書林，一九七四年）

橫濱的警察為了確保慰安婦來源無虞，甚至遠至郊區招募。同時，他們也知會真金町遊廓、本牧的chabu屋等相關業者以招募女性。簡直就是以舉國之力打造國營慰安機構。免於戰禍破壞的山下町租賃公寓互樂莊也設置了慰安所，等待占領軍的光臨。

警察在鄉間召集了八十名有接客經驗的婦女，在中區山下町的老舊公寓互樂莊待命。根據警察局的考量，此處可作為緩衝地帶，保護良家婦女不受美國官兵粗暴傷害。八月二十九日，美軍登陸。翌日三十日，互樂莊外便有數千名大兵排隊。然而互樂莊一週後就關閉了。士兵為了爭奪女人，發生多起衝突，大打出手，無力執法的日本警察根本控制不了局面。

（《反骨七十七年　內山岩太郎的人生》，神奈川新聞社，一九六八年）

互樂莊僅僅一週便宣告關閉，但慰安所並未因此減少。昭和二十年末，在橫濱市的指定區域內，就有一百七十四名業者在經營這塊生意。

真金町的女人們說，如果自己污穢的身體還能貢獻國家，那是樂意之至。她們成立了「白百合會」，盡心賣命。最初的兩個月左右，她們致力於為國家流淚獻身，可是就在這段期間，也有人意識到這行能夠賺錢，逐漸出現為賺錢而來的伴伴。如此一來，她們風評大壞，完全顛覆了過去的形象。

（《神奈川縣警察史》慰安所的實施情況）

第二年，一九四六（昭和二十一）年三月二十六日，下達了「禁止進駐軍進入賣春場所」的指令，所有RAA都即將面臨關閉的結局。

一九四六年一月，美軍裡性病最嚴重的部隊罹病率高達百分之六十八。駐日盟軍總司令部的V上校於某日將日本政府的負責官員叫來大罵：「日本女人簡直就是性病的溫床！骯髒，惡魔！」（……）此事應是慰安所關閉令的前兆。軍醫部和衛生局的報告指出，「隸屬於RAA的日本慰安婦中，有百分之九十是性病帶原者，再針對海軍陸戰隊某師進行抽查，發現全師官兵有百分之七十已是帶原者。」二月，盟軍總司令部看到這份報告大為震驚，下令自三月起禁止美國將兵進入所有慰安所。

（五島勉編《續．日本貞操》〈被外國士兵奪去貞操的日本女性之手記〉，蒼樹社，一九五三年）

這些曾被稱為「性的防波堤」和「特別挺身隊」、在最盛時期曾有七萬名，關閉時也還有五萬五千名的慰安婦，她們所屬的國營特殊慰安設施協會僅持續了短短半年，便宣告終結。失業的慰安婦被放逐在街頭，許多人轉而成為街娼。

從此以後，街娼被稱為「伴伴」。「伴伴」是戰後美軍占領期間出現的蔑稱，關於詞源，眾說紛紜。有一說是印尼語的「perempuan」（女性），在美國大兵的以訛傳訛下帶入日本；也有一說，是中國人稱妓女為「伴伴」。專找占領軍的「伴伴」被稱為「洋伴」，其中又可細分為專找白人的「白伴」、專找黑人的「黑伴」，以及只與特定對象交往的「only」（專伴）。不同稱呼之間還有階級差別，專找黑人的「黑伴」最受歧視。據說瑪麗小姐算是「洋伴」，只以軍官等級為對象，某段時期還是「only」。

一九四六（昭和二十一）年，盟軍總司令部下令廢除公娼制度，內容提及「日本的公娼現象有違民主理念」，以及「日本政府應即刻廢除長久以來容許公娼之法律與命令，並宣布基於上述法律所簽署的、以賣春為業務的契約盡皆作廢」。根據這項命令，賣身的遊女們獲得了自由，始自桃山時代、持續了三百五十年的公娼制度終於畫上句點。

然而，遊廓在「特殊咖啡」（特殊喫茶）、「出租包廂」（貸座敷）等名義下，仍公然進行賣春活動。警察當局在地圖上以紅線圈出遊廓所在地區，將其稱為特殊餐飲店，並以藍線標示出未被指定為特殊餐飲店的賣春活躍地區。紅線、藍線的稱呼遂成為警方的行話。橫濱的紅線地段，是曾為「永真遊廓」所在地的永樂町和真金町。這些區域的店家設有吧檯和大廳，也經營餐飲，以男客和女侍應自由戀愛的形式提供服務。

橫濱的藍線地段，則是沿著京急線日之出町站和黃金町站之間鐵路高架橋下面的「黃金町鐵路橋下」一帶。《橫濱中區史》一書記載了當時黃金町的樣貌。

> 此區有一部分是賣春和販毒的巢穴。從這部分往外延伸，附近的後巷，沿著京濱急行鐵路橋一帶，有陸續增建的木板房，作為酒館或充當歇腳處的小酒吧、簡易住宿場所等。特別是鐵路橋下，曾是戰時災民搭建的臨時棲身之所，但挪來作為上述的酒館和簡易住宿地點，

倒也方便。在這裡，也有與占領軍士兵進行的性交易。換言之，即是所謂的藍線區域。（……）

這些被稱為「伴伴」的街娼，在陰暗的黃金町鐵路橋下暗自活躍著。車站所在的黃金町周圍是她們活動的中心地帶。此處的居民回憶道：「這一帶曾是『藍線』。從黃金町到白金町的河畔，再加上曙町、日之出町或黃金町鐵路橋下，都是藍線。當年，這可是令人不快的特色呢。」

（《橫濱中區史》第五章——野毛地區）

彼時，有一個外號叫做「瘋癲阿時」的女人鎖定伴伴們為目標為非作歹，最終被警察逮捕。這個案例也充分象徵了那個弱肉強食的混亂時代。

終戰以來，代表了戰敗頹靡形象的伴伴女郎四處橫行，固然受人排斥，但她們也有自己的辯解之詞。她們多數淪落到不得不賣身，不過是為了掙口飯吃、生存下去。然而，卻還有女老大恐嚇勒索她們賣身好不容易賺來的血汗錢，此人就是伴伴最恐懼的對象「瘋癲阿時」，本名海老原民子（二十八歲）。短髮、墨鏡、藍領襯衫的袖子高高捲起，豐腴的左腕上刺著「爵士阿勝・第二代・瘋癲阿時」的刺青。

（《神奈川新聞》，一九四六年七月二十五日）

阿時自己並不賣身，但卻「向伴伴們敲詐，用她們的錢在黑市吃天婦羅蓋飯，還有酒喝」。受害的伴伴多達數百人。儘管如此，也有一些伴伴在這名恐嚇要檢舉自己的女老大遭逮捕後，還特地去警局裡看她，很講人情地詢問：「想吃什麼嗎？」「缺不缺『藥』？」至於記載中提到的「爵士阿勝」則是橫濱家喻戶曉的女老大，也是「瘋癲阿時」崇拜的榜樣。「爵士阿勝」也在策劃與當地黑道鬥毆之際，與阿時在同一時期遭到逮捕。

一九四九（昭和二十四）年，以日本經濟自立與穩定為目的所實施的財政緊縮政策「道奇計畫」[18]導致人們接連失業破產，引發社會恐慌。受此波及，橫濱的街娼也急速增加。根據神奈川縣警的調查，同年八月，在橫濱以日本人為服務對象的娼妓人數有一千零七十人，以外國人為對象者有二千零一十八人。四個月後的十二月，統計在冊的妓女總數竟超過五千人。從年齡層來看，最年輕的是十六歲，最年長的是四十九歲，也有人帶著孩子。那一年，日本全國總共逮捕大約五萬六千名街娼，其中約有九千人是在橫濱被捕，可說是妓女充斥街頭，糟糕透頂的時代。

10 娼妓們的戰後

一九四五（昭和二十）年戰敗以後，橫濱人口銳減至六十二萬人。五年後，一九五〇（昭和二十五）年，恢復到約九十五萬人。同年六月二十五日，韓戰爆發。日本成為美軍前線基地，接到了來自美軍的大量物資訂單。厚木、橫須賀的美軍從日本出發前往（朝鮮）戰場，準備出征與歸來的美軍充斥橫濱。橫濱港為了滿足裝載美軍物資和糧食的需求，也從日本各地招募碼頭工人。吊詭的是，朝鮮戰爭帶來的軍需景氣，幫助橫濱從戰敗走向復興，使其在這波經濟成長的熱潮上站穩了腳跟。瑪麗小姐來到橫須賀、繼而再到橫濱謀求生路，也是奠基於這樣的時代背景。

在這時期，本牧的「chabu屋」街也復活了。但是，捲土重來的chabu屋已無戰前風貌。如今，這裡成了美軍尋歡作樂的場所，幾乎沒什麼日本人光顧。如此氛圍下，有個日本人常跑本牧的chabu屋「STAR旅館」。此人便是風俗作家廣岡敬一，以下是他說起昭和二十五（一九五〇）年左右時的個人經驗談。

> 我聽說橫濱的chabu屋因韓戰特需而活絡起來的消息。當時本牧海邊是成排的拱形屋頂鐵皮兵營，隔著國道，對面就是兩層樓建築的旅館街。什麼「STAR」、「RAINBOW」，以片假名作為招牌的旅館到處林立著。進出旅館街的都是身著制服的外國大兵，雖然洋妓我見

18　戰後初期，美國為了穩定日本經濟，平衡財政預算，遏止通貨膨脹，於一九四九年由占領軍財政顧問、底特律銀行總裁約瑟夫・M・道奇制定、吉田茂內閣實施的一系列財政政策。

得多了，但這場面還是讓我看得膽怯起來。我鼓起勇氣推門而進，意外地聽到一聲活潑的「歡迎光臨！」走過玄關，前方是寬敞的大廳，牆壁的一側有吧檯。身著各色洋裝的女人與GI[19]把酒言歡，或跳舞尋樂。方才以明亮嗓音出聲招呼的，是身著白色晚禮服的美津子，她是一位看來有點憂鬱的美人。「我也可以嗎？」我客氣地問道。

一九五〇年，chabu屋「STAR旅館」的美津子。（廣岡敬一攝影）

「當然可以。除了黑人與白人之外，我並沒有種族歧視……」。

櫃檯裡的中年女性，若是在吉原遊廓，應該就相當於老鴇的角色吧。她對我說：「美津子的long time是兩千日元哦。」所謂的long time，指的是兩小時，這價錢相當於吉原中等店家的過夜費。雖然貴了些，但因為我喜歡美津子，還是指名她。上了床，我倆赤裸著身體並排躺下後，美津子對我坦承：「與日本男人還是第一次。」她看起來很是可憐，我也不再往下深問。她努力忍著接客的樣子深深打動了我，我決定再去找她。

第二次約會，我們開始「過夜」。五千日元的費用不算小數目，但傍晚六點左右就能出去晃晃，享受情侶般的感覺。美津子也開始對我敞開心扉。她生於神奈川縣，三年前的夏天，二十歲的她在附近的海邊遭GI強暴，被奪去貞操。「事發兩天後，我離家出走。也想過尋死，最後還是依靠同樣被美軍侵犯的朋友，來到了本牧。」在「chabu屋」的女性，更多是和美津子有類似遭遇而入行的，而非原本就有賣春經歷的人。

（廣岡敬一《戰後性風俗大系——我們的女神們》，朝日出版社，二〇〇〇年）

那時，我還不認識廣岡。等到實際與他見面並採訪時，已是四年後的二〇〇三年。

到了昭和三〇年代，就像〈已非戰後〉（一九五六年《經濟白皮書》序文）所說，即使是關外的核心地段伊勢佐木町大街也恢復了往昔的熱鬧，不分晝夜。

伊勢佐木町感覺以極快的速度攀上了高速成長期的浪尖。昭和三十一年的伊勢佐木町大街，各行業的店鋪數量已達四百零一家。其中以和洋服裁縫店占比最高，達到百分之十四．四，西洋貨品、日用品雜貨的占比為百分之十三．七，餐飲業則位於其後。相比之下，野毛一帶又以餐飲店為最多，占百分之二〇．九。兩相比較，服裝店較多是伊勢佐木町的特點。

（……）

19 第二次大戰後對美軍的俗稱。

餐飲店無疑是帶動地區發展的要素，不過，電影院也是重要因素之一。此地段的電影院多達十三間，觀影座位總計有七萬七千九百八十席，超過了野毛一帶。

（《橫濱中區史》第四章——關外地區）

一九五一（昭和二十六）年九月，美國在舊金山與日本簽署對日和約，向日本歸還橫濱港的管理權。一九五七（昭和三十二）年，解除了對大棧橋的接管，很多海外航線的船隻得以進入港口，促使碼頭工人數量不斷增加。一九五八（昭和三十三）年五月，被徵用為美軍士兵俱樂部的不二家大樓也被歸還了，這意味著，對伊勢佐木町的接管已完全解除。

在此的一個月前、亦即四月時，賣春防止法開始實施，戰後作為特殊餐飲店（紅線地段）持續經營著的永真遊廓和本牧chabu屋都宣告歇業。法令實施的一個月前，《神奈川新聞》刊登了紅線地段業者即將停業的消息。

「今夜起紅線地段就此熄燈」

賣春防止法自四月一日起實施，在業者轉業及從業婦女更生的準備下，於今日二十八日為止，紅線地段將就此熄燈。這也代表了本縣所管轄的十七區八百一十四間業者、共計二千九百五十四名從業婦女，將邁出走向各自新世界的第一步。雖說是轉業或更生，但實際

美軍對橫濱大棧橋解除接收。右側面向大海的山下公園裡還散布著美軍住宅。（橫濱市史資料室）

上一切只是剛起步，縣賣春對策本部將用一個月的時間全力指導相關人員。在歇業前的最後一天，橫濱永真咖啡廳街的特飲店從業婦女所組成的橫濱愛志會，於二十七日在永真咖啡廳公會聯盟舉行了解散儀式……

約一百名成員出席了解散儀式，永真咖啡廳公會聯盟理事長相澤、警察署長和田壽、縣公安委員長高橋都致辭鼓勵。相澤理事長說，「長久以來，大家都吃著同一鍋飯一路走來，實在不忍道別。但更生是一個好機會，希望每個人都能找到自己的幸福。」高橋委員長則表示，「日前我在國會聽說此事，才明白制定新法的人是在對實際來龍去脈並不瞭解的情況下制定了法律。紅線地段消失後，如果出現什麼問題，就是這些人的責任。比起防止法，在此之前，首先該做的制定救濟貧困的預案。有港口，就有船員的性需求問題，解決起來難度頗大。大家可說都是持續為家裡寄錢的孝順女兒，請務必以此為榮。今後生活恐怕會很艱難，但希望你們能以身為日本女性為傲，忘記過去，建立真正的幸福。」

該特飲街從今天起永久停業。也是擁有八十年傳統的真金町之終章。

（《神奈川新聞》，一九五八年二月二十八日）

報導中有個部分頗耐人尋味，神奈川縣公安委員長批評賣春防止法，並對娼妓（從業婦女）表示了稱讚。這表示人們的觀念中還留有賣春為「必要之惡」的認知。另一方面，從未得到認可的特殊餐飲店藍線地段（黃金町鐵路橋下）的取締力道卻有所放鬆。而後更有一段時間，賣春活動以「銷魂一刻」（「ちょんの間」）[20]的形式繼續存在，同時，人們稱之為「毒品銀座」，屬於普通人不敢靠近的危險地帶。

昭和三十三年（一九五八）四月一日，賣春防止法開始實施。明目張膽的性交易不見了，但以鐵路橋下為中心的區域，徘徊拉客的女子卻從未消失。那些可疑的酒吧和酒館，雖然號稱「價格公開透明」，卻往往是毒品買賣的巢穴，有時也是祕密賣淫的中介點。即使到了昭和三十七年前後，儘管警方多次嚴厲取締，這區的毒品交易依然猖獗，令人側目。週刊雜誌的紀實報導更將其稱為買賣毒品的集中地帶。這正是日本戰後社會問題的象徵。

（《橫濱中區史》第四章——野毛地區）

為了找到《橫濱中區史》中週刊雜誌報導黃金町的文章，我前往大宅壯一文庫，翻閱起厚厚的《雜誌報導索引總目錄》，試圖尋找相關報導。終於，找到了《週刊每日畫報》（一九六二年八月十二日）。裡面圖文並茂，生動傳神地描述了男女施打毒品的細節。

「我所看到的毒品之町『橫濱的非法交易地段』　青野義一　攝影採訪」

我把相機對準了全國首屈一指的祕密販毒地帶——橫濱市中區初音町的京濱急行鐵路橋下。

——欸，還沒嗎，還沒三便嗎。

——才過二十分鐘，快到了吧。你搭乘幾份？

——兩份。

——呸，你這點算什麼。你說話別抖啊，好好坐著行不行。

20　意指在短暫的時間內快速進行的性交易。

深受勒・柯比意影響的建築大師？倉準三設計的絲綢中心。他還親自參與了神奈川縣立美術館、神奈川縣廳新廳舍的設計。

上述對話傳入我的耳裡。我喬裝成一個年輕的吸毒者，穿著皺巴巴的牛仔褲，腳踩塑膠夾腳拖。晚上七點，我在夜幕降臨的鐵路橋下一角徘徊。沿著鐵路流過的大岡川散發出陣陣惡臭。賣關東煮和刨冰的簡陋小店鱗次櫛比。像難民一樣聚集在一起的五、六十名癮君子都待在角落裡蹲著不動。他們在等藥。我事先做了一些功課，所以聽得懂他們的對話。

他們的交易採預訂付款制。一份（約〇・〇五公克一袋）六百日元。若集滿一百份的預付金，「藥使」（也稱為賣家）便會開車到祕密據點取藥。每次往返就是一「便」。付錢預約，在他們的暗號中叫「搭乘」。

這座橋下的新吉田川填埋後建成了大街公園。遠處是橫濱橋路商店街的入口。（橫濱市史資料室）

據說此地毒品橫行的原因之一，正是與京濱急行鐵路高架橋在大岡川沿岸有關。因為警察搜捕時，只要打開房間窗戶，便可將毒品扔進窗下的河流裡銷毀證據，可說是極具地利之便。

一九五九（昭和三十四）年，為紀念橫濱開港一百年，絹絲中心國際貿易觀光會館（山下町一番地）興建完成，這座建築堪稱走在時代尖端，以其前衛風格成為熱門話題。同年，橫濱站西口的高島屋百貨開幕。一九六四（昭和三十九）年鑽石地下街、一九七三（昭和四十八）年橫濱三越百貨、相鐵JOINUS相繼開業。這一帶終於成為取代伊勢佐木町的繁華街區。

一九六〇（昭和三十五）年，原本美軍住宅林立的山下公園全面解除了美軍的接管，第二年（昭和三十六年），因為市區規劃，道路將在此穿過，鯨魚橫丁原址上的櫻木百貨店遭到拆除。再過三年就要舉辦東京奧運，此時的日本正處在經濟高速發展的最盛時期。

11　城市的變貌

一九六〇（昭和三十五）年七月，新港碼頭全面解除接管後，翌年的一九六一（昭和三十六）年八月，創下最高紀錄，入港船隻達到一百四十八艘。開港以來，作為工商業港口的橫濱港迎來了最為繁榮的巔峰期。

此後，海上貨物運輸從過去的卸貨式進化為貨櫃船形式，並重新修建了大黑碼頭、本牧碼頭。接著又新設了高架起重機，可直接從貨輪上運出貨櫃，卸到碼頭上，許多碼頭工人因而失業。

城市也急速變化。流經過去遊廓所在地的永樂町、真金町與伊勢佐木町一帶的新吉田川（包括周邊運河）於一九七二（昭和四十七）年遭到填埋，地下鋪設了橫濱市營地下鐵線路，地面上則改造為大街公園。

再過六年的一九七八（昭和五十三）年，流經曾設有關口的吉田橋下的派大岡川，其河床也遭到填埋，在地面上建造了首都高速公路橫羽（橫濱—羽田）線。開港之初的橫濱風景，僅僅

派大岡川填埋後建成了首都高速公路。右端是京濱東北線的高架，左端是伊勢佐木大街入口的伊勢大廈招牌「沖正宗」的一部分。（橫濱市史資料室）

一百多年的時間，隨即消失得無影無蹤。

此外，曾經作為日本首屈一指的鬧區、戰前一日最高紀錄有三十萬流動人次的伊勢佐木町，隨著橫濱站西口的發展，風光不再。一九七八（昭和五十三）年，以「重振老街活力」為口號，伊勢佐木町大街逐漸商圈化（改造為行人購物街），這樣一來，也讓街娼失去了拉客的場所。此一影響，顯然也波及到瑪麗小姐。隨著城市的發展，她們頓失「工作崗位」。

一九八〇（昭和五十五）年，三菱重工業橫濱造船廠因石油危機（昭和四十八年）引發的造船不景氣下，從業界撤退。如今，當年的遺址上興建了橫濱新景觀「港未來21」，橫濱地標大廈、PACIFICO橫濱會展中心、橫濱美術館、橫濱皇后廣場和橫濱WORLD PORTERS等商業設施皆林立其中。

一九八二（昭和五十七）年，本牧的美軍接管被解除後，「圍籬之外的美國」改造為Mycal本牧等商業設施，以及日本人住宅區。

一九八九（平成元）年，為了緩解貨櫃車等造成的交通壅塞，開通了連接大黑碼頭和山下碼頭的橫濱大橋。這座大橋的興建可說是一個新時代的象徵：過去始終依靠碼頭工人人力勞動的橫濱港，已經轉型成貨櫃船來來去去的現代化港口。

調查至此，我深感橫濱的歷史不僅與日本的近代史息息相關，也與現代史多有交疊。與此同時，這座城市的歷史也與娼妓們並肩走過。也許，正是昭和時代的終結，才導致瑪麗小姐離開這個城市？我的腦海裡散落著無數個僅有小點、卻還無法形成脈絡的想法。接下來，只能靠自己走向城市，用自己的腳步將每個點連接起來。終於，我站穩了出發的起點，接下來就是真正的開始。

第三章

「瑪麗小姐」的記憶

1　瑪麗小姐的花束

一九九九年七月中旬，我前往天野攝影工作室找森日出夫，請他幫我介紹與瑪麗小姐有過來往的人。「首先是山崎洋子，常盤刀洋子，還有元次郎吧。」森翻著筆記本說道。他還列出許多名字，我幾乎都是第一次聽說。森先打了一輪電話，說明請大家協助我拍攝電影的事。之後，再由我一一與他們聯絡，並安排採訪攝影。我手上只有類似企劃書的東西。因為也不知道企劃書的撰寫格式，最後寫得跟散文差不多。

（暫名）「一身白的娼妓　橫濱瑪麗小姐」

（企劃）橫濱瑪麗小姐、白色的瑪麗小姐，生長或居住在橫濱、神奈川的人，想來會聽說過這個名字。

實際上也有不少人見過她。談到對她的印象，大部分都是「駝著背、臉上塗著厚厚白粉的老太婆」、「常流連在伊勢佐木町，像法國人偶似的」、「雖然淪落至此，但卻是華族出身啊」之類，流於表面、難以捉摸，很少有人知道實際的、真正的瑪麗小姐。所有證詞都缺乏真實感，脫離不出流言的範圍。倘若要舉例來說，大家描述她，就好像在描述橫濱這個城市的風景。然而，她的存在本身是個顯而易見的現實，不能僅以風景視之。首先，以近代化城市之姿日益擴張的橫濱，瑪麗小姐與日本的戰後如影隨形，與橫濱兩相並存，如此這般的事實只能是一個強烈的諷刺。她從哪裡來，又去了何處？瑪麗小姐究竟是誰？我還是不清楚……那麼，接下來要製作的電影主旨如何定位？我所關心、在意的又是什麼？我想，應該是那些和瑪麗小姐相處過的人們。每個人心中都有屬於自己的瑪麗小姐。藉由訪談大家在各自的人生中如何與瑪麗小姐產生交集，或許可以記錄、保留生活在橫濱的人們對這座城市的集體記憶。

「戰後史」、「橫濱」，這些關鍵字都十分模糊。在學校學到的知識，依稀還記得一些，但那些僅存於課堂上，而戰中、戰後世代的話語，必定已開始亡佚了。我無意為此大聲疾呼些什麼，但我認為這是在製作這部作品時，必然會遇到的問題。在橫濱這座城市，不，應該說在日本這個國家，曾有一名娼妓，靠著與男人們交易，頑強地活了下來。我想藉由自己的方式、以某種形式留下這段紀錄，於是決定拍攝這部電影。

負責攝影的是中澤健介。想到兩年前，曾與他談起這個話題，而今這部電影已經開拍，我真是感慨萬分。我們前往友都八喜相機店，購買了索尼的數位手持攝影機VX1000、採訪用麥克風、三腳架、拍攝用錄影帶等。原本想再找一名錄音師，但因手頭緊，加上沒有人脈，只好作罷。儘管還沒達到萬事俱備的程度，但在一九九九年七月二十一日，我與中澤兩人開始著手拍片了。

中華街盡頭的某棟住商混合大樓裡，有一間重機俱樂部「橫濱半人馬」。昭和十七（一九四二）

年出生的飯田繁男是俱樂部老闆，外號半人馬老大，又稱大將。他的個子並不算高，但體格堪稱巨漢。留著長長的頭髮，很像美國的印第安長老。一九六四年，飯田及另外三人創立了橫濱半人馬。後來還有了以這個俱樂部為題材的漫畫《半人馬傳說》，在重機圈子裡聽說很有名。據說，飯田也有段與瑪麗小姐的回憶。

「我是在京急的黃金町車站第一次與瑪麗小姐偶遇。」

「所謂偶遇，是你看到她的意思？」

「不是，是她和我搭訕，說：『一起去玩吧？』」

「接下來呢？」

「當然是落荒而逃（笑）。當時她就打扮得一身白了。我那時還是個純情少年呢。」

此時正是昭和三〇年代，黃金町的藍線地段還在。小巷裡淨是美軍、伴伴和不良分子。問及飯田少年時對伴伴有何印象，他說：「就是單純羨慕罷了。我們吃不到像樣食物，她們卻有好東西可吃。人們說，她們總吃得肚皮鼓鼓的，所以才叫『伴伴』[1]。當時橫濱戰後的典型印象就是，GI給的Hershey's巧克力、美軍飛機升空時捲起的暖風，然後就是伴伴。尤其是伴伴，她們看來耀眼極了。」

對飯田所做的採訪，兩次在他的辦公室，一次甚至去到東西上屋倉庫前的碼頭。當時我對於採訪仍然很不熟練，重複問了好幾次相同的問題，他總不厭其煩地回答我。

「那麼，這次要拍什麼呢？」

「想拍一下老大的日常生活那種感覺。」

「日常啊，那就是騎重機啊。」

聊了聊，我們就拍起飯田騎著重機在橫濱的馬路上飛馳的鏡頭。從山下公園到本牧碼頭，距離約五公里。我們租了小貨車，在載貨架上架起攝影機。森日出夫覺得「這個有點意思」，於是也坐上載貨架，猛按起快門。拍完這組鏡頭之後，我又厚著臉皮進行了第四次的訪談。

「騎重機這件事呢，有人在高速公路上即使飆到時速三百公里摔車也大難不死，有人在馬路上慢吞吞地騎，結果一個打滑就摔死了。很不可思議吧。」

「是啊……」

「就這樣聊下去，是很重要的。我認為，瑪麗小姐的故事也一樣。大家不是都在談論瑪麗小姐嗎？其中也有傳言，虛虛實實。但就算是傳言，如果是完全沒有意義的東西，就沒有人會去談論它。大家說著說著，在眾說紛紜的過程中，總會汰去不純的東西，留下核心的部分。最後會留下什麼，沒有人能預測，因此首先就是要放開來談，剩下的，時代自有判斷。」

我彷彿理解似地點了點頭，儘管那時我尚且無法理解話中的全部意義。但他流暢的語調，有

1　音似吃飽拍肚子的拍打聲。

種不可思議的說服力。

「我建議你還是見見元次郎。」

森日出夫說，談到瑪麗小姐，這個元次郎是不可或缺的人物。

永登元次郎，本名永登昭治。昭和十三年出生於台灣。他是香頌歌手，在日本勝利（Victor）唱片公司發行過三張專輯。同時，他也在京急日之出町站旁的公寓一樓經營香頌現場演唱酒吧「Chat noir」（按：法文的「黑貓」之意）。我就在那裡採訪他。

元次郎的舉止和說話語調都非常女性化。他坦承自己是同志，除了外表，根本就是一個女人。

「第一次看到她時，我嚇了一大跳。主要還是她那副打扮。後來，從周遭的人那裡聽到很多有關她的故事，慢慢也就理解她了。元次郎我呢，也是在戰後從台灣回到日本來的。因此很理解還有不少像瑪麗小姐那樣為生活奔波的人。」

「那之後，你經常見到她嗎？」

「經常在街上遇見，但一直沒有機會說上話。」

元次郎第一次見到瑪麗小姐，是在一九七二年左右。地點在橫濱高島屋的家具賣場。

我記得看到一個從頭到腳一身白的女人坐在待售床上，起初以為是個展示假人，走近一看，卻嚇了一跳。瑪麗小姐正在那裡打著瞌睡呢。之後，偶爾在夜晚的街頭，我遇見過她幾次。據說久居橫濱的人都認識瑪麗小姐，她的年紀也很大了。不知道為何我對她很感興趣，總想著有機會要和她聊聊。

（平岡正明編《橫濱野毛》第四號、永登元次郎〈元次郎的三十三年夢〉，野毛地區街道振興會、一九九二年）

「你們後來是怎麼認識的？」

「馬車道有個關內表演廳，當時我在那裡舉辦個人演唱會。那天中午十二點左右，我正準備進入後臺，在表演廳的入口和她不期而遇。我喚住了她。她剛好在看我的演唱會海報。『瑪麗小姐，我今天要在這裡演唱，如果有時間的話，也賞光來聽？』我說完後，給了她一張招待券。」

一九九一年的這場個人演唱會，是元次郎首次的大型表演。演出盛況空前，關內表演廳的一千一百個座位座無虛席。演唱的曲目共二十首，中場高潮時，奇蹟發生了。

「要是瑪麗小姐能來，該有多好，元次郎我唱的是和娼妓有關的歌曲，真希望瑪麗小姐也能聽到啊。我一邊想著她是否會來，一邊就這樣唱下去。最後，就在安可曲開始前、歌手重新回到舞臺接受觀眾獻花的時刻，瑪麗小姐拿著禮物走上了舞臺。那一刻，我心裡非常感動。現場很多觀眾都知道瑪麗小姐，她一出現，臺下立時響起一片掌聲。」

從瑪麗小姐手中接過花束時，元次郎不禁叫起來：「啊，瑪麗小姐！」街頭老妓和同志香頌歌手雙手緊握，彷彿象徵著橫濱少數弱勢的兩人相遇了，引發了全場的歡呼聲。一週後，兩人又再度相遇。或許這並非偶然，而是一種命定。

「大概是個人演唱會結束後，又過了一週左右。以前，馬車道（的藝術大樓）不是有一家叫做『有鄰 favori』（有隣ファボリ）的文具店嗎。我們在那間店的電梯前又碰面了。我說：『前幾天真是謝謝您。您給了我好多好多。我們一起吃個飯好嗎？』但她推辭說：『今天有點忙。』拒絕了我的邀請。『真不好意思，那請您喝杯茶吧！』我拿出錢想塞給她，她卻說：『請不要這樣。大家都在看呢。』怎樣都不肯收下。」

在街坊間流傳的說法中，瑪麗小姐被描述得像是無家可歸的遊民。但是元次郎所接觸到的瑪麗小姐，卻不接受別人給的錢，因此他對她更加感興趣了。

在那之後不久，他們經常碰面。見面地點則是位於伊勢佐木町商店街入口處的漢堡店「森永LOVE」。

「馬車道的明治屋樓上有一家語言學校，叫日法學院。我唱香頌歌曲，所以覺得必須懂一點法語，就去那裡上課。有一天（我正趕去上課），忽然看見瑪麗小姐坐在『森永LOVE』裡面。「結果，我便不經意地坐在了瑪麗小姐的鄰座。跟她說了聲『好久不見』，和她聊起天來。從那以後，我每週都要和她在那家店裡見一次面。結果蹺了好多次法語課。」

「你們都聊些什麼呢？」

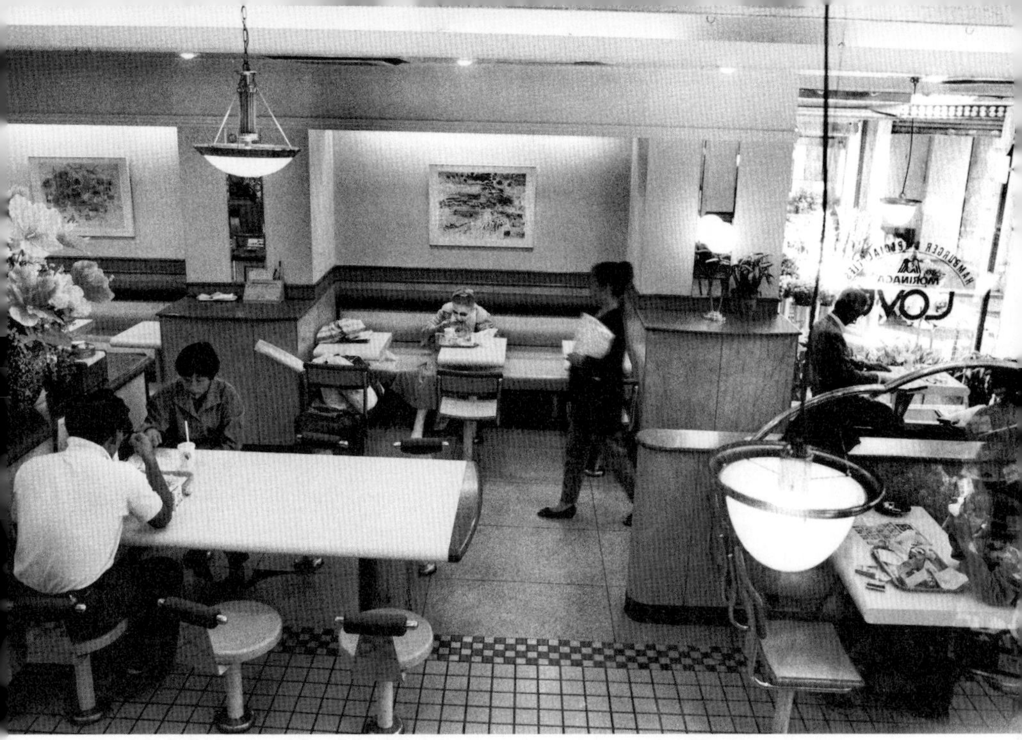

在森永LOVE漢堡店內的瑪麗小姐（上下）。（森日出夫攝影）

「一般都從天氣聊起，『今天真冷啊，今天好熱啊』之類。剛好那時瑪麗小姐正在畫一幅畫，用自來水毛筆臨摹源氏物語的繪卷。我在旁邊看著，覺得她畫得相當好。她還答應我，完成後要送我一張呢。」

瑪麗小姐經常出現在畫廊和展覽會等場合。她不光是欣賞別人的作品，自己也愛好書法、繪畫。據說她還表示過，「自己的夢想就是將來能舉辦一次個人畫展。」

當時他們兩人的對話記錄保留在錄音帶裡。這是用元次郎為了練習法語發音隨身攜帶的錄放音機錄下的。

元次郎：「如果有你自己滿意的畫，畫好了送我一張吧。」
瑪麗小姐：「等我畫出來吧。」
元次郎：「我會把它裱框，好好掛起來。」
瑪麗小姐：「畫好很難啊，我都不曉得能不能畫出來。」
元次郎：「不過這個娃娃，畫得好漂亮啊。」
瑪麗小姐：「這個啊，是昨天開始畫的。」
元次郎：「畫得真好。」
瑪麗小姐：「哎呀，這裡畫太凸了。畫成了醜女（笑）。」

元次郎：「畫得很好啊，別擔心。」

突然，瑪麗小姐走出店裡。元次郎坐著等她回來。

幾分鐘以後，瑪麗小姐雙手捧著袋子回到店內。

元次郎：「你去哪裡了？」

瑪麗小姐：「你在等我啊？」

元次郎：「你買了什麼？為什麼買這麼多？為什麼要花那麼多錢？」

瑪麗小姐：「這些啊，是要送給你的禮物。」

元次郎因為法語無法進步而煩惱，向瑪麗小姐討論學習語言的事。人們都叫瑪麗小姐西岡。

元次郎：「西岡小姐，你的英語已經很流利了吧？」

瑪麗小姐：「……」

元次郎：「英語也很難啊。」

瑪麗小姐：「是啊。」

在森永LOVE漢堡店內和元次郎合影留念。(永登元次郎提供)

瑪麗小姐最喜歡森永LOVE的鮭魚漢堡、玉米濃湯。元次郎總是會為瑪麗小姐準備一份。

元次郎:「來,請喝熱湯。」

瑪麗小姐:「Thank you.」

兩人在漢堡店的會面,一直持續到一九九五年瑪麗小姐離開橫濱為止。從一九九一年那場個人演唱會算起,已經四年了。一九九九年,當我聽到這捲錄音帶時,森永LOVE已經歇業,掛起了漢堡王的招牌,如今又變成居酒屋,瑪麗小姐身處的街貌早已不復存在。

元次郎不僅僅是跟瑪麗小姐喝茶聊天的朋友。他也想著「該如何讓瑪麗小姐的生活輕鬆些」，於是做了各種各樣的打算。

「要說照顧，我並不想自以為是，但瑪麗小姐實際上就是無家可歸。我曾問她：『你現在最想要的是什麼？』她就說：『好想有個可以棲身的房間。』我很想幫她實現這個夢想。但現實中有各種法律障礙，難以跨越。雖然我覺得她已經是橫濱市民，可是她沒有住民登記，屬於無固定住所。因此，也無法得到低收入補助。為了這個，我還去橫濱市政府和他們吵了好幾次呢。」

「結果如何？」

「和公家單位講半天也沒有用，於是我就想自己掏腰包，至少可以給她一些零花的錢。每次見面，我都想拿點錢給她，讓她買些需要的東西。但這樣赤裸裸地給錢，她是不會接受的。她的自尊那麼高。所以，我就把錢裝進慶賀用的信封袋裡，信封上寫著『花束』，說：『瑪麗小姐，買些花裝飾一下吧。』」

「你沒想過和瑪麗小姐一起住嗎？」

「這倒沒有。我曾跟她說過『來我這裡玩吧』，其實是想邀她來『Chat noir』，想為她做飯，再讓她泡個澡。結果邀了她，她竟對我說：『謝了。今天我還沒有洗澡，下次吧。』似乎一瞬間把元次郎我當成客人了，用這麼撩人的方式說話（笑）。」

到了九〇年代，瑪麗小姐的客人愈來愈少。就我採訪時所聽到的，曾有位日本紳士被瑪麗小姐搭訕，和她開了房間、與她閒聊後便留下住宿費與交易費，隨即離開了。讓瑪麗小姐能夠在旅館的床上好好睡一晚，是那位紳士的體貼。不僅是元次郎，那些橫濱男子也用自己的方式撐持著瑪麗小姐。

2　元次郎的三十三年夢

元次郎遞給我一本地方雜誌《橫濱野毛》，說：「有興趣可以讀一下。」裡面有一篇記述了他本人半生的文章，〈元次郎的三十三年夢〉。雖然和瑪麗小姐沒有直接關聯，他還是希望我讀。

我喜歡港都。因為在神戶長大，我尤其喜歡下町[2]，在野毛地區日之出町已經住了二十多年。野毛就像是我的故鄉。我今年五十四歲，零零總總算起來，神奈川縣接納我、讓我在此容身已有三十個年頭了。人活過五十年，就難免會有種種過去。有些過去如果能用橡皮擦擦掉，真想把它擦掉。有些經歷如果可以隱藏，我也想將其隱藏。但有些回憶連自己也無法隱瞞。

我從小就喜歡唱歌。終戰後的那段日子裡，每天餓得發慌時就是大聲唱歌。十幾歲的時候，我去了神戶西之宮「日本水星」唱片公司的歌謠學校，夢想成為歌手。十九歲時，唱片公司卻突然倒閉。當時唱片公司只有在東京才能夠生存（以前所謂的歌手就是唱片公司的歌手，歌手必須進到唱片公司，才能夠出道）。我前去東京尋找機會，希望能進唱片公司。當時我想，到了東京，總會有辦法的。我心知肚明，要是告訴父母這件事，一定會遭到反對，所以只好離家出走。當我懷著明星夢來到東京時，還記得，是我剛滿二十歲的春天。

當時，元次郎有交往的戀人（男性）。雖然彼此青澀懵懂，但卻是真心交往。不過，在老家神戶，處處都得顧慮周遭的目光。兩人急切地想遠走高飛。在任誰也阻擋不了的熱烈心情下，他們搭著臥鋪列車，猶如私奔似地去到了東京。

但是，與戀人的同居生活並不長久。對方不像元次郎有人生夢想。元次郎白天在理髮廳工作，晚上則是在俱樂部當調酒師。而戀人僅是毫無目標，每天渾渾噩噩地過日子。沒過多久，人生目標差距太大的兩人終於分道揚鑣。變成單身的元次郎，每天更加投入工作。他不知道如何才能成為歌手，焦慮與日俱增。那時，來到東京已經過了好幾個月了。

有一天，我把自己的夢想告訴（俱樂部的）經理。他聽了之後說：「我沒有認識什麼作

2 日本的老社區。

曲家，不過你想成為歌手的話，應該要有更豐富的閱歷。我有個朋友正在新宿松竹經營劇團。先幫你介紹一下吧。」於是我直接被帶去了大樓地下室的後臺準備室面試。在那間狹長房間的最裡面，坐著一個目光炯炯的闊嘴男人，正在往自己頭上披戴白髮老太婆的假髮。此人便是劇團團長石井均，日後西川潔[3]的導師。

「啊呀，歡迎你。」「您好，我是永登。請您多指教了！」

我向他鞠躬致意。

喜劇劇團「石井均一座」的成員除了團長之外還有財津一郎、伊東四朗、幾年前去世的「天福三人組」之一的戶塚睦夫，以及三位女演員等，共有十人左右。

「你隨時都可以過來。」「謝謝您，我把白天的工作做個調整就馬上過來。拜託您了。」

我立刻辭去白天的工作，加入一座。每天，我理所當然比誰都更早進後臺，擦拭化妝鏡，打掃房間，等候大家來到。表演時，我則站在舞臺內側觀看大家的演出，自己學習參悟。

然而，最糟糕的問題是我改不掉自己的關西腔。好不容易得到臺詞，卻無法用關東腔唸出來。那個時代不像現在關西腔如此被廣為接納。有時雖然讓我站上舞臺，也只能演些沒有臺詞的角色，淪為跑龍套的，也拿不到薪水。白天無法工作，晚上的打工薪水八千日元，三張榻榻米大小的租屋處則是月租三千日元，剩下的五千日元必須要支應一個月的生活。這樣的狀態實在難以為繼。想找薪水更高的夜班工作，卻遍尋不著。生活漸漸陷入疲於奔命的狀態。想起春天時懷著遠大的夢想告別神戶，以為只要去了東京，很快便能邁向歌手之路，如今看來，只是個人天真的一廂情願。眼前的新宿街頭已然颳起了晚秋的風。走在街上，寒風也在我的體內飄蕩。就在這時，我踩到一張混雜在枯葉中的報紙。隨意撿起來，定睛一看，上面的鉛字醒目地映入眼簾。

「徵求美少年，高薪待遇優。」

我撕下報紙的電話號碼，撥了電話過去。

「我在報紙上看到廣告，就打過來了。」「可以立刻來面試嗎？」

我去了面試，也清楚了工作內容。那家店採會員制，專做男男賣淫的生意。據說一晚甚至能賺到一萬日元。雖然內心很是抗拒，但我已落到連典當之物皆無，乞討、偷竊又做不來的窘境，只好出賣自己的身體。那個年代還沒有便利商店等深夜打工的選擇。我狠下心來，決定冒險一試，不管三七二十一，心想：「又不是要你的命。」

但我還是太天真了。這是個毫無自由的世界。有生意好的時候，自然就有沒生意的日子。生意好時客人多，經常搞到天亮也無法睡覺。這樣一來，劇場的工作也就總是遲到。漸漸地，我在劇團難得露面，最後相當於辭職狀態。想到劇團的夥伴那麼親切待我，我真心愧疚不已。

3　原是日本的搞笑藝人，後來曾當選參議員。

（……）接客差不多接了一輪之後，生意逐漸慘澹起來，不賺錢了。愈是工作，就愈難填飽肚子。穿著打扮也要花錢，根本沒辦法存錢。或許，錢就是那樣的東西吧。

元次郎來東京是一九五八（昭和三十三）年。儘管前一年，有「sister boy」之稱的丸山明宏（美輪明宏）用日語翻唱法國香頌「Méquéméqué」（由Gilbert Bécaud作曲），創下了熱門佳績，但當時社會對同志的偏見還是很強烈的。

有一年平安夜，那天依然沒有客人上門，我餓著肚子走在回家的路上。我的租屋處在新宿百人町，距離陀螺劇場[4]再遠一些，幾乎就快到新大久保了。每次回家，我總會經過陀螺劇場的大門。那天，我沿著歌舞伎町的後巷走著，看見餐廳後門的垃圾桶周圍聚集了幾個乞丐，歡喜地吃著客人吃剩的、還冒著熱氣的食物。突然，我不知不覺閃過一個念頭，猶豫著是否也要加入他們。肚子回我以飢餓的咕咕聲。但我曾聽說，一旦邁出這一步，就無法回頭了。

「你振作點。想想自己到底是為了什麼捨棄一切，甚至離家出走？」

另一個自己在吶喊著。直到我回過神，才發現已走到陀螺劇場的大門。大門前的廣場有長凳和飲水檯。我喝水把自己灌飽，然後坐在長椅上，聽見街上傳來聖誕歌曲的聲音。突然，一個男人打了聲招呼，在我旁邊坐下。這個人目光炯炯有神，鬍鬚濃密，不過說起話來卻是語氣溫柔。我忍不住向他訴說了截至目前的種種。

「來川崎吧，可以賺到錢的。」「什麼樣的工作呢？」「和你現在做的沒什麼兩樣，不過是扮成女人拉客。」（……）

我決定去川崎。一日，我前去他告知的集合地點，亦即東京以西的京濱急行六鄉土手站。我緊跟在他後面走，過了平交道後，沿著鐵軌往蒲田方向走上一段路，就抵達一座名叫太陽莊的廉租公寓。其中有一個房間，從今晚開始，就成了我的臥室。這座建築很龐大，有好多個房間，住著各種職業的人。大部分人都是住一天算一天的人。這裡是社會弱勢階級者的聚集場所，不過每個人都很熱情，彼此關照。

明天晚上我就要去上班了，我準備了廉價的行頭，手邊僅剩二百日元。快到熄燈的時間了。這裡每晚九點就會停電，其餘時間只能用蠟燭照明。今晚還是好好睡一覺吧。我躺在像薄脆餅一樣薄的出租被子裡，伸展雙手雙腳，靜靜閉上眼睛。今年馬上就要結束了。這是有生以來第一次這般獨自討生活，也不知道今後將何去何從？回顧一年，才發現自己無論如何根本當不成歌手。眼淚不住地流下，濕透了枕頭。就這樣過了一個不眠的夜。

---

4 新宿コマ劇場，名字來自於劇場的圓形舞臺酷似陀螺。

明天開始，要好好努力啊。

當時的川崎，是京濱工業地帶的核心地區，支撐著日本高速增長的經濟，一到晚上，花街堀之內的街上便滿是從工廠下班的工人。元次郎回憶當時的情形說道：「這一帶，又以日本鋼管公司（現在的JFE控股公司）工廠的客人最多。他們平時無暇消遣，從早到晚都在工作，休息日或下班以後，他們就來堀之內放鬆一下。而站在那裡等待這些客人，就是我的工作。」

元次郎的花名叫百合子，猶如百合般美麗之意。

第二天，領班介紹了同伴給我認識。同伴共七人，加上領班和我，正好九人。我們打理好後就出門了。這一夜十分寒冷。領班走在前面，帶我們越過六鄉橋後，就去到了川崎。簡直就像鴨子媽媽帶著一隊小鴨似的。過了橋，就是如今以「泡沫浴場」而遠近馳名的堀之內。當時一家「泡沫浴場」都沒有。不過，這條街自古便屬於紅線地段。貌似小料理店的店鋪林立在大街兩側。店鋪有時尚的圓窗，透出紅色的燈光，女人們對路過的男人拋著媚眼。類似這樣縱橫交錯的街巷非常多。無論是年輕女子或上了年紀的女子，看來都很漂亮。總之，是條熱鬧的街。

領班跟我講了一番規矩後，我便去街角站著。（當時，夜裡出來拉客的女人也有五十人左右。有時我們會爭吵，但彼此關係其實是很好的，如同手足一般。）

我儘量站在暗處。一個男人從對面走來，但當我試圖出聲招呼，卻發不出聲音。好幾個男人從我面前經過。最終，我一個客人都沒能拉到。天濛濛亮的時候，我們去到大家集合的飯糰店。

「沒拉到客人。」

領班說：「那也是沒辦法的事，振作起來吧，明天再加油。」

領班請我們吃了飯糰，我們一行人再魚貫著渡了六鄉橋，回到棲身的太陽莊，但在我眼裡，它應該叫黑暗莊。

「關鍵在四目相對的那一刻。」元次郎如是說。男扮女裝站在街頭，向經過的男人搭訕。客人不是什麼男同志，都是異性戀者。該如何讓他們相信自己是女人？

據說，是在彼此擦肩而過、目光交會的那瞬間，就決定了一切。一旦客人相信你是女人，大部分男人都不會再有所懷疑。

「你是男人這件事從來沒有被拆穿嗎？脫光之後豈不就真相大白？畢竟你有陰莖啊。」

「從前的男人很單純。只要把房間裡的燈都關了，說：『我很害羞，下面不能摸，』客人就不會把手伸過來。」

手指抹上桃花護手霜，從身後穿過胯部，充作女陰，再引導男人的那個。用手可以掌握節奏緩急，比較容易操控。

「但有時啊，碰到對了自己胃口的男人，也會忘記是工作，慾火焚身。客人興奮、我也忍不住放鬆的時候，就不由自主地勃起了。這時，客人如果碰到了我的陰莖，就會嚇得整個人跳起來，因為摸到本來不該在那裡的東西。」

在川崎堀之內時的元次郎。（永登元次郎提供）

從那時起，一晃眼也快要三年。在同伴的幫助下，我終於可以獨當一面。如今我租了公寓，也存下一點錢，能過普通人的日子了。那是昭和三十八年的春天，東京奧運的前一年。街頭活力蓬勃，東京的高速公路以全速施工，四處都是正在興建的高樓大廈。

奧運匯聚了來自全世界的人們。回顧戰後的那個時代，現今，日本已經蛻變為當初難以想像的美好國家。但是對我們這種人而言，卻有了麻煩。男人扮成女人在路上徘徊，對日本來說是一種恥辱，於是不知是誰制定了法律，出現了禁止類似賣淫行為的市條例。

從此不能再阻街了。

對元次郎來說，這項條例成了人生的轉捩點。

「在市條例出現之前，我們和警察關係良好。沒什麼客人的時候，認識的年輕警察還會開警車載我們一起去兜風呢。」

警察的警車裡竟然載著喧鬧的男妓，簡直是天方夜譚。那是一個如今無法想像的，無拘無束的時代。可是這樣的日子已是岌岌可危，元次郎茫然失措，一籌莫展。

這時，經由旁人的介紹，我認識了一位開紙箱公司的女社長。

她說：「以後的日子很不好過吧，對了，你手頭還有多少錢？」「我的戶頭裡存著三十萬。」「那麼，你在我這裡投資的話，我可以給你每個月五分利息。」

我盤算了一下。今後即使找到一份新工作，公寓租金仍得耗去一萬五千日元。五分利息的話，就等於是一萬五千日元，只要本金沒減少，靠著利息剛好就可以繳房租，這樣掙口飯吃還算輕鬆。

「好，那我投資。」

我把三十萬交給她，她說：「下個月的利息我先付給你。」

她從三十萬中抽出一萬五千日元遞給我。我覺得自己已經開始賺到錢了。

我也找了一份新工作。我一直都用POLA的化妝品，便和這個牌子的推銷員商量，讓我加入他們的銷售團隊，先從身邊認識的人開始兜售。這也是份辛苦的工作。向熟人都推銷了一輪後，接下來就不得不開始向陌生人推銷，而這樣是無法保證有穩定收入的。在這種情況下，利息就成了關鍵的收入來源。

下一次領取利息的日子是七月二十五日，到了那天，卻始終沒等到她。第二天，我跑去她的工廠，發現那裡只剩空殼。我眼前一片漆黑。明明是夏天，我的身體卻不住地顫抖。我完全不想活了，覺得去死都比較簡單。當時其他幾個同伴去了北海道、東北等還沒有發布禁止阻街條例的城市謀生，但我已經沒有心力和他們同行。法律自八月一日起實施。就是明天。我已經沒了活下去的力氣。

今晚就去死吧。不過要怎麼死，我晚點再想想。直至今日，我都還沒有體驗過和家人一起生活的滋味。我把夥伴們看成兄弟，把領班當作親人，大家一直相處得很好。我覺得好寂寞。想在死之前見見還留在這裡的同伴，然後再去死。我拜訪了留下來的夥伴們，向大家一一表示感謝。謝謝你們這兩年來對我的好，我在心裡默默說著，然後向夥伴們道了再見，回到公寓。

「不得了了，你到底去哪了？」「去見朋友。」「你爸病危了。」

住在同棟公寓的鄰居太太們很慌張地拿電報給我。

「父病危，速歸。」

怎麼回事？我自己都正想著去死呢。

鄰居太太們七嘴八舌：「總之，你先回家吧。」

「但我沒有回家的旅費啊。」「我們先借你，快回去吧。」「真的很對不起。」

元次郎的父親戰前在台灣經營建設公司。戰爭結束時，他和家人一起撤回日本，在台灣累積的財產全被沒收，回到日本後的生活極為貧困。除此之外，元次郎的生母因為是妾，不得不和父親分開生活。不久後，年少的元次郎還是回到父親身邊。因為正房沒有兒子，仍得由他來繼承家業。「不知是否從那時開始，我就學會了察言觀色……直到現在，也改不掉這個習慣。畢竟在永登家族眼中，我就是妾所生的孩子。儘管年紀很小，我還是拚命想得到大人的認同。」

不過，這樣的生活也沒有持續多久。某日，元次郎因思念母親而離家出走。只要和媽媽與妹妹在一起，其他什麼都可以不要。這是年少的元次郎唯一的心願。

我和父親一起生活的日子只有三年。他因故與母親分開生活。父親是廣島人。回家見到父親時，他已陷入沉睡，鼾聲如雷，任憑我如何跟他說話都不再有反應，是腦溢血。過了一個星期，八月六日早晨八點十五分，父親嚥下了最後一口氣。

這一天的這一刻，正是廣島市民集體默哀之時，當年，就在這一刻，世界上第一顆原子彈投向了廣島。父親和我躲過了原爆，因為當時我們住在台灣，但父親的兄弟們全都死了。我覺得，那天是父親的兄弟們來接他走。非常炎熱的一天。在灼人的蟬鳴聲中，父親的遺體被送入火葬場。不知為何，我一滴眼淚都沒掉。撿骨時，突然一陣涼風吹過，骨灰飛揚。這六日好漫長。在這段期間，想死的念頭煙消雲散。父親從來沒有對我盡過什麼父親的責任，但我覺得他在告訴我，死亡不過如此。

他好像在對我說：「要好好活著，找到幸福。」

我內心發誓要再努力一次。拿了些錢，我再次回到川崎。被騙走的錢就算了吧。這時我才第一次領悟，上當受騙，我自己也有錯。應該是要努力打拚，才會賺到錢。錯的是想靠利息賺錢的自己。

到了九月，我開了一間小店。這間小店全靠著在廣島拿到的錢和幾個朋友的幫助才得以開成，只有三坪左右。無論時間早晚，只要有客人在，我就繼續開著，都不打烊。十月，奧運首次在日本舉行，大街小巷全是奧運色彩。即使奧運結束後，街上仍然充滿活力。因為景氣大好，我的店也總是座無虛席。店面太小，我又租了隔壁的空屋，擴大營業面積。員工也一個、兩個地增加了，最後擴編到十三人。顧客的年齡層從十八歲的年輕人到七十歲的老人都有，店內氣氛多元且歡樂。這就是所謂的時來運轉吧，生意愈發興隆了。但是這時我想著，長此以往，總會有無聊膩煩的時候。於是我開始拜師學藝，每個店員也都被我送去學習日本舞蹈。我從學茶道開始，也學習長歌、小曲、書法、日本畫。不僅學習技藝，也要求大家學習前來指導排練的前輩們的舉止禮儀。對於只有中學畢業的我，這些學習幫助甚大。另外，我也從客人那裡學到許多。銀行、交易等各種知識都是這樣學到的，我周圍真的都是一些非常優秀的人。終於我也買了自己的房子，擴展了事業。

十一年以後，我把這間店讓給最信任的員工，轉而去橫濱發展。

元次郎的店「河童」至今仍在營業。掌管店鋪的是他的左右手增田毅，也是元次郎的長女。「說是長女，但我們並沒有血緣關係。是我們（同志）圈子裡的說法。媽媽（元次郎）開了這家店，第一個來店裡工作的就是我。」

向增田問起當年元次郎的事情時，他回憶說：「總之就是要求特別嚴格，脾氣也很急躁。有次甚至把一個店員從二樓推下去。」

尤其事情牽扯到和其他男人的關係時，他特別嚴苛。如果他和元次郎中意的男人或男友相處

淡谷典子與元次郎連袂音樂會。（永登元次郎提供）

時有些微示好之意，元次郎會毫不留情地暴怒。「真拿他沒辦法。他這人情慾太重（笑），其實我才不會橫刀奪愛呢，我和他喜歡的類型不一樣。」

增田想起元次郎的往事，十分懷念。

從前我常來橫濱玩，在這裡有很多朋友，自己也對橫濱很是嚮往。於是我在最喜歡的野毛附近開了現場演出的香頌酒吧「童安寺沙龍」。「童安寺」是寄意於無論富有或貧窮的人都能保持童心、聚集在此，尋得安詳。以這家店為中心，我開始了夢想多年的歌手活動。

四年前（昭和六十三年），我在這座最喜歡的城市裡以歌手身分舉辦了首次演出。終於在租來的音樂廳、五百多名的觀眾面前公開表演過去反覆練習的曲目。這是年過五十的我，人生的第一場演唱會。

——漆黑的會場裡，一道聚光燈映照著舞臺中央，我就站在那裡唱起來。一曲終了，全場掌聲雷動。我感覺自己的腳都輕飄飄的，努力踩穩，深深地呼吸。少年時的夢想，經歷了三十三年終於實現。之後，我與淡谷典子連袂舉辦了四場演唱會，去年勝利唱片發行了我的專輯《心的香頌》，以及我所演唱的原創橫濱歌曲〈橫濱探戈〉、〈橫濱跨海大橋〉（山上路夫作詞、鈴木庸一作曲。作曲家曾以〈伊勢佐木町藍調〉一曲大紅）。

淡谷典子與元次郎的相遇，始於在「童安寺沙龍」（「Chat noir」的前身）舉辦的演唱會。據說，起初淡谷來到店門口，卻一直不肯進去。

「我不想在那種同性戀的地方唱歌。」

不過，在工作人員的說服之下，最後演唱會還是順利完成。後來淡谷見到了元次郎，被他的人品打動。而後兩人甚至連袂舉辦演出，關係親密無間。

「沒有吃到元次郎送來的煮昆布蘿蔔[5]，就過不好新年了。」

每年年末，淡谷都會要求元次郎將親手做的煮昆布蘿蔔送到她家。他們之間的友情一直持續到一九九九年九月淡谷去世為止。

我每年都會參加野毛的大道藝（按：街頭藝人表演）。街頭表演對我來說是最能學到東

5 風呂吹き大根，是將去皮白蘿蔔切成厚段、以洗米水及昆布燉煮，之後淋上味噌醬汁，諧意為「不老富貴」。

西的地方。香頌便是大眾娛樂，唱出了貧苦庶民的心聲。愛迪・琵雅芙（Edith Piaf）就是出身於貧窮的街頭藝人家庭，從少女時代便在街頭賣唱，被酒館老闆發掘後，才一步步成為大明星。所謂的香頌歌手，絕不可自命不凡。我認為，那些看來了不起的批評家，都比不上欣賞街頭表演的觀眾們的眼睛和耳朵。每回參與演出，我都把觀眾的眼睛當成舞臺上的聚光燈。如果那雙眼睛裡面的自己無法閃閃發光，他們就不會特意佇足聆聽。

從今而後，只要我還活著，便將持續在街頭表演中演唱。謝謝大家。

（平岡正明編《橫濱野毛》第四號、永登元次郎〈元次郎的三十三年夢〉、野毛地區振興會、一九九二年）

野毛街頭表演（野毛大道藝）是始於一九六八年的街頭藝術節。原本野毛一帶在戰後黑市猖獗，櫻木町站還是國鐵終點站時，這一帶是充滿活力的餐飲商店街。後來隨著三菱重工橫濱船渠關閉、京濱東北線線路延伸等原因，鬧市逐漸凋零。野毛街頭藝術節就是為了振興城鎮所採取的對策。一九九四年以前，藝術節於每年春秋舉辦兩次，從一九九五年起，改為每年一次。

每年觀眾都在增加，二〇〇四年甚至創下一百二十八萬人次的紀錄，堪稱日本最為盛大的街頭表演活動。元次郎的店「Chat noir」在距離野毛最近的車站之一，亦即京急線日之出町站附近，也因如此，自一九八八年起的十五年間，他從未中斷，堅持參與演出。

讀完這些資料，我突然意識到元次郎為何特別關心瑪麗小姐。他的經歷與戰後混亂時期艱辛地活下來的街娼境遇有所重疊，是那重疊的境遇所引起的共感吧。不過直到後來，我才知道，其中還藏著更為深刻的切身情感。從那一刻起，我構思的電影開始靜靜地有了雛型。

定下神來，已經是八月中旬。拍攝的節奏還算順利，盂蘭盆節過後的拍攝行程也已排滿。然而就在這時，擔任攝影的中澤冒出了一句我萬萬沒想到的話：

「那個，我自己的工作進來了。」

原來他接到了一份劇情片的攝影助理工作。他突然這麼說，我非常為難，拚命說服挽留，但中澤心意已定。

應該暫時中止拍攝嗎？我一度陷入遲疑。可是馬上就要拍受訪者了，他們的面孔一一浮現在我的眼前。事到如今，絕不能半途而廢。再過幾天就要進行下一場拍攝時，經由熟人的介紹，決定了替補中澤的人選。

這個人選叫山本直史，曾在松竹大船電影製作所的攝影部工作，如今在有線電視臺等擔任紀實節目的攝影記者。

「現在我拿不出酬勞。雜費（伙食費和交通費）也拿不出。但如果你有興趣的話，歡迎加入。」

儘管初次見面，我就提出了過分的要求，但實際上是因為我的經費已經見底。當初準備的資金在開拍半個月左右便隨即用罄。預算計畫太掉以輕心了。還以為紀錄片花不了那麼多錢，結果低估了開銷，眼睜睜看著萬元鈔票一天天花出去。待我覺得不妙，為時已晚。

3　瑪麗小姐的競爭對手

馬車道藝術大樓一樓的公共長椅是瑪麗小姐的固定座位，也是我第一次看見瑪麗小姐的地方。《PASS　橫濱瑪麗》有許多照片都是以這裡為背景。那張瑪麗小姐在洗臉檯前化妝的照片，是在二樓的文具店有鄰favori裡的洗手間拍的。我向森日出夫詢問了當時的情形。

「我接到女兒的電話，她告訴我：『爸爸，瑪麗小姐現在就睡在有鄰favori裡的廁所喔。』於是我立刻過去，先叫我女兒確認廁所裡沒有其他女性，然後我才進去按了快門。」

六川勝仁是藝術大樓的樓主，也是大樓一樓店鋪「藝術寶飾」的老闆。根據我收集到的街頭傳聞，他應該是「瑪麗小姐的恩人之一」。為了瞭解緣由，於是我在藝術大樓的最頂樓，六川的辦公室採訪了他。

「其實，每到中元節和年末時，瑪麗小姐總會給我寄一些東西呢。」

瑪麗小姐堅持一年兩次給六川送禮致意。不過據六川所言，起初他對這位一身雪白的老太婆送來的東西頗有抗拒。

「她那種打扮，總有人覺得詭異。我們公司的職員裡也有人覺得『又來了』，就把寄來的禮物原封不動地堆了二、三年吧。後來把這些禮物統統打開一看，原來全是毛巾。」

為什麼瑪麗小姐偏愛藝術大樓一樓的長椅呢？我試著坐在瑪麗小姐的固定座位上，馬上就明

藝術大樓一樓的長椅是瑪麗小姐的「指定席」。（森日出夫攝影）

白了。長椅背後就是「藝術寶飾」的櫥窗。瑪麗小姐坐在這裡，以華麗的寶石為襯景，是選擇這裡，作為一種自我展現。可是，理由似乎不僅如此，我還從關內中心大樓的皮草店店員那裡聽過這樣的故事。

「我對瑪麗小姐說：『請不要觸摸商品。』她身上的香水太濃，味道太重了。哪怕只是路過，那香水味都久久不散。」

隨著時代演進，許多大樓都禁止瑪麗小姐進入，但是六川並沒有拒絕瑪麗小姐。

「許多大樓都驅趕她，但是我們並沒有這麼做，我想瑪麗小姐有部分是因此對我們心懷謝意吧。」

「所以中元節和年末就堅持寄禮物來？」

「是啊。一開始我們非常驚訝。」

假設瑪麗小姐一直留在橫濱，會怎麼樣呢？藝術大樓前面瑪麗小姐的指定席長椅，如今已被拆除，一樓「藝術寶飾」的店面變成了「星巴克咖啡」。答案不言自明。時代和城市奪走了瑪麗小姐的安身立命之地。

八月二十三日，元次郎介紹一位女性給我認識。三浦八重子，昭和三年生。她曾和瑪麗小姐同在伊勢佐木町阻街拉客，是競爭對手。三浦十七歲時迎來了終戰，當時在福岡市。她說那時的

瑪麗小姐女士坐的長椅已經撤掉了，原件現存於藝術寶飾店。（森日出夫攝影）

事至今無法忘懷。

「就是渾身的力氣都用盡，感覺一切都結束了。也或許，再加上生活太過艱辛吧。終戰那一天，我寫信給讀女校時的老師。記得自己在信裡寫到：『我要為打造新日本而努力。』」

由於家庭變故，三浦沒有父親。為了母親和兩個弟弟，三浦撐持起一家子的生活。一開始，她在女子高中時代的朋友幫助下找到工作，工作地點在距離福岡市約七十公里的小倉市，是一家占領軍專用的歌舞酒吧。

「那個酒吧很嚴格。不可以把手放在桌子下面，無論是軍人還是吧女，手都必須放在桌子上面。只有（去大廳）跳舞的時候才可以男女配對牽手。是那樣規矩嚴格的地方。我住進了宿舍，就開始工作了。」

「像陪酒女侍的工作嗎？」

「不，算是舞女吧，被編入了樂團，整個酒吧像很寬敞的餐廳。」

「在那裡有賺到錢嗎？」

「賺不到錢。跳一次舞是多少錢呢？好像是二十日元吧。工作結束後，把美元換成日元，第二天去郵局，把錢寄回家裡，自己留下二十日元吃蕎麥麵。」

昭和二十一年，當時公務員的月薪是五百四十日元。三浦的月薪是四千日元左右。她也曾誆騙過美軍裡的好客人，說要做對方的「only」，藉此騙走人家將近半個月的薪水。故技重施幾次後，就在美軍之間傳開了。「那個女人嘴上說要當你的『only』，拿到錢就跑了，千萬不要找她。」於是客人紛紛離她而去。終於也不得不決定是否邁出關鍵的一步。不成為情婦，也就是不賣身的話，工作和錢恐怕會兩頭空。

「但我還是會挑人的。年輕的好男人有什麼不好呢。那時我也還很年輕。英格森是瑞典裔，是一個金髮的好男人。我心想：『這個男人真不錯。』然後他跟我說：『我是家裡的獨生子，必須照顧家人。』所以，『只能在你身上花二、三十美元。其餘的我得寄回家。』」

依照當時的日元匯率來看，一美元等於十五日元，三十美元只能換到四百五十日元。儘管如此，三浦想來想去，覺得三十美元也罷，決定做他的「only」。不破處拿不到錢，也就無法養活三口之家。實在沒有其他辦法了，是艱難而痛苦的決定。那天，三浦把棉被丟上自行車後的拖車，就往英格森租給她的獨棟房子去了。

「我（對宿舍室友）說那我走了。把被子放進拖車裡。」

「這就是所謂失去那個的時刻……」

「不是cherry broken，而是broken cherry。你知道broken heart的說法吧。一樣的道理，破碎在先。破碎的戀愛，破碎的處女。這不是標準英語說法，而是伴伴式的英語。」

「之後一直都跟著那個瑞典人嗎？」

「不，在一起三個月左右，那個人就接到了回國命令，回家去了。沒多久，韓戰就開打了。」

原本三浦下定決心當情婦，可是在英格森回國後，她又回到酒吧工作。就在朝鮮（釜山）眼皮底下的小倉市，成了美軍的前線基地，產生了大量的戰爭特需訂單。從此沒必要再做什麼only，光是跳舞券就已經賺得盆滿缽滿。

「光是靠跳舞券就足夠了。只要告訴他們『在門口等等喔』，女子宿舍前後就會有三、四個人排著。一過十二點，宿舍就關門，這時憲兵就趕過來，把這些傢伙都拉走，送上軍車。」

「做這種事情，會不會又……」

「部隊總在不斷移動，他們是為了去朝鮮打仗，才從自己的祖國經過此處。所以逗留的時間很短（剛一被騙就立刻前赴戰場）。」

「賺了很多錢？」

「嗯，很多。」

再不久，跳舞券已無法滿足她。她的欲望進一步膨脹，覺得「賣身，錢賺得更多」。上街拉客，就是想賺更多的錢，她一心一意只想著這個。

「從此就開始在外拋頭露面。因為韓戰爆發，那些大兵帶出來的錢不是小數目。可不是幾萬，是幾十萬啊。一到日本先放五天假。他們知道休完假就要奔赴槍林彈雨的地方（朝鮮），於是在（日本）盡情尋歡，大把大把地花錢。若要他們掏出全部的錢，那就得豁出去，拿身體去換。」

不過，這種好光景也沒有持續下去。韓戰一停戰，出手闊綽的休假美軍都轉而集中到福岡基地。

「但我不敢去福岡。我就是在那裡的學校畢業的，認識的熟人太多。因為不能去福岡，只好來橫濱。」

昭和二十八年，靠著朋友幫忙介紹，三浦來到了橫濱。那年她二十五歲。她對橫濱一無所知，陷入困境，但她不想依賴皮條客。最後找到了阻街的地方，就是大眾酒場「根岸家」的門口。此店二十四小時營業，總是酒客滿座。

「那裡啊，最接近城鎮的中心。」

「大約在伊勢佐木町一帶？」

「就是整個伊勢佐木町。活動範圍從二丁目、三丁目直到四丁目吧。」

「很快就習慣了嗎？」

「一開始也會和人吵架。」

「因為你初來乍到？」

「是啊。」

「你說的吵架，也包含打架嗎？」

「要打架的話，會說『你，過來這裡』。因為不想在人家的店門口動手，所以會說『有意見的話，你過來這裡，來這裡說』。」

因為三浦是獨來獨往的一匹狼，很快地，開始受到其他妓女的仰慕，儼然成為她們之間的大姊頭。三浦拉客的固定地點一眼就能看見根岸家的大門口，就在伊勢佐木大街的拐角。

「可是那裡實在太顯眼，很容易被警察盯上，是危險地帶。」

「當時的客人裡以美軍居多吧，有沒有和其中的誰發展出戀愛關係？」

「哪有那種餘裕。只有飢餓，真正的飢餓，賺錢才是真正的目標。」

「那他們有沒有人提到感情什麼的？」

「也不可能結婚哪。所以都以金錢為第一位。」

「果然又是那句話嗎，『要給家人寄錢』之類？」

「心裡始終忘不了啊。真的就是在商言商。所以已經壓抑成無情無戀的性格……」

「那，戀愛呢？」

「完全沒有。什麼戀愛的悸動那類事情，從來都沒有過。」

一九七五（昭和五十）年，越戰結束後，橫濱的美軍也慢慢不見蹤影。最後，不得已只好轉而跟日本人做生意。三浦說：「一開始很不習慣，很有抗拒感。」如果用英語，交易沒有障礙。但換成日語，話就說不出口，更別說出聲拉客了。另外，據說街娼是特種行業裡風險最大的。沒有店家庇護，一個人站在街頭拉客，其艱辛之程度，不難想像。

三浦也曾捲入生死攸關的糾紛。某天早晨工作結束以後，她走在伊勢佐木町的街上，有個年輕男子從後面撞了過來。瞬間三浦感到腹部一陣劇痛。她看著準備逃走的男子的臉，再將目光轉向自己的側腹，發現插著一把短刀。三浦回憶當時的情況說：「那小子前一晚曾被我臭罵一頓。我罵他手上沒錢，還敢虛張聲勢地來買春。一看就是個不成器的小混混，大概是被我罵了，面子掛不住了。」

三浦曾聽人說過，被刀子刺中，如果馬上拔出來，就會導致出血過多而危及生命。所以三浦就這樣身上插著刀、一步步撐到醫院，這才保住了性命。儘管遭遇了如此危險，她還是繼續工作。「為了家人」這個想法，是她唯一的支柱。

「雖然三浦女士您自己也是其中一員，但您對『伴伴』有什麼想法呢？」

「伴伴，就是向占領軍賣身、藉此填飽肚子的戰敗國女人的稱謂吧。應該是戰後特有的詞彙。可是當時真的沒有辦法。為了生存，不得已才做的。我不知道創造這個詞的人是基於什麼心態，但反正就是有人這樣叫我們。」

「當時，您也被這樣叫過嗎？」

「就算被這樣叫，我也沒有辦法。要說後悔，也無濟於事。因為當時已經活不下去了，誰來照顧我們？誰來給我們一口飯吃？所以啊，其實這也沒什麼大不了。不管別人怎麼指指點點，隨他們去了……不是說了，即使旁人說你穿著襤褸，奈何不了我心有錦緞。只能這麼想。」

對三浦的採訪長達四個小時。第二天，我的心情卻跌到谷底，因為元次郎打電話來，將我嚴厲訓斥了一頓。

「你到底問了什麼殘忍的問題。」元次郎說他介紹三浦給我，是因為我想瞭解瑪麗小姐的過往，結果卻聽說我追根究柢地狂問三浦本人的過去，他非常憤怒。因為三浦和瑪麗小姐女士生活在同個時代、從事相同行業，她的話是非常寶貴的記錄。藉由回顧三浦的前半生，也可窺見瑪麗小姐生活的軌跡。正因為如此，這麼做是有其必要的。但無論我怎樣解釋，元次郎的氣憤還是無法平息。

元次郎為已經沒有收入的三浦辦了最低生活保障福利的手續，又成為她的身分保證人。據說他非常關心獨居的三浦，定期打電話問候，每當自己有演出時，也一定邀請三浦出席。對元次郎來說，不只是瑪麗小姐，三浦也猶如共過患難的夥伴。而我，只一心想著「拍出好電影」，卻看不到周圍其他人的處境。這是難以挽回的錯誤，但我必須全力挽回。

很快地，一九九九年的夏天結束了。在一個半月的拍攝中，製作費豈止是捉襟見肘，簡直就是入不敷出。持續不間斷的蟬鳴聲，彷彿宣告著我不希望就此結束的心情。

第四章
羅莎與瑪麗小姐

1 尋找傳說中的紀錄片！

二〇〇〇年二月，距離去年夏天的拍攝已過半年。這期間，我給採訪對象以及關照過我的人都寄了信。應該如何與對方建立何種關係，我還沒有找到答案，也許不過是我的一廂情願，只能專心一致把信寫好。

在這之前，我拜訪洗衣店白新舍時，就被店員拒絕過。沒有事先聯絡，便唐突登門造訪，被拒也是自然。想想是自己禮數考慮得不周。後來，待我意識到自己的不對時，白新舍已經歇業，我便把一封夾著企劃書的信一起塞進鐵門緊閉的店家信箱裡。雖然也不知道信件能否抵達收件人的手中，但只要還有一線希望，我都想試著努力看看。結果半年後我收到了一封信，是白新舍的老闆娘山崎君子寄來的。

向您致以寒冬的問候。幾次收到您的來信，實在惶恐，不知能否作出您所期待的回答。因為時間已過許久，我們只能試著儘量喚回從前的記憶。一邊寫這封信時，我一邊想起戰爭期間和戰後那段時間活下來的人，其中有很多人在諸多方面成為了犧牲者。像是外子，也在從軍多年之後成了蘇聯軍隊的俘虜，被押往西伯利亞的內陸地區，從事了長達四年的繁重勞動，幸運的是，最後活著回來了，對此應該感到幸福。（……）

山崎君子一月二十一日

電影開拍之際，最初，我預計去年夏天一個半月的時間就能完成。回頭看來，是我的想法過於天真。現在，我已經不再預設具體完成的時間了。我暗下決心，一定要拍到滿意為止。就這樣，開始了拍攝的第二階段。

採訪了三浦八重子以後，我儘量常去「Chat noir」走動。之所以這麼做，起初是因為良心受到苛責，抱著贖罪的心情去的。然而如此一來，我和元次郎愈發親近了，他甚至說起了在採訪中不曾提及的，關於他對家人和母親的感情……

拍攝重新進行後，我馬上前去拜訪元次郎，希望他幫我引薦某位人士。

此人就是色情電話女王，清水節子。據說她在一九九三年拍攝了瑪麗小姐的紀錄片，可是中途停擺。這部未能完成的紀錄片，比起瑪麗小姐本身，還要更充滿傳奇色彩，諸如「片子已經完成，在橫濱日劇電影院公開上映過」、「在電視的紀實節目已經播過片段」，之類的錯誤情報漫天飛舞。這是因為當初拍攝期間，八卦小報《日本體育》刊載的報導一直獨家壟斷這方面的消息。之前中澤跟我說過的，「有一部關於瑪麗小姐的電影」，指的就是這部紀錄片。

十七日獲悉，人稱「橫濱瑪麗」的八十三歲現役妓女將被收進紀錄片。掌鏡拍攝本片的，是知名的色情電話業務始祖、也是性風俗作家清水節子女士（四十四歲）。本片拍攝已取得當事人的同意。清水導演激動地表示：「對於這位戰前、戰爭期間與戰後以作為娼妓維生的女性，我希望能夠透過她充滿強烈個人色彩的生活，從而構築、描繪出一部昭和女性史。」

（《日本體育》一九九三年八月十八日）

元次郎讀了這篇報導，馬上問到清水的聯絡方式。「好開心啊。電影完成並能上映的話，瑪麗小姐也能獲利。因此，我願意盡我所能全力合作。」

與清水一見面，馬上感到兩人很談得來。大概是透過瑪麗小姐這個共同目標，找到了同伴的心情吧。

「ikuiku[1]，這個號碼很有小節的風格呢。」元次郎一邊朝我使眼色，一面按下了電話號碼的後四位數一九一九。「是我呀！我是元次郎。幾年沒見了吧。我想介紹一個人給你認識。」

從「Chat noir」所在的京濱急行日之出町站出發，一直通向伊勢佐木町方向的橫濱站根岸道路，沿著這條路直行，登上打越阪，這裡就是上流人士居住的高臺，山手區。清水家的宅邸就在這片地區的盡頭。

清水出生於橫濱市金澤區。昭和四十七年、她二十二歲時，就在福富町開了一家名為「NONNON」日式酒吧。昭和五十年，她發明了色情電話業務，並引發了社會現象級的關注。

清水的電話號碼在熱愛色情電話的青壯年群體中頗有知名度，從日式酒吧下班後，回到家裡，大約從午夜零時起，她家的粉紅色電話就響個不停。（中略）

接下來是與姓名年齡不詳的年輕人的對話——

「你現在穿什麼？短睡衣，還是長睡袍？」

「黃色的睡袍，透明的。」

「下面呢？」

「有穿喔。」

「是怎樣的內褲？」

「純白的。」

「把它脫了。」

「不要，會冷……」

「脫掉。」

「你沒有情人嗎？」

「啊……啊……」

1　日語1、9的簡稱與到日語高潮時說的「去了」諧音。

「你幾歲啊？」

「啊……啊……脫掉了嗎？」

「嗯。你寂寞嗎？不如去土耳其浴[2]找找樂子。」

「土耳其浴很髒。我只想和節子到高潮。」

這種電話，一小時能接六十通。到了凌晨兩點，節子聽到筋疲力盡，只好把聽筒拿起來。接下來第二天的夜裡，又從淩晨十二點開始大約兩個小時的色情電話服務，有時也兼認真的人生諮詢服務。當然，一切都是免費，節子的聲音「沙啞有磁性，讓人聯想到藤圭子[3]」，為了回應撥打色情電話男性的想像，本刊補充透露一句，「她的長相好比綠魔子[4]一樣性感迷人」。

（中略）「會開始接聽色情電話，或提供電話諮詢，其實是因為看見一個店裡的客人為了憂煩的事情想不開，幾乎要放棄人生。我開導了他、叫他鼓起勇氣。」在口耳相傳之下，大約從半年前開始，她家深夜裡便一直處於電話響不停的狀態。

（《週刊POST》一九七六年二月二十七日）

色情電話的熱潮過去以後，清水便轉而在深夜電視節目《11PM》（日本電視臺）中報導風月場八卦等，始終是情色藝人的先驅。目前她身為主婦，仍兼營以熟年女性為對象的性諮詢服務。

我在清水家約二十張榻榻米大小的會客廳等待，幾分鐘後，從前的女王現身了。清水看來年輕妖豔，完全不像年過五十的人。就在我都看傻了的當下，她已坐到我身旁，和我聊了起來。

「你在《PADO》上登了廣告吧？」

「是的。」

「我看到了。本來還想打電話給你。」

「是嗎？如果真能打電話給我，那該有多好啊。」

「因為我也不知道你是什麼樣的人。一遲疑，也就忘了。」

我沒有馬上進入正題，而是先和她聊了色情電話的事情。

「太遺憾了，當時若我有申請專利就好了。聽說柯林頓（前美國總統）也玩這個，我要是有專利，現在應該是億萬富翁了吧。」清水吐了吐舌頭，笑了。這表情很撩人，讓我不由得心跳加快。也許清水正是憑著這種性感和聰明，才賺得大筆財富吧。

清水與瑪麗小姐初次邂逅，是在八〇年代。「我第一眼看到瑪麗小姐，就嚇了一大跳。」

2　色情泡泡浴。

3　藤圭子（一九五一—二〇一三），演歌歌手，宇多田光為其女。

4　日治時期臺灣出身的女演員。

經營日式酒吧的清水，常從客人和熟人那裡聽到瑪麗小姐的故事。據說，瑪麗小姐在福富町惹惱了黑道，大庭廣眾下被拖著走；在新格蘭旅館還曾被員工惡整。

「新格蘭旅館的洗手間是西式設計，廁所門板底下是空的，能看見裡面的人的腳。可能是看到了瑪麗小姐的腳，那個壞心的員工就從廁所上方把滿滿的一桶水潑下去。」

瑪麗小姐一句怨言也沒說，全身濕透地離開了旅館。她並沒有做什麼過分的事，只是想在旅館裡待一會兒。不過瑪麗小姐也有她的問題：她身上的味道實在太可怕了。「聽說，有人被瑪麗小姐拉了客，一起去了旅館。躺上床，卻被濃烈的化妝品臭味熏到了。是香水和化妝品混在一起的臭味。客人連呼：『太臭了，臭到沒辦法跟妳一起躺著。』就跑了。」

清水聽了幾個瑪麗小姐的故事後，腦子裡靈光一閃：「有意思，這可是一門生意。」果然，清水具備嗅出商機的天賦，就如同當初的色情電話一般。

接下來，她開始和瑪麗小姐交涉採訪條件，沒事就往「森永LOVE」那裡跑。「最初跟她打招呼，她也完全是愛理不理。我心想，必須一直去、一直去，先和她交心才行。當時我把小孩也拉進來了，沒送小孩去幼稚園，直接帶去見她。這樣做了快一個月，她才終於跟我說話。」

「然後呢？」

「我還是想拍電影啊，跟她說：『瑪麗小姐，我們拍電影，一起賺大錢吧。』她回我：『嗯，好啊。』」

「為什麼想到要拍電影？」

「書讀完就讀完了，電影卻能留存在人們的記憶裡，我希望透過電影影響觀者，使他們思考人生。」

我並不認同清水所言之電影與書的差異。不過我很理解瑪麗小姐的形象非常適合影像描述。不久，清水和一些認識的人搭上線，組了製作團隊。製片請到了野上真果，編劇請到了因《旅途的重量》（齋藤耕一導演）、《同居時代》（山根成之導演）等作品而知名的石森史郎。至於公開上映等環節，則由横濱日劇電影院的經理福壽祁久雄負責。帶著五人組成的攝影小組，清水開始了貼身採訪拍攝。拍攝內容的主題，就是追蹤瑪麗小姐的日常。

「我想知道，瑪麗小姐從森永LOVE出發後，做了哪些事情。我想跟拍她一整天，完全不停歇。她先是走到關內，去了富士銀行（現為瑞穗銀行），刷了存摺。然後走進有鄰favori裡的洗手間，就沒有再看到她出來。攝影小組守在門外三十多分鐘，都沒有動靜。悄悄開門進去一看，她沒在洗手間外面。看來是在廁所裡睡著了。」

瑪麗小姐休息打瞌睡的地方，除了GM大樓的走廊外，還有幾處。據說，洗衣店白新舍的更衣室也是，她換完衣服會在裡面順便睡上兩、三個小時。藝術大樓二樓的文具店有鄰favori裡的洗手間，也是其中之一。

在清水的攝影小組面前，瑪麗小姐站在洗手間的鏡子前方。她徐徐而仔細地搽好口紅，透過衣服縫隙所看到的布滿皺紋的肌膚，也刻意塗上白粉遮掩。清水說，她從來沒有像在那一刻，深深感覺到「女人的執念」。因為同樣身為女人，才了解作為一個女人的執念之巨大。之後，瑪麗小姐走向橫濱市營地下鐵的關內車站，在月台的長椅上坐下後，掏出迷你威士忌瓶，慢慢地啜了幾口。喝完酒，她輕輕地嘆口氣。然後她坐上電車，前往橫濱車站。

瑪麗小姐的活動範圍也包括橫濱車站西口。她最中意的去處是橫濱高島屋百貨，一進門就先往樂器賣場走去。在那裡，她很開心地彈起展示用的鋼琴。彈奏的曲目是〈櫻花櫻花〉和〈海好遼闊好巨大〉（作詞：林柳波，作曲：井上武士）。

海好遼闊
好巨大
月亮升起
日頭沉下

碧波濤濤
起伏搖晃
洶湧綿延

在有鄰favori裡的化粧室洗臉檯前。(森日出夫攝影)

到何處
海浮著船
漂流天下
想要看看
外面國家

清水分析了瑪麗小姐為什麼要唱這首歌曲。

「我問過她:『瑪麗小姐,你也曾有愛上別人、為此痛苦,為某個男人受折磨的事嗎?』她回答我說:『嗯,有啊。』」

瑪麗小姐雖然飽受騷擾和欺負,但沒有選擇離開橫濱,原因應該就在這裡。

「當我問她:『那你最喜歡哪一個?』她告訴我:「就是那個軍官。」看來,她始終沒有離開橫濱,是因為心裡想著最愛的那個人。她忘不了那個軍官,相信那個人有一天會回來（接她）。就是這份念想，讓瑪麗小姐在橫濱待了幾十年。」

瑪麗小姐究竟是懷著怎樣的心情唱那首〈海好遼闊好巨大〉？開拍前的採訪中，我不止一次地聽人說起瑪麗小姐經常站在大棧橋眺望大海。難道她是在思念著自己的軍官愛人，在眺望大海遠方的美國嗎？

說回橫濱高島屋百貨的瑪麗小姐。彈完鋼琴的她，會去洋酒賣場整理陳列於架上的威士忌酒瓶。她好像不喜歡酒瓶上的酒標方向歪斜不正，總是將酒瓶重新排列整齊。根據店員表示，瑪麗小姐經常光顧，但並不買酒，調整酒瓶位置、讓酒標看來整齊劃一是她前來此處的例行公事。

「或者該說瑪麗小姐的性格真是一絲不苟？我懷疑她的血型絕對是A型（笑）。」

拍攝持續了近兩週。清水花最多時間的部分是對瑪麗小姐的訪談。

「我很擅長採訪，訣竅就是先談自己。比如說，我會這樣問：『我以前也離過婚，也辛苦狼狽過。瑪麗小姐呢？有過類似的感覺嗎？』」

我請清水找找當時的資料，結果採訪筆記還留著。我請她將筆記重讀一遍，再向她詢問採訪當時的情形。

「問她出生在哪裡，她完全不肯告訴我。感覺像是某個鄉下。再問她：『瑪麗小姐小時候是個怎樣的孩子呢？』她就回一句：『忘了。』總之，只要是小時候的事，她什麼都不肯說。」

一提起故鄉，瑪麗小姐便垂下雙眼。若清水窮追不捨，瑪麗小姐就打斷她說：「我不喜歡，

GM大樓頂層瑪麗小姐權作臥榻的折疊椅。（森日出夫攝影）

別問了。」於是清水轉換話題，問她為什麼是那名軍官，是否因為專找白人才如此，但依然不得要領。不過清水說，從瑪麗小姐說話的神態裡可以感覺到一點什麼。

「她的自尊比誰都高。話語間透露出『普通男人不行』的意味，問她：『為什麼不行？』她便又閉口不說了。於是，我只能用我個人的方式來解讀。」

由此，清水有了她自己的解釋。為何瑪麗小姐覺得普通男人不行？為何是美軍，而且是白人軍官？

「那就是自尊心啊。表示自己和普通女人不一樣，非軍官以上我可不會來往。」

這話也不見得是錯的。即使同是美軍，瑪麗小姐也無視黑人，沒來由地表示「我就是不喜歡（黑人）」。即使她對客人挑三揀四，在占領軍駐紮的時期，日子過得也還算滋潤。

可是一九九三年清水拍攝瑪麗小姐的那段時期，她的日子又如何呢？雖說是妓女，但看來像個全身雪白的怪物，那樣的老妓，會有客人要她嗎？我很好奇。

「即使是當時，她還是有客人，她說她專做口交。儘管已經滿口假牙，但拿掉假牙之後，口交的功夫還是讓男人受不了。年輕時，因為那裡濕潤，性交不成問題。但到了五、六十歲，更年期、停經的因素，女人的身體不再濕潤了。這一點她本人當然十分清楚。所以她說拿掉假牙，靠著牙齦也能讓男人神魂顛倒。」

但或許也僅限部分的客人吧。然而，一個即使年紀這麼大了都還想靠賣春維生的女人，這樣的生活令人感到震撼。

「年輕時專做外國人，可是外國人逐漸少了。於是開始做起日本客人，最後也就變成這樣。」

不過，即使每天生活困頓，瑪麗小姐仍然保持著慈悲之心。

「碰到可憐人，或是沒錢的人，她反而還倒貼錢。」

「給客人錢嗎？」

「是啊，所以她有個外號叫做佛祖瑪麗。」

拍攝漸入佳境時，發生了糾紛。元次郎在備忘錄上記載了整個過程的始末。

與導演清水、製片野上真果見面。我把演唱會的錄影帶（因為有一段拍到瑪麗小姐）、與瑪麗小姐合照的照片等資料帶了過去，表示願意盡全力配合。他們兩人十分高興我的加入。

「一起拍出一部很棒的電影吧。」

我說：「白天時，歡迎把我的店裡當成工作室。傳真和影印機也都可以隨意使用，店裡還有兩支電話。請兩位方便時來店裡看看。」過了兩三天，導演和製片來訪。劇本也完成了，萬事俱備，只欠開拍。

然而，來到了說好見面的那天，卻沒有任何消息。某天，製片野上真果打電話來說：「出了點小差錯，拍攝改從下週開始。」我問：「九月份只剩下十天了，沒問題嗎？『Chat noir』店裡已經準備好了，就等大家來使用。」

「元次郎，拜託您幫個忙，今晚就能歸還。因為遇到一點信用問題，我正頭大呢。已經來不及跟銀行交涉了，不知道您能否借我二十一萬？」

我不疑有他，立刻從店裡拿了現金給他。他說：「那我先寫個借據。」

我說：「你今晚就要還我，借據可以免了吧。」但他還是留下了借據才離開。

但到了晚上，他並沒有把錢帶來。之後人又來過幾次，卻依然沒有還錢給我，只是改寫了還錢的日期。就這樣，他總共寫了四張同樣的借據。

我開始覺得事情不對勁，猛地想起八月十八日《日本體育》的報導。

就算是二流小報，好歹也是報紙，不至於胡亂編造新聞吧。就這樣，十月也過去了一半。

（中略）

街邊的路樹也漸漸染上秋色。瑪麗小姐自己可能還不知道，有人拿她的故事騙吃騙喝。

（……）說要為瑪麗小姐拍電影，不過是在畫大餅。我們這些熱愛瑪麗小姐的會員、清水導演、作家石森史郎、（……）、元次郎，這些見多識廣的大人們完全被騙了。

這次元次郎被騙的事件，是在清水用拍攝空檔去夏威夷旅行的時候發生的。

「真是的，工作人員之間發生這樣的事，最後就告吹了。」

「所以就停止拍攝了？」

「開拍兩個星期左右吧，我為了放鬆一下就出國旅行。就在這當下，製片野上真果找我丈夫要錢。我丈夫倒是沒有借他。發生了這種事，我就提不起勁了，當時情況很混亂，我對拍攝的事厭煩不已，最後決定不做了。其實我真的想堅持到最後的，只差一點就要完成了啊……」

這結局真是令人失望。那麼，拍攝了兩週左右的影片到哪裡去了？清水對此記憶模糊，錄影帶至今下落不明。

我向清水借閱了當時的資料，與攝影小組所在的技術公司聯繫。

「請問一九九三年左右，貴社是否參與了橫濱的瑪麗小姐，就是那個一身白的老婆婆的電影拍攝？」

「這個我記得。就是我拍的。」

接電話的人竟然正好是當時的攝影師。我馬上進入正題，詢問他當時的情形。

「當時的拍攝過程是怎樣的呢？」

「記得是製片來委託我們拍攝……事情實在是太久遠了（已經記不清）。」

「那個製片是叫野上真果嗎？」

「啊，對對，沒錯就是他。結果說好的酬勞也沒給我。」

他說，兩週的拍攝告一段落後，就再也聯繫不到野上真果了。我追查了這個野上的事，發現他都是先提到自己參與的電影，取得對方信任後，拿到了錢，接著便人間蒸發。我從與他打過交道的幾個人那裡，都聽到同樣的手法。

「最好不要跟這個傢伙扯上關係喔。」

像我這樣的毛頭小子，根本不是可以與之較量的對手。我也無意參與此事。我想知道的不是野上的下落，而是錄影帶的下落。在拍攝結束之前，已拍好的母帶通常都會交由技術公司保管。說不定錄影帶還在他們的倉庫裡呢。我把一線希望寄託在那位攝影師身上，緊抓不放地問了他這個問題。他回我：「我去問問當時參與拍攝的其他工作人員，」就把話筒暫時放在一邊，離開了座位。耳畔傳來通話保留的音樂，旋律播放了一輪之後，他又接起電話。

「問到了，聽說，帶子在那個製片野上的手裡喔。」

我還是執拗地想再試試。我想看看錄影帶，畫質糟糕也沒關係。走動的瑪麗小姐、說著話的瑪麗小姐，無論什麼影像，無疑都是珍貴的資料。

「（編輯用的拷貝母帶）工作用的帶子之類也都沒有留下？」

「包括那個在內，全部都被他拿走了。」

而後得知，這批帶子和劇本曾被野上拿到民營電視臺兜售，但野上的風評太差，根本沒人理他。我甚至找到了野上發送的資料。首先是富士電視臺的廣告插播時刻表，顯示被安排在名叫《NONFIX》的節目裡。播放日期是一九九三年十月十二日，播出時段是週二淩晨一點十五分至兩點十分，是五十五分鐘的節目。聯絡備忘上寫著「正持續拍攝中」。我詢問了富士電視臺，結果得知當時該時段播放的節目與瑪麗小姐無關。

接下來，我又找到了石森史郎所撰寫的，傳說中的電影提案摘要，其內容我概括如下。

《娼妓瑪麗（暫定）——電影提案》

夕陽映照下的（橫濱）港，外國郵輪起航的汽笛聲響徹四方。停泊的船隻、碼頭的煤氣燈燈火輝煌，橫濱跨海大橋等港未來區的現代建築聳立在鮮豔的色彩中。街頭（中華街、伊勢佐木町、本牧等）也綴滿豔麗的霓虹燈，各種不同表情的人們熙熙攘攘、川流往來……人群中既有矜持的上流階層，也有如膠似漆的年輕情侶。

污穢黑臭的河流——廢船、廢棄的自行車、黑傘雜亂地遺棄在河中。河壁上黏滿了黑貝（黑色的玻璃），裡面開出不知名的花朵……很早以前就存在的簡陋小酒店密密麻麻林立於河岸，河面上有它們的倒影妖豔地搖晃。這條黑色的河承載著古往今來妓女們的悲傷淚水，大雨沖不盡，也無法向大海流去，只是淤積在河中，是一條情念與怨念之河。

小酒店裡，準備接客的妓女們正在打扮，濃妝豔抹。不知為何，這裡的外國女人比日本女人多。

一處又一處的「泡泡浴樂園」，一棟又一棟的賓館——出雙入對的多半是情侶。脫衣舞劇場——脫衣舞孃擺弄著性感姿勢，觀眾用好奇的目光直勾勾地盯著。在河邊伺機拉客的「翹尾蜻蜓」——她們是那些躲著警察，沒有店家庇護的阻街女郎。她們就在公廁中、大樓的樓梯間、停靠在河邊的破船船艙裡與客人完成交易。即使是這樣的地方，如果被流氓無賴盯上，也會被他們勒索場地費。

還有那些招牌上滿是片假名的大樓內的酒館，入夜後，鶯鶯燕燕在裡面工作。

ＧＭ大樓的電梯前。身著白衣、面塗白粉的老妓。這是瑪麗小姐固定的拉客地點——再也沒有客人會帶她去賓館了。不過，瑪麗小姐一旦發現自己中意的男士，就會像舞姬一樣優雅地迎上前去。從來沒有哪個客人會表示嫌棄或施以白眼。熟客會溫情地看著她問候：「瑪麗小姐還好嗎？」並送上一張千元小費。瑪麗小姐會發出猶如可愛少女的聲音，賣弄風情地回以：「謝謝，今晚我們一起好嗎？」

透過橫濱的各種場景和印象，映照出瑪麗小姐所在的城市夜晚生態。山下公園、港未來區、中華街、伊勢佐木町、本牧的燈火霓虹。鏡頭一轉，畫面上出現黃金町、福富町，以及瑪麗小姐所棲身的GM大樓。橫濱的光影交相輝映，形成對比。

「這個叫瑪麗小姐的女人，總是這身打扮，持續了多少多少年的妓女生涯。她住在哪裡？夜裡又回到哪裡……？作為女人，她度過了怎樣的一生……？她的身世無人知曉，充滿解不開的謎。」——伴隨著上述旁白，打出了片名。

本片開場部分，採用從前的新聞片段，交代瑪麗小姐歷經的時代與歷史背景。一切開始於太平洋戰爭戰事正酣的時期。

畫面出現淳樸的故鄉風景以及出征的士兵。苦於鄉下貧困而去大阪遊廓賣身的少女。出征的少年。敗事已定的日軍。空襲下的焦土。戰敗後的貧困（黑市、食糧不足的買賣）。向占領軍出賣肉體的妓女。

播放戰後流行的歌曲〈誰讓她淪為這樣的女人〉[5]……

伊勢佐木町的午後。人群中，右手拖著有輪大行李箱，左手拎著紙袋的瑪麗小姐走了過來……人們的視線一同投向她。

瑪麗小姐在森永LOVE像伯爵夫人般舉止高雅地用餐。每次都是點同樣的餐點（沙拉……）。接下來，像歌舞伎演員一般開始她獨特的化妝方式。

適時插進對瑪麗小姐所做的訪談（清水節子），但是瑪麗小姐始終拒絕回答，緊閉著嘴像貝殼一樣，不肯開口。

（例）☆你為什麼特別喜歡橫濱？理由？什麼時候在橫濱定居的？
☆成長經歷？家人？
☆為什麼成為娼妓？
☆從何時開始娼妓的工作？
☆你現在住在哪裡？
☆為什麼一身全白的裝束？
☆曾待過橫須賀嗎？在那裡從事什麼樣的工作……
☆戀愛過嗎？結過婚嗎？小孩呢？

5「こんな女に誰がした」，此為初始曲名，但GHQ擔心激起民眾反美情緒，故改名為「星の流れに」。

橫須賀今昔——橫須賀港、美軍基地、EM俱樂部[6]遺址、老虎板通。如今仍在專做美軍軍官生意的妓女——當初和瑪麗小姐同為娼妓的女人，木元的口述。「如果沒有我們處理占領軍的性慾問題，那麼他們可能會強暴還沒嫁人的女孩。」「為了在貧困中養育孩子，普通的家庭主婦（寡婦）也出賣了自己的肉體。」「瑪麗小姐啊，遇到可憐的男人，還會給他們錢。」

有關瑪麗小姐的回憶：「瑪麗小姐當時被稱為伯爵夫人，在美國軍官中很受歡迎，他們都排隊等她。」「瑪麗小姐和軍官成了情人，軍官搭船返回美國，瑪麗小姐追他追到了橫濱……」接下來是瑪麗小姐在橫濱高島屋彈鋼琴。老新聞片段（日美海戰、敗勢已明的日本、化為焦土的城市），以及和瑪麗小姐有過萍水之情的男人（日本和美國），他們的笑臉，這些畫面交替淡入淡出。儘管有些變了調，不過仍聽得出瑪麗小姐彈奏的是〈君之代〉。含淚的瑪麗小姐。帶著白手套彈鋼琴的手劇烈顫抖。

清水拍攝的部分。

瑪麗小姐在銀行查看存摺。瑪麗小姐在畫廊熱情地欣賞畫作。瑪麗小姐在廁所裡小睡之後精心地化妝。瑪麗小姐坐地下鐵去百貨公司。瑪麗小姐在洋酒賣場調正酒瓶位置。瑪麗小姐在家具賣場像貴婦一樣，擺著姿勢坐在高級成套家具的沙發上。走過的孩子說：「哇，這裡有個白色的人偶。」在西式點心賣場，瑪麗小姐買了名為「伯爵夫人」的點心。

隨著這些畫面的展開，電影漸入佳境。

應元次郎之邀來聽個人演唱會的瑪麗小姐為元次郎獻上花束。團鬼六[7]講述他的娼妓論。……之後是以蒙太奇手法剪輯的瑪麗小姐各種畫面。瑪麗小姐在港口看海。瑪麗小姐入夜後開始往工作處移動。瑪麗小姐在GM大樓。瑪麗小姐在瑟瑟北風中睡在公園的長椅上。瑪麗小姐雨天睡在大樓的樓梯間。瑪麗小姐和老紳士去賓館開房間。最後是旁白、劇終。

「記住這份感動。瑪麗小姐的心靈和肉體都明白毫無道理可言的昭和時代之真實歷史……瑪麗小姐的人生哲學，我始終無法接近……」

向清水確認後，瑪麗小姐在橫濱高島屋彈奏的並非〈君之代〉，這段情節應該只是石森史郎的創作。至於與瑪麗小姐相遇的男人、實際和瑪麗小姐打過交道的人，也沒有什麼相關照片，所以情節部分本來打算用模擬畫面帶過。但這不是最終完成的劇本，而是電影提案的摘要，故而也難以對此作出評價。如果真的完成了，會得到怎樣的迴響呢？但是假設是沒有意義的。在這世界上，最終沒有完成、永遠難見天日的電影，多如繁星啊。

6　ENLISTED MENS CLUB，日語全稱為「橫須賀海軍下士官兵集會所」，為一九三八年日軍設立的下級官兵俱樂部，提供各種服務。戰後為美軍使用，一九八三年歸還日本政府。

7　一九三一—二〇一一，本名為黑岩幸彥，日本SM官能小說巨匠。

《娼妓瑪麗（暫定）》不過是其中之一罷了。不過，藉由「戰爭的產物」瑪麗小姐來描述戰後史，這種風格不由得給我一種既視感。若不能擺脫舊有的形式，我心目中的電影就不可能降生。

2 豎立於眼前的高牆

攝影集《橫濱再現》（奧村泰宏、常盤刀洋子合著，平凡社出版，一九九六年）記錄了戰敗後的混亂時期人們在橫濱的生活樣貌。作者之一的常盤刀洋子是生於昭和五年的攝影師。這本攝影集中最早的照片攝於昭和二十九年，當時常盤二十四歲。她發表了不少照片，主題多為在充斥占領軍的城市裡生活的橫濱庶民，尤其是妓女。她在其著作《危險的毒花》（三笠書房，一九五七年）中說明了拍攝妓女的理由。

> 從那之後，沒過多久，我再次感覺到自己的潛意識中對占領軍的反感與憎恨揮之不去。伴隨著父親慘死的記憶，那股憎恨，在面對外國人時更是蠢蠢欲動。我拿起相機，去到附近的橫濱港，專門盯著美國人拍。彷彿透過鏡頭對準駐紮的美軍，就能夠一解我心頭之恨。這種情緒進一步奇怪地延伸，從那些趾高氣昂的駐軍，轉向了滿不在乎地向他們討好獻媚的女

人身上。

這些俗稱「洋伴」的女人在我的拍攝對象中占據了重要的位置。比起外國人，我的眼睛更加渴望抓住她們的真實存在。

森日出夫告訴我常盤也拍過瑪麗小姐。她試圖以鏡頭捕捉瑪麗小姐及當時那批妓女，是與她們同一世代的女性攝影家。這使我很感興趣，想見見她。於是在森的介紹之下，我立刻就見到了她。

這是抬眼望去一片藍天，但仍感覺寒冷的星期天下午。我來到關內站前的「certe」（原關內中心大樓）一樓咖啡店的露天座位上坐著等候。不一會兒，一位初顯老態的優雅女士出現了。她的眼鏡後面透著銳利的目光，這是我對常盤的第一印象。我剛作完自我介紹，她便開口說話了。

「（瑪麗小姐）我拍是拍過，但也沒拍出什麼名堂。攝影這件事，與被攝對象的關係最重要。總之我不會答應在你的電影裡接受採訪。」

我還沒提起電影呢，就被她一口回絕了。一瞬間，我腦袋一片空白，無法言語。接著，她甚至窮追不捨地逼問我拍攝瑪麗小姐電影的意義何在。

「你，叫中村是嗎？為什麼是瑪麗小姐？她已經是過去時代的人了，屬於我們的那個時代。像你這樣的年紀，你對她根本一無所知啊。」

「不，你聽我……」

「你還年輕，應該還有更多需要你關注的事情，不是嗎？如果你拍一些這個時代的故事，這樣的話我還願意幫幫你。』

像我這樣的年輕人根本描繪不出瑪麗小姐——這似乎就是常盤想說的。確實，我不能說自己真的理解戰後的混亂時期和生活在那個時代的人們。話雖如此，但……我想了想，事實是我無話可回。看來再多說什麼，也只是白費力氣。不過，儘管她不肯接受採訪，最後我還是提出了一個任性的要求。

「如果可能的話，請允許我在電影裡借用《橫濱再現》中反映戰後橫濱的照片。」

常盤毫不猶豫地回答我。

「這不可能。照片上的人物，我都承擔了拍攝的責任。你能對他們負起這個責嗎？你不能負責吧？前陣子，那個叫五大路子的，神奈川電視臺播放了那人的節目，然後就想擅自使用我拍攝的照片。所以我打電話過去質問電視臺，「你得到誰的允許了？誰來負這個責？」最後他們只得在使用我拍的照片時打上馬賽克。」

常盤笑著端起了咖啡。我也下意識地跟著啜了一口我杯中的咖啡。有點苦澀。雖然此事無關乎誰勝誰敗，但我好像被打了個落花流水。之後整整兩天，我把自己關在家裡，沒有下床。

不過這份莫名其妙的挫折感過不久後便化作熊熊的怒火。初次見面，為什麼要對我把話得那麼難聽？沒有體驗過那時代就不能描繪那時代，按照這樣的邏輯，當事人都過世之後，歷史豈非就此灰飛煙滅，只餘空殼？正因為我們這一代是沒有實際經歷過那段歷史的人，才應該去闡述、描繪因為我們這一代人而得以表述的歷史。重新思考之後，滿腔憤怒再次轉化為創作的能量。

我振作起來後，馬上去見下一個採訪對象。平岡正明，昭和十六（一九四一）年生於東京。是爵士樂評論家，也是對「全共鬥」[8]世代產生過巨大影響的作家。我翻閱了他的《野毛的》（解放出版社，一九九七年）一書，裡面有篇〈馬車道的瑪麗小姐〉。這篇文章原本是收錄在《橫濱野毛》（第二號，一九九二年六月）的隨筆。

> 我知道，從「雪子」那裡收到賀年卡的企業家和大商店老闆中，有人對那位被稱為港都瑪麗的老妓明顯充滿了厭惡。那種厭惡，絕非針對午後才出現在馬車道、傍晚時分即從吉田橋上消失，而且從不在馬車道拉客的那名街頭老妓本人，而是現實主義者對於一個妓女居然能擁有自己的傳說，對這一點所感受到的厭惡。（中略）
>
> 有一天，我的朋友對港都瑪麗不經意地問起：「你的衣服都送去哪裡乾洗？」她頓時閉口不言。讓人知道洗衣店在哪裡，也就意味讓人知道自己住哪裡。只要涉及自身的過去或真

8　指一九六八—一九六九年的全學共鬥會議。

實生活，這類話題她都會避免碰觸。是傳說造就了她。腳上的紅鞋，是從本居長世作曲的〈紅鞋少女〉所給人的特定印象而來。白髮、塗白的臉、白色衣裝，則是體現了「雪子」的形象。於是，穿著紅鞋、身著白衣裙、拿著一把陽傘在馬車道漫步的港都瑪麗，傳達出的是那種古老美好的渡輪時代，男人持手杖、女人撐陽傘，在美利堅碼頭迎接下船的乘客，再一同漫步前往新格蘭旅館參加舞會時的風情。正是傳遞出舊時風格的「最後的洋妾」此一形象，守護了她。

平岡與元次郎，都是野毛街頭表演前夜的活動「野毛街頭戲劇」（「野毛大道芝居」）的演員，聊起天來應該很快就能有共識。但依照慣例，還是請森日出夫幫忙居中介紹，而我則先打電話到平岡家裡。

一週以前，企劃書已經寄給平岡了，正想提這個話題，他就說了一句：「你那個我讀過了，我幫不上什麼。」

通話才數秒鐘，便遭到明確拒絕。

「能告訴我為什麼嗎？您覺得有什麼問題嗎？」

「你在企劃書裡寫著瑪麗小姐是這座城市的風景。我從前可是跟足立正生和松田政男合作過的。你聽過《簡稱：連續射殺魔》嗎？」

我當然聽過。這是一部實驗性很強的紀錄片，將死刑犯永山則夫的犯罪現場及其行動地點拍下來，只記錄他本人入獄前可能看過的風景。因為永山在坐牢，當然沒有出現在紀錄片裡。換言之，拍攝對象是不在場的。這部電影的概念在拍攝瑪麗小姐紀錄片的過程中，對我產生了頗深的影響。

從平岡的強硬語調中明顯感覺到他對我的排斥。我為了避免受到影響，儘量保持冷靜。

「聽過，是永山則夫吧。」

「原來你知道。那跟你說吧，你現在做的事，幾十年前我們就做過了。像你這樣的人，到底對紀錄片懂多少？龜井文夫戰時拍攝的那些東西，你不知道吧？」

「您是說《戰鬥的士兵》？還是《上海》？」

自從開始製作這部電影以來，我看遍了各式各樣能找到的紀錄片，邊看邊研究，也閱讀了大量相關書籍。與其說是興趣，不如說是強迫自己必須看。因此我覺得平岡問我什麼，我都能回答得出來。

「……看來你算是有做點功課。但是，我還是幫不上你什麼。也無意參與你的企劃。」

「為什麼？」

「無法贊同，僅此而已。」

話已至此，只能掛電話了。如果有明確理由，我倒還能心服，像現在這樣也太不講道理了。

不過，有了常盤這個前車之鑑，如此的拒斥也是預料之中。在事前採訪準備的時候，已有人警告過我。

「瑪麗小姐是聖域啊，是sanctuary。所以，千萬不要胡亂插手。」

接二連三受到惡劣的對待，無疑就是洗禮吧。對於自己觸碰了這個主題，我心中生起了些許後悔。初初拍攝時，根本沒想過這個題材竟會如此棘手。然而，事到如今，說什麼都是事後諸葛了。這時，「別瞧不起人，我不會認輸」的念頭，反而成了推著我往前走的原動力。

3 橫濱羅莎訴說的故事

那個時候，我還住在擁有日本第一座西式賽馬場的根岸森林公園附近，那是我的老家。一天，我從離家最近的車站京濱東北線根岸車站上車，再轉搭電車到調布站。此行是為了與《橫濱羅莎》的作者、劇作家杉山義法見面。

猶如相撲選手的體魄，好比惠比壽神般的笑容——這是我對杉山的第一印象。與常盤和平岡不同，他的態度明顯友好，我便放下心來了。不過從他的經歷來看，也不是可以等閒視之的人物。不僅是舞臺劇，他還曾執筆日本NHK大河劇《天與地》、《春之坡道》、《宮本武藏》等劇本，另外也寫了紀錄片《雕刻——棟方志功的世界》(一九七五年製作)、電影《極道戰爭武鬥派》(一九九一年上映)的劇本,絕對是業界的大前輩。我面露緊張之色,杉山先開了口。「你的事我聽說了。據說你在拍瑪麗小姐的紀錄片?」

開拍以來已經半年,在這期間,和瑪麗小姐有關的人,我都一個一個地聯絡過了,他一定是從誰那裡聽到了消息。

「前陣子,我為五大寫了新劇本《橫濱進行曲》(橫濱夢劇團成立公演),主題又是橫濱。不過,我跟橫濱其實並無太多交集,也無特別情感。所以,我覺得我的作品不能僅僅局限於橫濱,若劇情無法讓整個日本都能共鳴,也就失去了意義。」接著,他也談到包括《橫濱羅莎》在內,創作橫濱主題作品的意義。

「只是五大出生於橫濱,又在這裡成立劇團,所以題材就又寫了橫濱。」

這時,我突然想起《橫濱羅莎》傳單上杉山的一句話。

「這不是瑪麗小姐一個人的故事,而是那些戰後妓女們的故事。」

《橫濱羅莎》到底是什麼?我想詳細請教杉山,於是就和他商量訪談的事。之後便採訪了杉山。

「我出生在新潟縣的窮鄉僻壤。在鄉下,人們也會議論『伴伴』,但並不清楚是怎麼回事。然後,大約是昭和二十三年吧,溝口健二的電影《夜晚的女人》上映了,我家是開電影院的,記得當時座無虛席。」

鮮活的妓女形象出現在銀幕上。杉山當時十九歲，昭和二十六年來到東京念大學，第一件事就是去了有樂町鐵路橋一帶，因為想看真正的伴伴。

「果然一大群啊。個個都強悍無比。肩上掛著披肩，穿著短裙，英姿颯爽地走在街上。頭髮像是剛泡完澡似地，用領巾捲起來。她們拉住美軍，吆喝著『嗨，約翰』或『傻蛋』，完全不屈於下風。」

目睹眼前這一幕，杉山生起了一種感覺。

「戰敗之後，男人不管怎樣就是自覺已經輸了，因為失去了旗幟。他們一敗塗地時，女人卻在戰鬥。我覺得日本女人很了不起。」

他由此察覺了，女性與生俱來的強悍與男性存在著本質上的差異。

「男人戰敗，只要舉手投降就結束了。但女人的戰鬥卻非如此。無論何時，她們回到家裡總要煮飯、照顧小孩、侍奉公婆，是沒有結束可言的。從此意義來說，女人真是很了不起啊。」

我腦海中一下子浮現出瑪麗小姐的競爭對手三浦八重子。我想這正好印證了杉山所感受到的（女人的強悍），說得沒錯。杉山在撰寫劇本前進行取材，採訪過三浦。如此說來，《橫濱羅莎》的出發點，與其說是瑪麗小姐，不如說是杉山當年親眼目睹的、對伴伴女郎的記憶了。

「戰爭結束時，我正在上中學，清楚看到大人身上的各種改變。要說當時的印象，就是有這種人生選擇的人真是不少。不僅只限於橫濱，日本全國各地都有。生活在同一時代的人應該都抱有同樣感受。」

杉山的視野裡果然不只是瑪麗小姐，而是想將自己經歷的時代在如今的時空中描述出來。對杉山來說，他是為了要為戰後作結論，才創造了這個舞臺。

「如今，瑪麗小姐還以那樣的形象站在橫濱街頭，這件事本身就是一種強烈的現代諷刺。拍成電影的話，光是她走在街頭的畫面就夠震撼了。因此我想寫一部呈現出我個人視角的女性戰後史。」

以瑪麗小姐為切入點、也融入生活在同一時代的女性們，進而創造出來的《橫濱羅莎》，大概是以最大公約數為目標的作品。正因如此，它得到了很多人的共鳴與支持。若以瑪麗小姐個人的另類人生為主題，恐怕無法引起所有人的共鳴。相反的，《橫濱瑪麗》的定位應該以最小公倍數為目標。以瑪麗小姐為焦點，藉由探究其細節，從而鏤刻出她所生活的時代和歷史，以及日本這個社會與其心理結構。這才是我的目標。當初看《橫濱羅莎》時所感受的莫名違和感，我終於清楚是什麼了。兩種取向都有其道理，正因如此，我這一代人並非那個時代的當事人，我要抓住只有我這一代才能講述的部分。而這些，應該就是我對常盤刀洋子和平岡正明的回應。

再說回《橫濱羅莎》，其實瑪麗小姐還有另一件事特別引起杉山關注，那就是她每年必去皇居做一般參賀。

「五大聽了問我，『咦，為什麼？』按照我們在戰後的認知來看，會覺得，『那些人被戰爭害成那樣，為何還去皇居？』但是在我看來，她出生於大正時代，受的是所謂皇國史觀的教育。所以前往皇居賀年，一點都不奇怪。」

杉山推論道，參賀一事，是解釋瑪麗小姐心態的關鍵。

「瑪麗小姐從事那種職業，既沒有低收入保障，也沒有居民身分，過著浮萍一樣的日子。所以我認為在她心中，昭和天皇就像父親一樣。關於這點，我一直覺得很有意思啊。」

羅莎步履沉重地走到舞臺中央後側，朝向觀眾。

「昭和六十四年正月……天皇陛下駕崩，我，去了皇居前的廣場……雖是任人踐踏的時代，但那段名叫昭和的時代已落幕，我總覺得自己似乎也要隨之消亡，一想到此，心裡就非常不安。不由得想念起昭和八年死去的、嚴厲的父親，覺得彷彿能見到父親，所以去了皇居前……隨著人群前行，踩著腳下的砂石，不知不覺已站在記名處的帳篷裡。」

羅莎往前走了一步，深深一鞠躬，取了筆。

「我下意識地拿起筆，準備寫下自己真正的名字……」

羅莎拿著筆，貌似害怕地顫抖起來。「我……我寫不了……如果寫了我的真名，父親會罵我的……我怎樣也不能寫下……

（杉山義法，《橫濱羅莎》劇本）

像父親般存在的昭和天皇。隨著昭和時代的終結，羅莎感覺到自己也頓失存在的理由，並深陷於那樣的虛無感中。我的腦海裡突然閃過，或許瑪麗小姐也有過同樣的想法吧。在我採訪結束以後，杉山說出了接下來的構想。

「實際上，我正在考慮進行《橫濱羅莎2》。」

「什麼時候上演？」

「雖然是獨角戲，但還是花很多錢呢。」

「是呢。」

「我手上有一段大綱。中村，你想不想試試把它拍成影片？」

杉山開始講述這個故事。這一段似乎還沒寫進他的文章裡，我手邊只有當時談話的紀錄草稿。

羅莎還在橫濱街上徘徊。依舊是一身雪白的洋裝，依舊是猶如歌舞伎演員的雪白臉龐。但是，羅莎日漸老去，是無法逃避的現實。就在此時，她認識了一個上了年紀的男人。從外表穿著上看，像是流浪漢。起初，羅莎並不怎麼理會他，但那男人在言談中流露出的智慧，令羅莎逐漸對他產生好感。他們彼此不談自己的身世，兩人都清楚彼此不願對方問及自己的過往。他們一起度過的時間愈來愈長。這是黃昏之戀，也許也是最後的戀情。一天晚上，為了見那個男人，羅莎往約定的地點走去。偏偏這天下起了雨。霓虹燈光倒映在路上的水窪裡，熠熠生輝。在城市的喧囂聲中，彷彿傳來暴走族摩托車刺耳的鳴笛聲，由遠而近。隨著愈來愈接近兩人的約定之地，那聲音也愈發巨大。幾十輛摩托車照射出耀眼的燈光。在它們中央，是那個老男人，渾身是血，倒臥在地。那便是羅莎最後的情人悲慘的模樣。羅莎擠進了摩托車的燈光，將老男人摟在懷裡，不住地哭喊著。雨水猶如呼應著羅莎的慟哭，愈下愈大。羅莎的淚和雨，洗去了她臉上猶如歌舞伎演員般的妝容，露出了素顏。暴走族們騎著摩托車，圍著兩人繞行。此時，〈戀人啊〉（作詞、作曲、歌唱：五輪真弓）的歌聲響起。在摩托車隊耀眼的車燈和刺耳鳴笛聲的包圍下，兩個人淡淡的戀情隨之結束。

昭和五十八年，橫濱發生了「流浪漢連續襲擊事件」。當時各家媒體皆大幅報導，原來，杉山的構思就是以延伸出社會問題的這起事件作為基礎。

杉山笑著問我，「如何，有趣吧？」他心中對瑪麗小姐並沒有特別的執念或過當的評價，只是想以瑪麗小姐為主題，思考如何在現實世界中處理。我雖然並未被《橫濱羅莎2》所打動，但我十分認可杉山話語中傳達出的，創作者的自信。

「如果你要拍瑪麗小姐的紀錄片，應該跟五大打個招呼。」

杉山冷不防的一句話，讓我一驚。其實，我一直想著有天要問候她，可總是有心無力，一拖再拖。五大對瑪麗小姐有何看法，我已從媒體報導上有了大致的理解。正因如此，她會如何看待我正在拍攝的紀錄片呢？我很擔心。

「……確實是想見她一面。」

「那我現在打電話給她。」

不妙，我在心中嘟噥。但一切為時已晚。

「五大啊，你聽我說。現在有個年輕人正在拍瑪麗小姐的紀錄片。他在我這裡採訪。他說很想見你。」

我就那樣低著頭，聽著杉山的聲音，中間甚至儘量不被察覺地嘆了口氣。「那我現在把電話轉給中村。」杉山把話筒遞給了我。

我前言不對後語地和她說話，連說了什麼自己都不記得，總之是做了番自我介紹。

結束杉山的採訪後，返回橫濱途中，我在便利商店把企劃書傳真給她。過了幾分鐘，我的手機響了。

「中村先生嗎？我是五大路子。傳真收到了，謝謝！」

「不，不敢當。」

「我讀了你的企劃，很感動。有任何我可以協助之處，你儘管說。」

她的反應出乎我的意料，讓我不知所措。五大在電話裡繼續訴說她心中的「瑪麗小姐」。我隔著電話聽她說，安心的情緒之外，還有欣喜。真的是十分欣喜。當然，我從來沒有奢望我請求協助的每個人都會同意，但，就在切身感受到拍攝這部電影是如此艱難之際，五大的聲音真是如雷震耳。我眼眶一熱：「這部片子我一定能夠拍下去。」

五大先是讓我拍了《橫濱羅莎》的舞臺演出，之後還在後臺接受我的採訪。

「遇見瑪麗小姐，是在橫濱開港紀念的遊行祭典上。山下公園前，有銀杏行道樹的地方，我看到一個拿著大件行李的女人。她臉塗白妝，彎腰駝背，凝視前方，站在那裡。我被她的存在和凜冽的目光吸引住了。那目光好像在向問我：『你是怎麼看待我？你覺得我是怎麼活過來的？請回答我！』那目光像是揪住了我的領子，讓我不得不思索。我問了身旁的一位路人，對方告訴我：『那是瑪麗小姐，她可是橫濱的重要資產呢。』於是，我開始思考這到底代表什麼。」

「所以，起初是從一個模糊的概念開始的？並不是針對瑪麗小姐的某個細節特別感興趣？」

「不是。是她的目光。我感覺她好像在向我追問，『請你回答！』」

一九九一年在港祭的邂逅後，五大大量查閱了與瑪麗小姐有關的書籍、雜誌或八卦傳聞，並拜訪了相關的人。漸漸地，她有了一個想法。

「有了，我當時萌生這樣的念頭：用我自己的身體來講述、演繹我的體悟。」

五大查閱收集的資料日益增多。她將這些資料傳真給她密切來往的杉山義法。其實杉山並未保證將它寫成劇本，起初，只是五大執著的一廂情願。

「看了資料後，杉山老師心中也逐漸有了具體的構想，他將自己經歷的戰爭期間和戰後的時代背景也融入其中，決定動筆寫劇本。」

我直截了當地向五大拋出了魯莽的問題：既然如此執著於瑪麗小姐，為什麼劇中最後是用了羅莎這個名字？

「與杉山老師討論後，覺得這部劇本寫的不是瑪麗小姐一個人的人生，在她身後還有幾十萬個瑪麗小姐。這不是某個特定個人的歷史，羅莎，是擁有同樣境遇的女性總稱，所以試著以戰後史的形式，來描述她們的情感與生存樣貌。」

所以，羅莎是以瑪麗小姐為基礎創作出來的，有關妓女們的虛構故事。無疑的，這倒也不失為一種作法。那麼，羅莎的名字又是因何而誕生？更簡單一點的話，將瑪麗小姐稍作變形，例如梅麗，不也可以嗎？

「給杉山老師的傳真上面，我都會畫上玫瑰，然後署名來自羅莎（rose）。於是杉山老師就把主角命名為羅莎了。」

五大反覆強調，「我並不是想講述瑪麗小姐的個人史。瑪麗小姐前後左右都有很多境遇相似的人。我想要表達的「橫濱羅莎」身上匯聚了她們的全部情感。

五大這樣的真誠想法，正是讓她至今仍持續演出這部戲的動力。

事實上，從一九九六年首演至今，這部戲仍持續公演。如今保持每年公演五次的頻率，大約有近一千七百人次觀賞。

五大說，隨著反覆公演，收到大量來自觀眾的迴響，數量多得讓她吃驚。在諸多來信和傳真中，我請她讓我看了其中一件。

我現在在「泡泡浴樂園」打工。下班回家的路上，常在便利商店見到瑪麗小姐。深夜裡的便利商店非常明亮，近距離看著瑪麗小姐的臉，真的會有點抗拒。我無法知道在她臉上、手上深刻的皺紋裡藏著什麼樣的思緒。然而，當時我總想著，「白天和晚上若能分成不同的臉龐，該有多好。」還有，都到了那樣的年齡，她的聲音為什麼會如此高亢，如今回想起來，仍覺得不可思議。昭和天皇逝世時，她無法寫下自己真名的心情，我真的非常能夠理解。

我也和她一樣，面對即使已不在世的父母，仍抱有深深的歉疚。在父母親面前，無論過了多少年，哪怕是陰陽兩隔，我都還是父母的女兒。

泡泡浴小姐的告白深深打動了我，令我不僅關注從前的妓女，對現在的性工作者也產生了好奇。我的採訪中無數次出現這種脫離軌道或繞路遠行的過程，因而耗費的時間也就成倍增加。儘管我清楚這意味著什麼，但我無法停下。我任由好奇心的驅使一路走，不顧後果地向前邁去。

4　檯面之下的黃金町

京濱急行線日之出町與黃金町站之間，綿延著一條五百公尺左右的街道，是以「銷魂一刻」之名為人所知的風化區。大街上，妓女們公然上前，拉扯行色匆匆的男人們的衣袖。

隨著時代的變遷，如今很少看見日本阻街女郎的身影，反倒是來自中國、臺灣、東南亞、南美的女孩充斥街頭。

我不是第一次來，已多次涉足於此，目的是尋找現代的瑪麗小姐，採訪現今在橫濱賣春的女性。被稱為街娼的瑪麗和「銷魂一刻」風化區的女孩，雖然面對的狀況不同，但應該仍有某些共通點。

我在此處遇到了這樣的一個女孩，名叫張媛媛，但不知道這是否為真名。我喜歡她的妝容不那麼濃妝豔抹。與身為客人的我混熟以後，她告訴了我她的身世。媛媛的父母是戰爭孤兒，她六歲時跟著父母來到日本。看來在日本她接受了義務教育，因此說起日語全無口音。

「我爸媽已經不在日本了。」

「為什麼？不是好不容易才回來的？」

「說是過不慣日本的日子，回中國了。」

「媛媛怎麼不一起回去？」

「但我是在日本長大的，比起回中國，還是更習慣這裡。」

媛媛說，現在父母在中國的黑龍江生活，她一年也能回去幾次。她來到黃金町，也是因為奇妙的機緣。原本她是在東京的交友俱樂部打工，但賺不到多少錢。這時，她在店裡認識了一個和自己同為戰爭孤兒後代的朋友。兩人意氣相投，決定住在一起，又在她的邀約下，來到橫濱這座城市。媛媛說，父母對自己從事什麼行業完全不知情，她自己也還沒想好要做多久。她和我在一起時總是聊些不著邊際的話題，以此打發時間。

「你喜歡聽什麼音樂啊？」

「張學友。」說出香港當紅明星的名字，媛媛很開心地笑了。

無論外表和容貌，都跟日本的同齡女孩毫無二致，但她的心中卻有兩個祖國，無所適從。不過像媛媛一樣的女孩是少數特例。在黃金町這個地區，大多是為了遠赴日本討生活，在本國背負了高額債務、借錢赴日的女性。

「銷魂一刻」的規矩是，使用者一天向房東支付一筆固定的開房費。因此接的客人愈多，自己賺的錢也愈多。房間按雙班制輪流使用。分為從早晨到傍晚（應該說中午），和從傍晚到深夜兩個梯次的女性。

一天，我一邊跟熟識的女孩們打招呼，一邊在街上徘迴。突然，河邊一家店貼的告示躍入了我的眼簾，寫著「本店有日本女孩」。這條街上很難找到日本妓女。所以才以此為賣點，貼出告

八〇年代前葉位於黃金町的「銷魂一刻」。（一九八〇年代前半）。當時這裡有很多日本妓女（上下）（森日出夫攝影）

示宣傳吧。我朝店裡瞄了一眼，看到一個穿著昔日流行過的緊身短洋裝的女人坐在吧檯邊。我毫不遲疑地跟她打了聲招呼。

「你是日本人？」

「是。要進來玩嗎？」

「在這一帶，日本人真少見啊。」

「我聽客人說，連我在內，好像有兩三個吧。」

她的名字叫舞，當然是花名。年齡是二十七歲。以前她曾在橫濱曙町的色情按摩店工作過，最近轉行來到這裡。

「按摩店可不來真的，口交或打手槍就可以辦事了。不過每次事後都要沖澡，一天下來洗得身體都皺巴巴，難受極了。到了冬天，皮膚又變得乾燥，而且服務還得按照一套固定程序來，麻煩死了。在這裡不用淋浴，只要插入就完事，既不用花那麼多時間，又有效率。」

實際上，比起按摩店，在「銷魂一刻」似乎賺得更多。實際工作只有半天左右，收入卻有將近按摩店的三倍。舞也有固定找她的熟客，平常大約做七 八個人的生意，到了週末，能接到近十個客人。

儘管電影製作費不足，赤字不斷增加，我還是給自己找到理由——「這也是採訪的一環」——來到舞的店裡。因為年齡相近，沒花多久時間彼此就算滿熟了。於是，我決定試探問問。

「你願意接受我的採訪、拍攝嗎？」

我和她談起我在拍的電影，她好像對瑪麗小姐很感興趣。

「啊，真有趣。如果不嫌棄的話，我願意喔。」

出乎我的意料，她很痛快地答應我。舞從沒見過瑪麗小姐。雖然她們兩人沒有直接的關係，但我還是想拍攝關於在橫濱這座城市，而且是在黃金町「銷魂一刻」風化街工作的日本女性的故事。

拍攝地點就定在舞的工作房間。也就是說，在「銷魂一刻」風化街上。進到裡面，粉紅色的螢光燈照亮了沒有窗戶的小房間。看到只穿著一件細肩帶背心的她，我的心跳怦然加速。這正是我喜歡的那種情調……我佯裝冷靜，首先問她開始這一行的契機。

「為了錢啊。欠了五、六個月的房租……當時交往的男友正在自己做生意，碰到泡沫經濟崩盤，錢一下子全部沒了。為了幫他，我就跳了進來。」

「一開始就在黃金町？」

「沒有。一開始是『到府色情』，聽過嗎？類似『性保健到府服務』，在老家（福岡）。後來又去色情按摩店、泡泡浴樂園，然後才是現在黃金町的工作。」

「不打算做別的工作嗎？」

「如果不知道這個地方，也許我還在按摩店之類的打拚。不過現在這裡是最好的了。」

「不，我是說，不是色情類的工作……」

「三個月前我還有做普通的工作喔，白天去上班，晚上一邊兼做我的性服務工作，有點像打工的感覺。」

「最初對這份工作有抗拒感嗎？畢竟是跟完全不認識的男人呢。」

「習慣了。現在已經習慣了，完全沒有抗拒感喔。」

「來的都是什麼樣的客人呢？」

「甚至也有七十多歲的老爺爺喔，總之什麼人都有。上了年紀，精液不是白色的，是透明的喔（笑）。」

「但是現在和按摩店不一樣，完全是你一個人在做，你不怕危險嗎？」

「有是有，嗯。不過街上有像保鏢的人，就是在維護這條街的安全。只要打電話給他就會過來幫我。剩下的，還是要靠自己判斷。如果是危險的人……接到客人時，這裡的暗號是『請客上樓』（お客様をあげる）。如果是看起來危險的人，就千萬『不請』。嗯。」

不誇張，這可是拿命來拚的職業。所謂保鏢也並不是時常在店裡駐守，接客時若發生什麼意外，完全不是稀奇的事。

另外，身為妓女，舞完全不在乎社會上的負面評價。話雖如此，也並不是因為她有什麼深刻的想法。有人買，就有人賣。如此而已。

「我沒對父母說過。沒這個必要。」但她並沒有罪惡感，所以也無意刻意隱瞞。她說得如此明快，我一時不知能回應她什麼。突然之間，一個疑問湧上心頭，我問，那你打算做到什麼時候？

「最少兩、三年吧……如果繼續做的話。」

「所以你覺得這個工作並非長久之計？」

「不，要長久下去也可以的。我認識的人裡面，有一個七十多歲了，就在這裡喔，現在還在做呢。所以，要做是可以長久做下去的，嗯。不過我有考慮結婚生子。如果是用自己的身體做這份工作，想再做個兩、三年就好。」

「你不想做到七十歲嗎？」

「如果可以的話，當然想做。不過我想十年就是極限了。考慮到身體的問題。（為了防止下半身的發炎）我一直在服用抗生素，如果這樣久了，是沒辦法懷孕的。」

最後，我試著把話題拉回到瑪麗小姐身上，想知道如今的妓女是怎麼想她的。

「那樣的年紀還能接到客，真是太厲害了。而且，不是像我們這樣（有房間）（等待即可）。真了不起。談不上什麼尊敬，但就覺得真是太了不起了。」

採訪過三年之後，舞離開了黃金町。據說她和當時交往的男友回到福岡老家結婚。說到做到，毫不猶豫，漂亮地隱退。

後來，二〇〇五年一月十一日，在神奈川縣警方的行動下，黃金町的「銷魂一刻」風化街土崩瓦解。

「色情店　最後一盞燈熄滅」

從十一日起，針對半公開地夾道開設於黃金町周邊（橫濱市中區）之色情店家，警方的淨化作戰計畫正式展開。（……）據縣警透露，黃金町周邊的歡樂街上約有兩百六十家「特殊餐飲店」。除了成為暴力團體等犯罪組織滋生的溫床，也導致實體治安加劇惡化。去年十一月，警察廳長漆間嚴來此視察，同行的縣警本部長伊藤在十二月一日的記者會上表示：「此乃即將迎來開港一百五十年的國際都市之恥」，彰顯出堅決整頓的強硬態度。此整頓行動命名為「BYE BYE（賣春、買春BYE BYE）作戰」（「バイバイ作戦」）。

（《神奈川新聞》，二〇〇五年一月十二日）

「淨化作戰成果驗收」

松澤成文知事於十九日晚視察了橫濱市中區的黃金町周邊地區，確認縣警掃蕩特殊餐飲店「BYE BYE作戰」的成效。去年四月也視察過該區的松澤知事表示，「對於街區再造計畫所取得的具體進展，深為感動。今後，縣政府將與當地居民和警察合作，繼續支持大岡川的街區再造計畫」。

（《神奈川新聞》，二〇〇六年四月二十日）

神奈川縣警方認真落實「即使動用所有相關法令，也要徹底、持續取締」、「拿出縣警威信戰鬥到底，直到風化街最後一盞燈熄滅，直到街區得到重生」等指示要求，全力摧毀了黃金町的「銷魂一刻」風化街。妓女消失之後的街區，淪為一座鬼城。當年終戰後不久，在若葉町建造美軍的機場時，被迫搬遷的居民們來到此地作為臨時住所，為了餬口而開了餐飲店，就在這座高架橋下。那樣的開始和結束，都是當時的權力意志在強力運作。一想到此處，無能為力的抑鬱之感愈發強烈，滋味難以形容。

第五章

港都的瑪麗小姐・橫濱　橫須賀

1 與「戰後」交媾的女人們

帶著濕氣的暖風和刺耳的夏蟬鳴聲中，我們迎來了開拍後的第二個夏天。為了整理截至目前為止在拍攝過程中得知的種種，我按照不同時期的順序，分段追蹤瑪麗小姐的足跡。

人們確切目擊瑪麗小姐的蹤跡，是從橫須賀時期開始。在此之前，她的行蹤有各式各樣的傳聞。舉例來說，有一種說法是，「她在神戶的慰安機構工作時，愛上一個美軍軍官。後來軍官調到東京工作，她也追來東京。可是不久後，軍官接到回國的命令，被獨自留下的瑪麗小姐，因失意而去了橫須賀。」

但是在神戶、東京幾乎沒有任何與瑪麗小姐相關的資訊。於是我決定把擁有確切目擊者情報的橫須賀作為起點。

曾是舊日本海軍軍港的橫須賀，在戰敗之後的一九四五年九月二日被美國海軍接收，成了韓戰、越戰的前線基地。據說當時橫須賀的繁華街道是「老虎板通」，約三百公尺的街道兩側淨是酒吧、陪酒酒館、紀念品店，裡頭的美軍多到滿出來。店門前掛著「大寫A」的牌子是美軍可以入店的標誌，如果沒有向由橫須賀市長、警察署長、工商會議所會長組成的「A級店鋪推薦委員會」提出申請，並接受橫須賀市衛生部和美國海軍醫院負責人的審查，就無法得到牌照。一九六〇年（昭和三十五年），橫須賀擁有A執照的店多達兩百三十家。

「買一個戴有認證徽章的女人」

首先，我們來看看這間A級酒吧。推開沉重的門扉，進入酒吧「N」後，一眼看到的，是並排坐在包廂裡的美軍，與他們身邊糾纏環抱的女人。有人在這邊的角落裡互相擁抱著深吻，而那邊包廂的藍色燈光下，一個高大男人將毛茸茸的手伸進女人的裙底。「討厭，no more touch」女人用破碎的美式英語叫嚷著，可誰也沒把頭扭開。夜夜都是如此，而最重要的，也許還是今晚的交易。雖說氣氛腥羶，但在這裡，也只能點到為止。在這裡，不過是男女的前戲，到了十一點半以後，他們再去哪裡、又做些什麼，就完全是他與她之間自由意志下的「自由戀愛」了。

（《週刊漫畫Sunday》，一九六〇年四月十一日號）

我採訪了曾在這裡向美軍提供服務的陪酒女侍木元淑子，向她瞭解當時橫須賀的樣貌。

「也許你也知道，昭和二十六到三十七年那段時間，是橫須賀景氣最好的時候。連航空母艦都接二連三地開進港口，老虎板通簡直被海軍的白帽子淹沒，擠得日本人在街上寸步難行。」

「當時你做什麼樣的工作？」

「我可不是什麼阻街的，我做的是陪酒。總之是服務外國人的酒吧，當時的計酬方式是『飲料制』。」

所謂「飲料制」，就是依照賣給美軍的酒水數量來決定收入高低。與「大寫A」的牌照一樣，陪酒女郎也必須拿著登記住所、姓名、出生年月日、貼有照片的名簿，去到以下四個地方註冊，分別是美軍、橫須賀市立性病診療所、A級認證店鋪所組織的協會「交際沙龍協會」，以及其所屬店鋪，登記完成後才能開工。與此同時，也規定從業者有義務每隔十天接受一次血液、糞便、X光、性病檢查，管理相當嚴格。

「有些店甚至嚴格到會提醒：『南西（木元的花名），你還沒有接受檢查，不能做酒水服務。』」

「陪酒女郎有多少？」

「少說有幾百個人吧。」

「陪酒女郎之間也有類似小團體或幫派嗎？」

「團體間總有派系，我們也是一樣。不過，瑪麗小姐是個例外。她不喜歡被某個店家束縛，是真正的街娼，自由來去。艦隊進港時，她中午就來拉客。她總是打扮得很講究，就像十七世紀的路易幾世那種模樣，頭戴漂亮的帽子，手戴著蕾絲手套，撐著一把長柄陽傘，夢幻輕飄，頗有復古風格。她還喜歡以唱片行啦、漂亮櫥窗作為背景，費盡心思讓自己看起來更耀眼漂亮。」

「當時就已經開始叫她瑪麗小姐？」

「沒有，都叫她皇后陛下。但總之，她是個寡言的人。當時，她正值最有魅力的年紀，是最漂亮的時候。和後來在橫濱時不同，儘管都塗了白粉，但那時皮膚還是很美的。」

「當時美軍很多嗎？」

「那陣勢真是不得了。我們都稱為Three Section，就是三班制，艦隊一進港，非常壯觀。即使是這個世紀，也再遇不到那樣的時代了。當時的日本很窮，（固定匯率下的）一美元能換三百六十日元。儘管貞操觀念還很傳統，還是有人為了賺錢而來。」

「你怎麼看待瑪麗小姐？」

「那個人（瑪麗小姐）是跟人睡覺的，只能靠睡論輸贏。我們不一樣。假設美軍跟我們說：『May I spend time you?』（可以跟你一起嗎？）我們就會對他說著『ＯＫ、ＯＫ』，然後設法拚命灌他酒。等他喝得差不多了，就把他朝門外一推，哄他『在唱片行那邊等』，就這樣騙他們消費。騙人哄人，就是我們做生意的方式。」

「那之後，沒有被找麻煩嗎？」

「被騙的男人還真不少呢。他們跑到店門口問：『Where is Nancy?』（南西在哪裡？）店裡的人就說：『剛經過的那個不就是嗎？』其實還真的是我。但那些男人卻說：『不對，不是那個醜女。』因為我卸了妝、拿掉假髮，誰都認不出是我。不騙他們就賺不了錢。那樣的時代再也不會重來了。」

這樣的女人，光在橫須賀就有兩千人。據說其中三分之一以賣淫維生。標準行情價是一晚兩千到五千日元，高竿的女人甚至能賺到一萬日元。（中略）交際沙龍協會的副會長對外談話時，板著臉解釋道，自身發言並未經過理事會認可，然後，「不過我們這行肩負全市收入的三分之一，我認為市政府和工商會議所都應該對我們更加傾力支持。」他希望的是何種支持，不得而知，但是在A級店工作的兩千名女性是橫須賀的重要產業支柱，這是不爭的事實。某位商人表示，「在橫須賀，要說每戶人家之中必有一人與風化產業有關，此話並不為過。這裡從前就是海軍基地，這座城市少了軍隊消費就活不下去。」

（同前揭書）

曾在老虎板通經營酒吧「田納西」的藤原晃，一九二九年出生於橫須賀，一九五〇年登上美國海軍的掃雷艦，參加韓戰。後來他回到橫須賀，開了「田納西」。一九九一年，他根據自己的親身經歷出版了《橫須賀老虎板通物語》（現代書館）。這本書的內容不同於將客人玩弄於股掌之間的南西（木元），寫的是美軍和日本女人的羅曼史，及其過程始末。如果瑪麗小姐漂洋過海到美國，恐怕也會是這樣的結局吧。

「我家有三間汽車旅館、有牧場，景色也很美。我一定會讓你幸福的，跟我走吧。」如果信了這話，真的跟著去了，就會發現所謂的汽車旅館是勉強僅能容納兩人的破舊小屋，所謂的牧場雜草叢生。別說牛和馬了，連熊和野豬都會出沒。據說，這樣的土地，一罐果汁的價格就能買到一坪。雖然對方並沒有說謊，但是和主觀想像還是差距太大，遂每天以淚洗面。有些女人實在無法忍受，就回到了日本。從那些美軍的立場來看，許多人是因為遠離故鄉、寂寞難耐，才帶著當時交往的日本姑娘返回美國，待一切冷靜後才意識到，在家鄉，自己身邊有更多可愛漂亮的美國女孩。如此一來，不免陷入鬱悶煩躁，最後乾脆每晚在外閒逛不回家。

《橫須賀老虎板通物語》裡，也記載了橫須賀時期的瑪麗小姐。我直接去了藤原的酒吧，向他瞭解當時的情況。「天一黑，她就戴著奇怪的帽子，打扮成從前的皇后陛下那種樣子，站在街道的轉角處。無論跟她說什麼，她都不理你。未必每晚都在，但只要一出現，就默默地站在那裡。是當時很有名的人物呢。」

「你向她打過招呼嗎？」

「不，我沒有過。我覺得她很噁心。」

「從那時就是一身全白嗎？」

「是啊。打扮得像皇后陛下似的。搞得在本町（老虎板通附近）的酒吧裡，有店員一喝醉以後就跑到她旁邊下跪磕頭。她就是那麼有人氣。白天她絕不會出現在街上，天黑以後，八、九點左右吧，她就會出現，像妖怪似地站在那兒。」

「每次她都站在同一個地方嗎？」

「是啊，一週來兩三次，並非每天都在。那是三十多年前的事了，有些也記不太清楚。但像幽靈一樣站在街上確是事實。聽說她絕對不理（下級）士兵，專挑軍官。看來也好像真的釣到了。說什麼拉著她的手走在街上，但從來沒有人目睹啊。大概是讓她在哪裡等吧。真的是相當奇怪，沒人見過他們走在一起，也沒人知道她家在哪裡。」

「你是說，有時發現她就站在那兒，再過一會兒又發現她不見了……？」

「對啊。有次店裡正忙得不可開交，偶然聽到客人聊起瑪麗小姐。結果有人說：「哎呀，我跟著她去了，一看她居然長著雞雞。嚇得我落荒而逃。」

「美軍說的？」

「是啊。大概是開玩笑吧。就這些了，據我所知……」

此後，「南西」木元淑子從橫須賀遷移至橫濱，理由是基地縮小，出手闊綽的美軍客源減少了。但據說橫濱還有美軍住宅，美國人也很多，於是她就來了橫濱。

「我動作算快，（昭和）三十七年過來的。越戰時，我就說：「橫須賀已經不行了，去橫濱吧。」算是比較早看透時局。瑪麗小姐也是因為經濟不景氣才去了橫濱吧。」

「從橫須賀搬到橫濱的人多嗎？」

「很多啊。過去是飲料制，後來大家都轉向『拉客制』酒吧，採『三三四』制。也就是收入店家拿三成、女孩拿三成、『派勒』拿四成。所謂『派勒』就是拉皮條的[1]。沒有『派勒』的話，就無法把客人弄進昏暗的店內，用天價酒水敲竹槓。我們的行話是『敲酒水』，也是矇騙客人的意思。」

在此的前一年，也就是一九六二（昭和三十七）年左右，瑪麗小姐也將「工作」據點轉移至橫濱。她的同行三浦八重子就在與朋友正要走進伊勢佐木町的松阪屋百貨時，遇見了瑪麗小姐。

「在百貨門口，看見從頭到腳一身白、只有頭髮是漆黑的她，背脊挺直、一動也不動地站在那裡，把我嚇了一跳。」

朋友悄悄地對三浦說，那就是以橫須賀為據點的伴伴「皇后陛下」。但三浦不以為意地從她身邊走過時，卻感覺到她的視線一直在後面盯著自己。

「我猛一回頭，發現她（瑪麗小姐）正看著我。也許因為我染金髮，讓她感覺異樣吧。我覺得她很奇怪，但我想她看我也有種『咦!?』的感覺。」

幾天以後，三浦在自己的拉客據點，亦即伊勢佐木町的根岸家前，再次遇見了從橫須賀輾轉而來的新夥伴瑪麗小姐。

「當時的根岸家周邊入夜之後非常繁華，二十四小時都燈火通明。我在人家門口阻街也算厚

1「派勒」是pyra的音譯，取其球桿之意，將拉皮條比喻為高爾夫的發球。

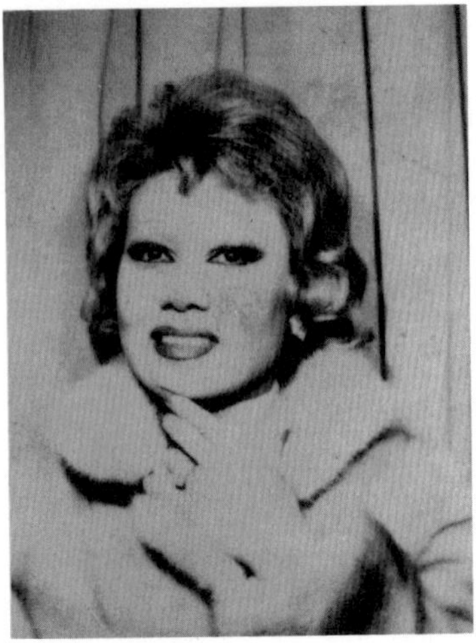

「現役」時期的三浦八重子（三浦八重子提供）

臉皮了。忽然，身旁傳來美妙的聲音說『晚安』，我轉身一看，『啊，這不是上次見到的皇后陛下嗎。』雖然依舊一身白洋裝，但沒戴帽子，這次的她染了金髮（笑）。然後她對我說：『你總是那麼漂亮啊。』」

瑪麗小姐只是默默凝視著三浦的造型。有次因為正在工作中，三浦對她說：「你能不能讓開一點啊，到那邊去。」把她攆走了。雖然據三浦所說，這只是一次短暫的接觸，不過，為何瑪麗小姐對三浦有興趣呢？

「事後想想，她那樣看著我，原來是在看我的妝容打扮。在那之前，她只是把臉塗白，眉毛畫得漆黑，如此而已。還有眼鏡。因為是皇后陛下嘛，所以那樣打扮。」

「所以，你變成瑪麗小姐化妝的參考對象了？」

「我覺得她是這麼看我的，她不就是盜用了我的造型嗎。」

但是，對三浦來說，這也造成了麻煩。因為外表的相似度太高，她好幾次被人錯認為瑪麗小姐。

「曾有人大老遠就舉手對著我喊：『瑪麗小姐！』我就知道，又搞錯了。果然，這人我從沒見過，於是我問他：『我們在哪裡見過嗎？』他說：『橫濱站西口啊。』我便對他說：『不好意思，那不是我。』那人大概三十多歲吧，年輕的小夥子。」

瑪麗小姐不只一人，好像有幾個分身。我曾從許多人那裡聽過這類故事。有關瑪麗小姐的都市傳說之一，也許便是由此開始。我還得到了一九六四（昭和三十九）年東京奧運開幕前有關瑪麗小姐的資訊。契機來自《神奈川新聞》的白鳥明美記者。

「欣賞大野一雄[2]的舞踏《我的母親》時，腦海中總浮現出瑪麗小姐。我無論如何都很想把這一點直接跟他本人說。」

白鳥帶著攝影集《PASS》，在大野演出結束後去見他。當她告訴大野觀看的感受之後，大野凝視著瑪麗小姐的照片，只是深深地點頭。

「很有意思。光是這一幕就像是一幅畫了。」聽了白鳥這番話，我馬上前往位於保土谷區上星川的大野一雄舞踏研究所。但得到的答覆是，大野幾年前生病，正在療養，尚無法接受採訪。然而我仍無法放棄。即使他不說話，只要看著瑪麗小姐的照片點點頭都好。為了拍下這個場景，我開始往返於研究所。當時出面見我的，是他的兒子，大野慶人。慶人一九三八（昭和十三）年出生，也是舞蹈家，實力與乃父比肩，有「一雄之動」、「慶人之靜」之說。一九五九年，慶人在

2　一九〇六—二〇一〇年，與土方巽都是暗黑舞踏開創者。演出時也常以雪白的妝容登臺。

年輕時的瑪麗小姐。雖然一直保持「現役」狀態，但在這條街上已是頗為醒目的存在。（森日夫攝影）

土方巽的《禁色》[3]中飾演少年角色。除了黑暗舞踏派的演出之外，也參加父親大野一雄的演出。

一天，排練結束之後，大野慶人像是要勸說糾纏不休的我似地開了一瓶紅酒。他抿著酒，向我吐露：「其實，我也對瑪麗小姐的一段故事難以忘懷。」我一聽這話，覺得很有意思，趁他微醺，央求他在我的電影裡露臉。拍攝取材時，若不實際行動就不知道會有什麼結果。當然，盲目行動是沒有意義的，但是，這次卻得到意想不到的收穫。之後，我就在舞踏研究所的排練場地採訪了他。

「那是東京奧運開幕前不久吧。我太太在絲綢中心經營藥妝店。那時，我正處於自己的舞蹈停滯不前的過渡期，於是就去店裡幫忙。在藥妝店工作時，我遇見了瑪麗小姐。」

「那一刻有什麼印象？」

「我們當時不叫她瑪麗小姐，而是叫她『閃亮小姐』。你看她臉塗得白白的，一身穿著又像是舞臺的戲服。一般人看她這身打扮也許覺得太奇異另類，不過在我眼中，她就是渾身散發閃耀光彩的『閃亮小姐』啊。」

當時，大野工作的藥妝店在大棧橋一帶也有分店。那時候，碼頭和棧橋都泊滿了外輪。於是，大野就目睹了瑪麗小姐浪漫的一幕。

「我總忘不了那一幕。輪船就要起航，人們從船上丟出彩色紙帶，〈驪歌〉旋律響起，船開動了。乘客與送行的人彼此揮手告別。一次，瑪麗小姐和一個看來並不那麼年輕的乘客（大概是她的戀人）跑著趕過來。再晚一步，船就要開了，我看見兩個人擁抱著吻別。」

「你是說，那男的要返回自己的國家了嗎？」

「是呢。真是讓人傷感的離別。完全就是電影場景啊。」

3　一九二八—一九八六年，日本著名舞踏藝術家。其舞臺作品《禁色》開創黑暗舞踏派先河。

返回故鄉的瑪麗小姐的戀人。還有一直等待著他的瑪麗小姐。也有證實其真實性的證言。未完成的紀錄片《娼妓瑪麗》拍攝過程中、導演清水節子聽到的瑪麗小姐心聲，如閃回一般出現在我的腦海中。

「結果她一直沒離開橫濱。因為瑪麗小姐忘不了自己心中最愛的人，那名軍官。不能忘記他、以為他總有一天會回來，抱著如此的心情，在橫濱待了幾十年……」

我也聽露娜美容院的湯田辰說過關於戒指的軼事。

「她說戒指不見了。就是她平時一直戴著的翡翠戒指，是那個人送的，非常珍愛的戒指。所以她跟我說，丟了戒指很是傷心。」

「是戀人給她的？」

「是的，看來是這樣。所以她都沒怎麼說話，只是朝椅子上一坐，說怎麼剪都好，最後說了句「Thank you.」就走了。我猜想她心裡一定非常難過。過了幾個月，又看見她戴上了戒指，我就問：『啊，戒指找到了？』她說：『是啊，找到了！』真好，看她高興成那樣。」

把好幾方面的證言結合起來，「瑪麗小姐等待著已回國的戀人」之說，有很高的可信度。當然，這些只不過都是間接證據而已……

前面提到的藤原晃著作《橫須賀老虎板通物語》也寫到，戰後有不少女性被當時交往的美軍帶回美國。那麼，瑪麗小姐未能隨他飄洋過海，卻一直堅持在日本等著他，這是為什麼呢？像三浦那樣為了家人才下海的妓女應是多數。但即使如此，也有豁出一切，與美軍相愛的妓女。

住在保土谷區岩井町的山田秀子（二十七歲）、和江（十九歲）、美子（十五歲）春夫君（十一歲）（均為化名）為四姐弟，十年前，從事建築包商的父母相繼離世，秀子一人負起養育三名弟妹的責任。戰後生活艱難，為了弟弟妹妹，秀子犧牲自己，淪為在夜晚上班的女人，才勉強養活手足。今年春天，她認識的一名美軍承諾娶她為妻，但對方不久後就返回美國。秀子變賣了父母留下的唯一財產——房子和所有家具，買了船票，於去年八月十二日搭上從橫濱出發的美國輪船，去美國追尋戀人。留下的弟妹三人無家可歸，每日三餐不濟，最後勉強找到一戶朋友家，寄人籬下。如今，和江成了舞女，開始負擔家計。保土谷民生安定所瞭解情況之後，正在商議如何援助這一家人。

（《讀賣新聞》神奈川版，一九五二年十一月十二日）

從輝煌的六〇年代進入七〇年代後，瑪麗小姐的故事出現了空白。雖然仍有目擊情報，但並沒有令人心動的材料可用於電影。

到了一九八〇年八月，三浦和瑪麗小姐的拉客據點、大眾酒場「根岸家」宣布倒閉。過去曾是常客的美軍和外國船員等，也從橫濱的風景中消失了，對於身為「伴伴」的瑪麗小姐來說，無

GM大樓一樓入口，護著行囊在小睡中。（森日出夫攝影）

疑是艱難時刻的開始。關門三個月後，根岸家於一九八〇年十一月被一場離奇的大火燒得精光。這場火災甚至殃及附近的十棟住宅。

瑪麗小姐之所以抱著行李遊蕩於街頭，似乎也和根岸家的結局有點關係。據化妝品店柳屋的老闆娘福長惠美子說，瑪麗小姐就住在根岸家附近。

「那時我們店裡還有顧客點數卡。點數集滿後可以享九五折。當時我請瑪麗小姐在卡片上填寫姓名地址，於是她便以漂亮的字跡寫下西岡（瑪麗小姐自稱西岡雪子）二字。那時，我就知道她住在根岸家的後面。後來根岸家失火，燒得一乾二淨。瑪麗小姐應該是覺得『倘若自己不在時發生火災，家當全燒了就糟了』，所以才開始隨身攜帶行囊走在街頭吧。」

瑪麗小姐並不是親口對福長這麼說。據福

長所言，是她和瑪麗小姐聊天時，彷彿聽出了這種意思。但明白無誤的事實是，瑪麗小姐開始隨身攜帶行李，是發生在根岸家那場大火之後。可是有一天，瑪麗小姐隨身帶著的重要行囊卻遭竊了。

「西岡喜歡在GM大樓的一樓入口處看著玻璃窗，特別喜歡看到映照在櫥窗玻璃上的自身容姿。她的確很漂亮。有一天，正當她在GM大樓櫥窗玻璃端詳自己時，她的茶色提包被人偷走了。她跑來我這裡，叫了我一聲『媽媽』，就哭起來。眼線已經因為淚水暈開，整張臉都哭黑了。」

其實她走楣運已有先兆。根岸家倒閉的兩年前，一九七八年十一月，伊勢佐木町因轉型而被改造為商店街，並建起行人專用步道。三浦八重子說：「車輛無法再通行，也無法在路邊拉客。因為如此，我們的生意走下坡，我就趁此徹底洗手不幹了。」三浦用自己的積蓄在親不孝街開了一家酒吧。「南西」木元淑子也一樣，那些與戰後交媾的女人們，靜靜地走下了自己的舞臺。但還是有人堅守在「舞臺」上——瑪麗小姐。她失去了拉客據點。別說美國人，連外國客人都沒有，她因此收入銳減。後來她連房租都付不起，失去了棲居的住所。最終，她如同戰後的亡靈，在街頭遊蕩。

在若葉町散步的瑪麗小姐。遠處是長者町的清正公路。（一九八〇年代）（森日出夫攝影）

一九八二（昭和五十七）年，石黑圭[4]的〈港都的瑪麗亞〉、DA CAPO[5]的〈橫濱瑪麗〉、根本美鶴代的〈黎明的瑪麗亞〉、淡谷典子的〈昨夜之男〉、一九八三（昭和五十八）年大衛平尾的〈人稱瑪麗安娜的女人〉等以瑪麗小姐為題材的歌曲不約而同地接連發表。或許，對於老邁的妓女瑪麗小姐，以及橫濱作為一個時代的結束，大家都想以自己的方式作個了結。而瑪麗小姐淪為八卦和都市傳說的對象，被人們以獵奇的目光廣為關注，也正是從那時開始。

《週刊POST》（一九八二年一月二十九日號）的報導（「你知道『港都的瑪麗亞』嗎？」）當中名字的寫法和今日還略有不同，但一看雜誌上刊登的照片，就知道那果然是瑪麗小姐。這篇文章是一篇紀實報導，內容是記者本人和瑪麗小姐共度一夜的觀察，給人的印象是，瑪麗小姐雖是年老的妓女，但在這行仍然活躍。

夜色籠罩橫濱，我在曙町找到了瑪麗亞小姐。「哎呀，你知道我啊……我好高興。」她化了厚厚濃妝的臉上，幾道皺紋瞬間顯現出一絲年輕活力，反射著街角忘記關掉的霓虹燈光芒。在賓館開了房間，她說：「我們可以一起玩喲。」嬌滴滴的做作聲音，讓人毛骨悚然，看來不是始於一朝一夕。「要看看我的身體嗎？」她脫衣時，矯揉造作的感覺消失了，倒有幾分可愛。她全身塗著白粉，解釋說：「上了年紀，皮膚很乾，只好塗上白粉……」小小的乳頭顫抖著。從前人稱「港都瑪麗亞」，但如今「橫濱皇后陛下」、「橫濱克麗奧佩托拉」等稱號更為橫濱人所熟知。在伊勢崎町一帶落腳之前，過去曾身為驕傲的電話應召女郎。（神奈川縣警的某警察表示）瑪麗亞「曾輾轉流連於橫濱和橫須賀兩地，專挑美軍軍官。過去三十六年來，曾被輔導二十三次。很少遭到逮捕，因為從不觸犯賣春防止法，也不碰毒品、不涉入詐欺犯罪」。據瞭解，她無子女，也無親人。「曾和日本人、美國人各結過一次婚，可

4 一九七七年在神奈川縣茅崎出道的歌手、女藝人。

5 一九七四年出道的歌唱組合。團名意為義大利語的「從頭開始」。

現在誰都……死時約莫也是孤身一人。」對於自己的身世，她說得不多，自己邊說邊點頭。眼睛在銀框眼鏡的後面露出笑意。

在床上向第一次見面的客人敘述的身世，想來是真偽難辨。但是這種生猛的採訪卻令我的興致低到不行。因為我一路以來的追尋，絕不是為了呈現醜聞下的老妓女。然而，對於週刊來說，瑪麗小姐無疑是再好不過的「材料」了。當時，還有其他關於她的報導如下。

我所摯愛的瑪麗小姐，有著無論中青年或十幾歲的妓女都絕對無法匹敵的「特技」。她那早已乾涸又老朽的不潔之處，已經容納不下男人。不過只要摘下全口假牙，軟硬適中的牙齦即能含住那個，再佐以舌尖妙不可言的刺激，便足以讓男人抵達神魂顛倒的恍惚境界。

（《zoom in》，一九八四年九月號）

揭露瑪麗小姐鮮為人知的「性」，確實是八卦雜誌特有的切入手法。我想起，清水節子對於有關瑪麗小姐的特長，也說過同樣內容。不過，這些東西和《週刊POST》一樣，對我的電影而言，都無關緊要。

差不多同一時期，在三重縣津市也出現了一位瑪麗小姐，人稱紅瑪麗小姐。我所感興趣的，終究還是指向這類的軼聞。

三重縣津市最知名的，當屬「瑪麗小姐」。她那一身行頭，從服裝、鞋子、手提包到頭髮、口紅、指甲油等，全身上下皆為紅色。這樣的一個人，每天在市中心的公車起站大廳坐著，不在這個人口十四萬有餘的地方城市裡，很難不引人注目。因為穿著整齊，表情惹人愛憐，不知從什麼時候開始，被市民稱為「瑪麗小姐」。不過，她家住哪裡、她的姓名皆無人知曉，年齡也因濃妝遮蓋而無法推斷。提到她在公車站大廳的舉止，看來就是一直在等待什麼人。從清晨第一班車發車到末班車到站為止，她的目光就是直視著上下車的乘客。從不見她開口，也不見她如廁、吃飯，就是每天寸步不離地坐在那裡，已有五、六年了。（……）當地廣播的深夜節目常有她的粉絲為她點歌：「我想點這首歌曲送給瑪麗小姐，祈願她等待的人早日現身。」

（《週刊文春》，一九八四年十二月八日號）

進入八〇年代以後，人稱「瑪麗小姐」的老婦傳聞，出現了多個版本。有在名古屋市昭和高中前出沒的，一身綠的瑪麗小姐；也有在愛知縣一宮市的尾張一宮站前出現，臉塗抹得雪白、身著豔麗禮服的瑪麗小姐。

關於瑪麗小姐的流言中，最有意思的一個說法是她一直等待著前往戰場的丈夫歸來。還有一個說法是她在等著和自己夭折的孩子長相相似的孩子走過，企圖把孩子帶回家。也有人說，她根本是有易裝癖、喜作女裝打扮的男人。戰後近五十年了，始終有一個人獨自佇立在大都會的街頭，這本身就是一個象徵性的姿態。她以「紅色老婆婆」的造型給了人深刻的印象，成為大都市的景觀中一道鮮明的風景。

（宮田登《邀你進入民俗學的世界》，筑摩書房，一九九六年）

這些「瑪麗小姐」與「橫濱瑪麗」的共同之處，就是在某個特定場所等待著誰，且穿著搭配成同一種顏色。以這兩點之間的關聯性來看，清水節子曾作出如此推論。

「瑪麗小姐始終穿得一身白，一定是為了讓戀人回來時一眼就能找到她。」

也許吧。不管年紀多麼衰老，如果穿著和當年相同的服裝，以此為標記，對方一定會認出自己。無論是白色、紅色或綠色，這種容貌和打扮，也許都與淡淡的哀傷戀情脫離不了關係。

在野毛街頭表演擔任統籌經理的大久保文香，是昭和十五年出生於本牧的道地橫濱人。從前她在「關愛關內會」工作，辦公室就位於馬車道的相生大樓，瑪麗小姐和她在這裡認識，是點頭之交的關係。

「聽說，在相生（餐廳）喝茶的客人裡曾有人抱怨：『我才不想跟有那種病的女人用同一個茶

瑪麗小姐專用的杯子。二〇一五年相生餐廳關門，經五大路子懇求店方交她收藏。（橫濱夢屋提供）

杯呢。』餐廳的工作人員很善良，買了瑪麗小姐專用的茶杯放在那裡。瑪麗小姐每次來，總是高聲說：『用我的杯子，來杯咖啡。』侍者便會回應道：『好的，好的。』為她端上咖啡。」

實際情況又是如何？我向相生餐廳的老闆井上圓三詢問了當時情況。他告訴我，「也有兩個瑪麗小姐自己帶來的杯子。」大久保則證實了，店裡的確為瑪麗小姐買過專用的杯子。杯子的品牌是以藝術裝飾風格聞名的「Noritake」（則武）。井上回憶起瑪麗小姐光顧的情景，向我說起一段小插曲。

「瑪麗小姐在自己生日那天帶來了一個裝飾講究的鮮奶油蛋糕。她把蛋糕分切成幾塊，自己拿了一塊後說：『餘下的請店裡的大家享用吧。』我猜她是想藉此和大家多少聯絡一下感情吧。」

從昭和來到平成，隨著時代變遷，瑪麗小姐的客人最後只剩日本人。儘管如此，聽說她對客人還是挑剔的。那是瑪麗小姐最後的自尊。

「橫濱的男人，若被瑪麗小姐搭訕，那可是一件非常光榮的事情啊。據說要具備幾個條件。

比如說戴眼鏡，這相當於聰明；胖胖的，這表示有錢；然後是膚色黝黑，這代表健康。如果沒有具備這三個條件，瑪麗小姐根本不會打招呼。」

大久保文香講述了一個即使並非瑪麗小姐的客人且同為女性的她都曾聽聞、在橫濱相當有名的故事。小說家團鬼六在九〇年代前期一直住在橫濱，每次去伊勢佐木町隔壁的福富町娛樂區喝酒時，瑪麗小姐一定會和他打招呼。團鬼六的容貌外表，確實符合大久保所說的瑪麗小姐挑人的三個條件。

「最初突然跟她打了個照面時，我真是嚇一跳啊，趕緊走開，結果她還是一直盯著我看。之後大約一週一次來福富町喝酒，常常都會看到她。（團鬼六一邊翻閱攝影集《ＰＡＳＳ》）就是這裡！這裡！」

「那是ＧＭ大樓。」

「她就站在這裡。也不再跟我打招呼了，只是呆呆地像影子一樣跟著我。我害怕到什麼都說不出來，她也什麼都沒說。就好像死亡般如影隨形，令人毛骨悚然。覺得她真像死神。伴伴啦，妓女啦，不是應該熱情地搭話嗎，像是『喂喂，帥哥！來嘛！』之類的。可是她一句話也沒有哦。只是像水一樣靜悄悄地跟上來，根本是幽靈啊。」

「團先生如何看待妓女呢？」

「有樂町有個阿時（曾參與過ＮＨＫ廣播節目《街頭錄音》的演出）曾做過幾年伴伴，後來突然消失了。原來是嫁給了一個上班族，人也變得正經起來。可是最後結果還是分手，又回來做老本行。這就是女人的悲哀啊。有種『啊，因為我以前做過妓女，社會就容不下我了嗎？』的味道。這就有點小說的感覺了。」

「你對瑪麗小姐有什麼想法？」

瑪麗小姐站在GM大樓入口處。這裡也是她的工作地點之一。（森日出夫攝影）

「算是一種懷舊感吧，即使現在也還是懷念她呢。像是在告訴我，『看你喝酒折騰醉生夢死的，你還打算再活多少年？別太折騰了，早點回家睡覺吧。』或者『跟我來吧，給你看看女人的醜陋。』總覺得感受到某種教訓，從瑪麗小姐那裡。」

瑪麗小姐常去的洗衣店白新舍老闆娘是山崎君子，她和丈夫山崎正直兩人一起住在福富町西公園附近的公寓，距離已歇業的店面大約走路幾分鐘的路程。收到君子的信以後，我登門拜訪，訪問了他們夫婦倆。

正直：「（瑪麗小姐來我們店裡）好像是昭和三十九年還是昭和四十年的時候。」

君子：「嗯，她真是個與眾不同的人。」

正直：「她進店裡，我也不會直接和她說到話，店員也是如此。西岡自顧自地一進門就喊『媽媽』，叫我妻子出來，給我的感覺是根本沒有要和我打招呼。」

君子：「店裡的工作人員也是啊，她完全不跟他們接觸。」

正直：「我從來沒有從她手裡收過一張有折痕的、看起來用過的鈔票。總是平整的新鈔。大概是在銀行現領、要在好幾間店付款用的。可能每間店她都是這樣付錢。我們店裡每天都要計算當日營收，數鈔票時，哪天她有來，我立刻就知道。因為只要瑪麗小姐來付過帳，收銀機抽屜裡一定有平整的新鈔。」

洗衣店「白新舍」。現為中華料理店「東方紅」，店內充斥著講中國話的客人。（山崎君子提供）

君子：「記得她一週來這裡一兩次（換衣服）。她當時應該已經居無定所。那段時間她一直是那樣的狀態。想想，那就讓她來我們這裡換衣服吧，我們有更衣室嘛，就提供給她使用。於是她就在我們店裡換了衣服，把換下來的衣服放在這裡洗，留下來的衣服愈積愈多。每次都給她洗衣單據，她手上也累積了不少。」

正直：「洗衣單據也是取件憑證。她手上有厚厚一疊吧。」

君子：「有好幾年份，她還自己照年代順序把它們裝訂起來。」

白新舍的規矩不是事先付款，而是取件時付款。既然瑪麗小姐手裡存著厚厚一疊單據，說明她積欠不少洗衣費。對洗衣店而言，瑪麗小姐顯然是個付費效率低落的主顧。累積的衣服在店內占據了空間，店裡甚至為瑪麗小姐專門設置了衣架區。另外，有時瑪麗小姐進入更衣室後，好幾個小時都不出來。

君子：「現在回想，她應該是在（更衣室內）坐著睡覺。偶爾她也在這裡縫補綻了線的衣服。她的衣服實在太舊了。有時針線穿不過，還請我幫她穿了幾次線。然後她就自己坐在那裡縫補。」

對瑪麗小姐來說，白新舍已然是心靈的避風港。據說老闆娘也曾為她臨時開門營業。

君子：「即使除夕也不能關門。這裡有西岡回老家時專門要穿的衣服。除夕那天，她會在這裡換好衣服，兩手拎著大包小包的土產回家鄉。過了三天，又回到橫濱，跟我說：『媽媽，禮物！』每次一定會買些家鄉特產來送我。」

還不僅如此。瑪麗小姐和君子年末與年初都特別忙碌。

君子：「接下來要去皇宮參賀，她也有一套專用服裝。所以了，我們家根本無法休息過新年。」

不過，某段時期，白新舍的正月從忙碌中解放了。原因是，以一身雪白裝束回家探親的瑪麗小姐似乎遭到家人的排斥。

君子：「過了新年，四、五號洗衣店就開始營業了。瑪麗小姐從老家回來以後看起來……怎麼說……非常落寞。在老家，是瑪麗小姐的弟弟當家。好像被當家的……她沒跟我細說。不過感覺她備受打擊，自那以後，好幾年都不再回老家。」

正直：「肯定是回老家以後，與家人間有什麼問題吧。」

君子：「是有問題吧。不過她本人什麼也沒說。好像是有點什麼事。」

瑪麗小姐為什麼離開橫濱？

問過元次郎、森日出夫他們，但誰也說不明白。不過，從山崎君子的一番話中，總算找到了來龍去脈。

「漸漸地，她來到店裡時的樣子，愈來愈……怎麼說呢……要說可憐，可能有點那個。身體佝僂得厲害，也愈來愈重聽。可是她在橫濱始終沒有固定的住處。我問過她：『那，要不要乾脆回老家呢？』她『嗯』了一聲，我說：『那，我們打個電話問問老家吧？』我就幫她撥了電話。她不喜歡在店裡講電話，於是就在車庫的車裡用我的手機通話。瑪麗小姐本人在電話裡表示：「想要回家了。」家人那邊便說：『那就回來吧。』於是我就幫她買了車票，安排一些雜七雜八的事情。」

那是瑪麗小姐在橫濱的最後一晚。她來到白新舍，向君子吐露了從未說過的心情。

「就在我們快打烊時，她來到店裡，對我們說：『那麼，明天，一定要準時趕上（新幹線的）時間，不要遲到喔。』那天晚上，給她送上茶或端上什麼東西，她大致上都沒動，只喝了茶。一邊說『真好喝』，一邊感嘆地說出一句：『想不到自己一晃眼竟也到了這個年紀啊。』我不敢相信，過去從不跟人聊這類話題的她，竟說起了自己的往事。她說：『**父上大人**去世後，我才踏入這一行。』我怔了一下，心想：『啊，她用了父上大人這個詞？』接著她又說：『現在，**弟弟大人**繼承了家業。』[6]我回了句：『啊，這樣。』當時她的措辭很讓我驚訝。」

翌日，君子和瑪麗小姐在關內站會合，叫了計程車前往ＪＲ新橫濱站。在車站的月台，攝影師常盤刀洋子也來了。常盤是白新舍的常客，聽到消息後急忙趕來。然後，君子便一路目送著瑪麗小姐坐上新幹線。

「當時的她已經重聽了，在計程車裡也無法聊太瑣碎的事。後來，我和瑪麗小姐走在新橫濱站的月台時，的確感受到周遭的目光。不過，我並沒有覺得不舒服。」

君子還留著當年的日記，我因而得知「命運之日」的確切日期。

一九九五年十二月十八日，瑪麗小姐回到老家。

人稱「橫濱瑪麗小姐」的娼妓故事，就這樣落幕了。

瑪麗小姐還有一大堆東西留在白新舍的更衣室。君子花了數個月的時間善後，收拾這些東西。

「大部分就是打包幫她寄回老家。我把東西裝在小貨車上，然後去寄宅急便。有些東西太重，兩手也拿不動，就請黑貓宅急便到府收件。她的東西可真多啊。除了衣服，還有寶塚歌劇團的節目單、寄往皇室的賀年卡，以及她練字寫壞了的書法。」

散落在雜物中的某些東西，仍能夠隱約窺見瑪麗小姐與其家人的關係。這正是：本人雖已離開，資料仍會說話。

「約莫是在瑪麗小姐人生的全盛時期，她給老家寄了很多東西。（郵政）匯款也有，盂蘭盆節和過年時也寄去各種物品。但她家裡的人跟我說：『山崎女士，這些東西寄過來也很難處理，請您都扔了吧。』」

山崎家留下了為數不多的瑪麗小姐的物品。手提包等小件物品，和署有瑪麗小姐本名的親筆墨蹟，以及寫給老家的信等等。那只手提包後來由五大路子接收，作為《橫濱羅莎》劇中主角羅莎的隨身之物。此外，瑪麗小姐的親筆墨蹟抄寫的是《萬葉集》中，山邊赤人所作的和歌。

6　瑪麗小姐使用的「父上大人」（父君）和「弟弟大人」（弟君）是從前皇族內部的稱謂。

田子海灣邊
走出家門抬望眼
富士高山巔
皓首奇妙不可言
峰頂瑞雪舞翩翩

瑪麗小姐寫給老家的信看來似乎是寫壞了的，或者是草稿。字裡行間可以讀到瑪麗小姐對家人的思念。

打擾了，請原諒。在日本櫻、牡丹八重櫻爛漫的這個時節，大家是否一切安好？許久疏於問候，深感抱歉。不久前還寒意料峭，如在雪國，如今遠近群山都一片春色，彷彿來到春暖花開的國度，又到了令人舒暢的季節。希望大家都能精神飽滿有朝氣地生活。（……）我初到大城市，什麼也做不來，請原諒。再見到大家之前，我一定會努力擁有令人尊敬的表現。我要學會一技之長，做個善良的人。請務必等待那天的到來。再過不久，枝頭將綻滿新芽，賞心悅目的新綠季節就要到來。祝大家保重身體，健康祥和。

在沿著瑪麗小姐的足跡尋訪、向與她相關之人瞭解情況的過程中，我注意到了一件事。瑪麗小姐回到老家是一九九五年前後，正值伊勢佐木町和馬車道的店家世代交替之時。山崎夫婦和那些與瑪麗小姐經歷過相同時代的人，他們那一代，對於背負了戰爭期間和戰後時期的老娼妓有著特別的感情。他們投向瑪麗小姐的眼神，充滿了無限的溫柔。但是，對於那些不知戰爭滋味而長成的下一代來說，瑪麗小姐僅僅是城市裡的一個怪異分子、一個流浪者，一個必須排除的存在。晚年的瑪麗小姐，為了遮風避雨，不得不寄人籬下，借宿於馬車道的藝術大樓、福富町的GM大樓等，其他千萬廣廈都不容她進入。從妓女躍升為城市的名人，最後，又以局外人之姿被趕出這座城市，實在是極為諷刺的結局。而這或許意味著，橫濱正處於即將喪失「戰後記憶」的過渡期。

2　那年夏天，與素顏的瑪麗小姐

二〇〇〇年六月，我知道了瑪麗小姐的住處。這並不是調查來的，而是偶然知曉。至於如何知曉，細節不便明說。總之，是和一個與瑪麗小姐同鄉的朋友偶然聊起，才得知的情況。

從前，森日出夫、元次郎、作家山崎洋子三人曾拜訪過瑪麗小姐的老家。當時瑪麗小姐的親弟弟僅告知：「她在養老院裡健康地安度晚年呢。」至於瑪麗小姐的確切住處，他就閉口不談了。

然而，我卻出乎意料地輕易得知她現在的住處，該怎麼辦呢……？老實說，我感到很為難。我想拍的電影，絕非為了暴露老妓的晚年處境。最重要的是，如果實際見到瑪麗小姐本人，我一時情緒激動起來，說不定連電影都拍不下去了。突然，杉山義法的一句話閃過我的腦海。

「如果將她的故事以戲劇呈現，更像是要挖掘那些脆弱和受傷的部分。但萬一見到瑪麗小姐本人時，發現她是個很可愛的老奶奶，就會擔心會不會傷害到她，這令人左右為難。」

杉山見到瑪麗小姐幾個月後，她便從橫濱消失了。杉山說，他之所以下定決心寫下劇本，也是基於瑪麗小姐的缺席。

至於我，也是因為這個缺席的前提，才開始拍攝這部電影。拍攝瑪麗小姐周圍的人們，這樣的紀錄片並不需要瑪麗小姐本人出現。我是基於這樣的思路，一路拍下來的。如果本人出現在片中，建構這部電影的方法論就會瓦解。雖然，我也已經感覺到這種方法論的局限，意識到這部作品作為電影還缺乏一點「什麼」。但是，因為沒找到缺乏的是「什麼」，焦慮與煩躁與日俱增。當我有點頭緒，以為找到了突破口，思路便斷了，又走進死巷。但即使見到瑪麗小姐，也無法保證就能找到這個「什麼」。不過，既然知道了瑪麗小姐的所在，我想我應該去見她一面。

得到確切消息之後，我糾結了兩三個月吧。小時候，母親常對我說：「你這孩子做事，就是太謹慎了。」現在，雖然已經成年，但一個人的性格要改變，卻沒有那麼容易。換作平常，到這地步，我就會放棄了，不過這一次，我暗自決定：改變一下吧，不，非改變自己不可。我決定試著不再那麼謹慎行事。無論是對這部電影，還是對我這個人而言，這些都是必須承受的考驗。我為自己想好了藉口：「不是去採訪，只是去見她一面。」

瑪麗小姐所在之處，位於中國地區[7]某山谷裡的一個小城。從新橫濱站坐新幹線幾個小時之後，轉搭單線列車、穿過幾座山巒，終於便抵達了最後目的地的車站。

「這就是瑪麗小姐所在的城鎮啊。」

感慨湧上胸口。車站的月台和候車室見不到什麼乘客。因為沒有高樓大廈和其他建築物遮擋，八月盛夏才見得到的藍天和積雨雲感覺近在眼前。四面環山的盆地特有的悶熱酷暑，讓我很快滲出汗來。市中心只有一家百貨公司，商店街也很冷清，是一座典型正走向衰敗的地方城鎮。

我向緊鄰車站的觀光導覽中心打聽瑪麗小姐的養老院。

「那間養老院在鐵軌的另一邊，算是在半山腰。您有熟人住在那裡嗎？」

服務窗口的職員一問，我馬上拿起這座小城的觀光指南。

「那倒沒有。就是看看。」情急之下，我給了一個不合情理的回答。明明不是在做壞事，卻難掩內心的愧疚。

我輕輕嘆了口氣，將目光移向觀光指南，上面寫著這裡是一處舊城遺跡尚存的古代城下町。

7　本州西部，包括鳥取、島根、岡山、廣島、山口五縣。

我先去了這個城鎮的旅遊景點，也就是舊城遺址。攀上陡峭的山路，身上的衣服很快濕透，被汗水黏在背上。抵達高處的城址，舉目望去，視野極佳，小城盡收眼底。四面環山，鐵路從城中穿過，建築物散落各處，確實是個小小的城鎮。我來時所搭乘的電車響著鳴笛聲著遠去，愈來愈小。在這個小城，要是有什麼流言，不消幾日，就會人盡皆知。

「不能干擾瑪麗小姐現在的生活。必須格外小心……」

這個念頭忽然閃過腦中。從山腳下吹來的風拂過溼透的衣服，我忍不住打了個寒顫。電車已從我視線中消失了，但鳴響的聲音卻不絕於耳。

我準備在這裡待個兩週。住處不用擔心，因為很幸運地，父親的朋友清川充一個人在此工作，我得以寄居在他的住處。

「哦，你長大了啊。」

清川說，我還是小學生時，去東京出差的他曾住在我家。可惜我完全不記得了，不過我還是對他微笑致意。

「今天你剛來，我們去外面吃飯吧。」

清川帶我去了一家小料理店，只有老闆娘一人隔著吧檯招呼客人。我們為彼此斟滿啤酒，舉杯乾杯。我一口氣喝乾了啤酒。整日在豔陽下的城鎮走來走去，這杯啤酒沁喉而下，格外舒暢，只覺全身又補滿了流失的水分。清川接過老闆娘遞來的下酒菜，一邊開始跟她聊天。

「這孩子的父親啊，是我公司的前輩，也是我的媒人。」

「啊，是嗎？」

清川又對我說道，「你父親真的很照顧我。工作上也讓人尊敬。」

我從來沒有聽別人這樣談論父親。父親是典型的工作狂，總是工作先於家人，對我來說，我們好像只是在同一屋簷下同居而已。當然，我和父親也從未兩人一起喝酒聊天。不知為何，喝著喝著，酒後滿臉通紅的清川彷彿與父親的臉孔重疊。我好像看到了一些父親未知的面向。這晚，我將與瑪麗小姐會晤的壓力暫時放在一旁，得到了一頓笑語不斷的愉快晚餐。

回到現實的第二天，我起身前往瑪麗小姐生活的養老院。從清川居住的城郊公寓到養老院有一段路，這段路有點距離，比較適合搭公車。但為了切身感受整個城鎮的輪廓，我決定步行前往。用了一個半小時，穿過市中心，才終於走到昨天下車的車站。而目的地就在鐵軌另一側的半山腰上。

穿過平交道，是一條漫長的坡道。那坡道的盡頭，在豔陽的熱氣蒸騰下，彷彿可見又不可見。瑪麗小姐就在盡頭那裡。雖然我心似箭，但是冒犯聖域的畏懼感使我的腳步不由得變得沉重。我看著路旁山坡上的梯田、已經變成廢墟的舊保齡球場，一步一步踩著柏油路往前走，一邊走、一邊不停地用襯衫袖子擦拭快從額頭上滴進眼睛的汗水。終於，熱霧炎影的盡頭那端，我看到了一座米白色建築物。

「這就是瑪麗小姐生活的養老院嗎？」

我像是確認般地自言自語。終於來了。急促的喘息伴隨著加快的心跳。進了養老院的大門，竟悄無一人。我探頭往接待訪客的櫃檯窗口裡看，好像也沒有人。於是，我高聲詢問。

「不好意思，有人在嗎？」

一開口，我反而感到情緒稍微穩定了點。不久，一個男性職員出現在窗口。

「來了！請問有什麼事嗎？」

「這裡有一位D女士（瑪麗小姐的真名）吧？」

「是的，有啊。請問您是？」

「我有一個朋友以前承蒙她的照顧。正好我休假，所以來到這裡。」

我喘口氣頓了一下，便繼續說下去。此時絕不能語無倫次，讓人起疑。該如何開口，我已經事先預設各種情況，做了練習，現在正是驗收練習成果的時刻。

「朋友想知道她的近況，所以要我過來看看。」

「這樣啊。真是謝謝您。」

在職員的引領下，我往二樓瑪麗小姐的房間走去。我們緩步踩著走廊上鋪設的豔綠色地毯。終於來到面對面，命運的瞬間。職員絲毫沒有察覺我的緊張，隨手打開了房門。

「D女士，有朋友來看您了。」

瑪麗小姐正在屋裡，聞聲朝門口走來。她的面容優雅，略施淡妝，一頭浪漫灰短髮。背脊彎曲，但姿勢是端正的。衣服不再是白色，而是暗紅與紫色相間的穩重花色，與年齡十分相稱。

（這就是瑪麗小姐？）

一個隨處可見的，再普通不過的老奶奶。不是我所知道的瑪麗小姐。是不是搞錯人了，我當時那樣想著。

「啊，是嗎？真是太謝謝您了。」

毫無疑問，這就是瑪麗小姐的聲音，與元次郎錄音帶上的聲音一模一樣，那種獨特的高亢聲音。我只是呆呆地看著她。

「您朋友的大名是？」職員問我。

「白新舍的山崎君子。還有香頌歌手元次郎，都承蒙關照。」

瑪麗小姐只是微笑點頭。至於她的點頭有何涵義，完全無法得知。而後我被請進房裡，與瑪麗小姐兩人聊了起來。瑪麗小姐還有一個室友，現在正好外出不在。我告訴她，我將在這個城鎮停留兩個星期，並希望在瑪麗小姐方便時再來拜訪。瑪麗小姐依舊只是點了點頭。窗外的風鈴悅耳地響了起來。

第二天，我再度拜訪養老院。進入玄關，還是四下無人。忽然發現訪客專用櫃檯窗口放著姓名登記簿，最下面一欄裡的人名，就是山崎君子告訴過我的、瑪麗小姐弟弟的名字。造訪日期正好是一週前。養老院的職員說，他每年會來一、兩次。

我來到瑪麗小姐的房間，瑪麗小姐正在看電視裡的八卦新聞節目。那模樣，和一個普通的老奶奶並無二致。那天，我第一次好好端詳了她的房間。牆壁上貼滿了瑪麗小姐親筆寫的書法與畫作。養老院的走廊上也展示了她的作品，看來瑪麗小姐對藝術的愛好在此也眾所周知。不久，瑪麗小姐的室友回來了，我拿出從便利商店買來的布丁，三個人一邊吃著一邊閒聊。

下午，在瑪麗小姐的邀約下，我們去了娛樂室，她和十幾位老奶奶一起愉快地跳起了舞。養老院有日本舞蹈社，瑪麗小姐是成員之一。當年在橫濱時特立獨行的一匹狼，如今看來完全沒那麼回事。但與其他跳舞的人相比，瑪麗小姐明顯彎曲的脊梁，彷彿是她在橫濱嚴苛的逆境中生存下來的證明。

「她很熱中參加活動。前幾天還刊在雜誌上呢。」

養老院的職員遞給我一本內部發行的季刊，上面刊登了跳日本舞的瑪麗小姐照片。

「這裡就是瑪麗小姐最後的終老之處。」我實實在在地感受到這點，於是感到踏實許多。同時，想到我出現在此所代表的意涵，遂又有些鬱悶起來。對瑪麗小姐來說，我的出現極有可能干擾她目前平靜的生活。罪惡感襲上心頭，我只是默默凝望著瑪麗小姐優雅的舞姿。

在養老院裡和瑪麗小姐見面聊天的時間，平均一天一個小時。這樣的時間，對她和對我而言都是恰到好處，不致疲累。我心裡打定主意，絕不打聽「橫濱」、「瑪麗小姐的過去」。因為瑪麗小姐有室友，她本人如今也未必願意提起。而且一旦起了頭，恐怕我就壓不下採訪的衝動了。我只想盡可能地從閒談中抓住一些「什麼」。

最重要的是，和瑪麗小姐聊天必須極有耐心。首先，我發現她完全沒在聽我說話。有時即使我拋出話題，她也只回一句「這樣啊」，完全不接著話題說下去。只要她沒興趣，說什麼都會被無視。不過，漸漸我也找到了一些訣竅。瑪麗小姐說起的話題，只要我及時配合，終究能開啟對話。也就是說，聊天的主導權完全掌握在瑪麗小姐手裡。即使如此，我仍有些許收穫。某天，瑪麗小姐跟我談起自己的過去。

「以前，我離開老家的第一份工作，就是在這裡做的。沿著這座城市河邊的屋敷町[8]，我在那裡工作過。」

我並沒有向她探問，但瑪麗小姐自己說起了往事，我不免感到驚訝。我去到她所說的「城市河邊」附近，向街上路過的本地老人家一打聽，遂揭開了瑪麗小姐個人歷史的一個片段。

「這裡以前確實有屋敷町呢。」

「很大嗎？」

「記得當年街道的一側是又長又高的圍牆。現在誰都不知道那段往事了，你是怎麼知道的？」

8　武家宅邸聚集的區域。

原來瑪麗小姐回到了離家後初次工作的城鎮！看來她住在此處並非偶然，而是必然的歸宿。

除了和瑪麗小姐聊天，我還在養老院當起志工。因為沒有長期照護的執照，我也做不了什麼專業工作，主要是打打雜，比如在餐廳配餐，榨果汁讓老人在下午當點心喝，或者幫忙打掃。

「看來，現在我可以在這裡待下去了。」我冒出一個極其任性的念頭，不過我確實需要找到在養老院「存在下去的意義」。每次只與瑪麗小姐見面，還是很不好受……我必須做點什麼來回報瑪麗小姐與養老院。畢竟他們無條件地接納了我這個外來的不速之客。

某天，我按照約定時間去見瑪麗小姐，但瑪麗小姐不在。我擔心是否有什麼意外，便去問了職員。職員告訴我說：「她大概是出去散步了吧。」

瑪麗小姐一高興就獨自散步。也許她還像在橫濱時那般，需要一個人獨處的時間。等了三十分鐘，仍不見她回來，我決定改天再來訪。第二天，我向瑪麗小姐問起此事，她說：「天氣太好了，我就去了百貨公司。」完全沒有歉意，泰然自若。對於依約而來卻乾等半天的我，她連一句「對不起」都沒有。不過更讓我驚訝的是，從半山腰的養老院到市中心的百貨公司，坡路陡峭，步行單程至少需要二十分鐘以上。在回程的路上，我頂著灼熱的陽光，深深感覺到：「瑪麗小姐的體力真是超乎常人。」

瑪麗小姐所在的這座城下町，既是單線鐵路的終點站，也是另外一條單線鐵路的發車站。從這條單線鐵路發車的電車，沿途所停靠的幾乎都是無人車站。我搭著只有一節車廂、猶如巴士的電車，晃晃蕩蕩地搭了一個小時左右，終於到達瑪麗小姐老家附近的車站。我很想看看瑪麗小姐的故鄉，於是就搭乘這班電車來了。車站的列車時刻表顯示，一天下來，往返的電車也不過幾班。這座無人車站為木屋式建築，車站櫥窗裡陳列著木雕工藝等小鎮名產。

車站周邊散布著幾座木材加工工廠，方形木條堆放在太陽底下曬著。街上幾乎沒有行人，是典型人口凋零的村落。據說從前瑪麗小姐穿著一身雪白回到家鄉，在村子裡一定相當引人側目吧。家人因而疏遠她，也是可以理解。

只是，瑪麗小姐對自己的人生應該是一點都不後悔。所以她才會以雪白的樣貌回到她生長的城鎮。瑪麗小姐老家的地址是元次郎告訴我的。那是一座醒目的兩層樓日式屋舍，沿著國道，遠遠就能看到。當然，現在我不能貿然前往。從國道跨越護欄後，我在鐵軌上漫步，接著攀上無人車站的月台。我坐在長椅上等待回程的電車時，也看到一些乘客踩著鐵軌過來，攀上了月台。

過了一會兒，山谷間傳來電車的鳴響。瑪麗小姐應該也曾踩著這條鐵軌走過——就在我想像這樣的一個電影鏡頭時，電車駛進了月台。正值傍晚的車內擠滿了學生，很是喧鬧。我想自己大概不會再來了，忍不住望向從車窗外閃逝而過的，瑪麗小姐的故鄉。這風景定格在我的腦海裡，久久不去。

來到這座城鎮已經一週。就像拒學的學生，但我不是拒學，而是染上了拒養老院症。每次見到瑪麗小姐，就愈生情感。但與此同時，想把晚年的瑪麗小姐融入電影的欲望也在萌發。雖然告誡過自己，我來這裡不是為了採訪，只是和瑪麗小姐見面，但無法割捨的衝動還是愈發強烈起來。

我一如往常地從暫居的公寓出發，刻意不搭公車，而是花點時間慢慢步行。到了通往養老院的漫長坡道前，我在路旁的便利商店習慣性地買了甜點，當作伴手禮。走出便利商店，赤日炎炎，光是站著都汗如雨下，但我卻邁不開往養老院的步伐……一看錶，約好的時間馬上就要到了。汗怎麼擦都還是不住地流，讓我更感焦躁。其實幾次都想半路折返，結果還是去了瑪麗小姐那裡，然後又陷入反覆的自我譴責。一看到她的臉，我就糾結得不得了，但我真不知如何是好。

我走到城邊的電話亭。即使已經是黃昏時分，進到裡面，灼人熱浪仍然令我窒悶難耐。我慢慢地拿出筆記本，打電話給森日出夫和元次郎。已經無法一個人承受下去了，必須向他們求助。

元次郎回我說，因為日程的關係，無法馬上離開橫濱。不過森決定儘快趕來。我們在電話裡商量了工作排程。我拿著話筒的右手滲出了汗。此舉是吉是凶？連我都不知道自己究竟想做什麼。這是在搞什麼呢，我……電話卡的度數從五十掉到了五。掛上話筒之後，我蹲在電話亭裡，好一會兒動彈不得。

幾天後，森來了。我決定這一天要開拍。明明下定決心不拍攝的，我實在難以原諒自己。即使如此，我還是決定，絕不拍瑪麗小姐，也絕不拍養老院，只拍「去見瑪麗小姐的森日出夫」。

我在車站的月台上與森會合，一起走向養老院。一路上，我手持攝影機，跟拍森的背影。或許會發生「什麼」吧，我確實懷有期待。

一如往常，我在訪客專用櫃檯窗口打了一聲招呼，熟悉的職員就出來了。

「啊，又來拜訪D女士嗎？昨天不是天氣很熱嗎，她好像整天在街上晃，結果回來就不舒服了。」

「那，現在她怎麼樣了？」

「做了一些照護措施，目前很穩定。」

森工作繁忙，是硬擠出時間抽空趕來的。他必須當天來回，對他來說也是極耗體力的長途車程。他想再見到瑪麗小姐，所以才特意從橫濱大老遠趕到這裡。我正要和職員商量，森卻直截了當地說了一句。

「那就沒辦法了，放棄吧。」

我朝養老院裡看了一眼，空無一人的綠色走廊看來比平時更長。路途漫長而遙遠，還看不到事情的終點。離開養老院後，我和森去了車站附近的蕎麥麵店。

「也許這樣是好的，我很高興沒見到面，嗯。」

森拿著酒瓶往我的杯子裡倒啤酒，一邊低語著。啤酒泡沫滿出杯緣，從杯外溢出，弄濕了桌子。

「大概不該見面吧，我覺得。」森彷彿自言自語地嘟囔著，點了好幾下頭。如果說，人與人的相遇不是偶然而是必然，那麼，這次的失之交臂是否存在著某種意念的運作呢？

想起瑪麗小姐的笑容，我又乾了一杯。和往常一樣的啤酒，今日感覺格外苦澀，卻依然好喝。

時間過得很快，來到這裡已過兩週。森回去的翌日，我又去了養老院。瑪麗小姐看來精神很好，難以相信昨日躺了一天。我猜測她果然是察覺到了什麼，但還是像往常一樣和瑪麗小姐說話。

「身體不要緊吧？」

「嗯，已經全好了。」

「明天我要回橫濱了。有機會我再過來。」

「這樣啊。」

瑪麗小姐只是笑著，沒有任何感傷。雖然與她相伴了兩週，但她的情緒平淡如水。

「難得來一次，我們拍照留念吧。」

我向瑪麗小姐提議，她回以：「請等一下喔。」就仔細地化起了淡妝。就在等待她化妝時，傳來了清脆的風鈴聲。我心頭泛起些許傷感：難道再也不會踏進這個房間了嗎？

「來吧，妝化好了。」搽好口紅，瑪麗小姐看著我，微微地笑了。在我眼中，這不是瑪麗小姐，而是一名普通女性。

來到此地之前，一直想要找到的「什麼」，也許就是眼前瑪麗小姐的笑臉吧。我實在難以用言語或文字說明，但就有這樣的感覺。

「我走囉。」

就在我道別時，瑪麗小姐從她的衣櫃裡拿出一組毛巾禮盒遞給我。她說，我每次來都帶了伴手禮，這是回禮。毛巾禮盒拿在手中，感覺份量很重。儘管實際上很輕，但承載著兩週以來的重量。短暫但炎熱異常的夏天就要結束了。

最後一天，清川充開自己的車送我到車站。到最後，我仍沒有向他提起瑪麗小姐的過去，以及電影的內容。因為清川和瑪麗小姐身處同一座城市，我還是無法毫無隱瞞地向他說出瑪麗小姐的故事。或許清川也有所察覺，但始終沒有多探問什麼，只是用溫和的目光守望著眼前的一切：一個沒有正職工作的青年，借住在他的住處，晃蕩了近兩個星期。晚上回去時，他總是滿面笑容地說：「洗澡水燒好了。」每晚，我們都只穿著內衣，一邊看電視一邊小酌。雖然這些和電影毫無關係，但對我來說，卻是彌足珍貴的溫馨時光。清川充把車停靠在車站的迴轉道前，接著遞給我一個牛皮紙信封。打開一看，裡面裝著一萬日元。

「不，這個我不能收。」

我急促地推辭。清川只是握著方向盤，不發一語。

我又說：「明明在這裡是我一直受您照顧。」一邊把信封推還給他。

「沒關係，沒關係的。但願能對你有點幫助。」

清川硬把信封塞進了我的口袋裡。他或許並不知道我在做什麼，但他應該感覺到了什麼吧。清川的一番好意讓我感到難言之苦，但即使如此，我仍然什麼也不能說。只能儘快完成電影，屆時請他來看，然後把今天本該告訴他的一切全部說給他聽。因為是休息日，車站的迴轉道前只停著清川的車。我下了車，向車站的檢票口走去，沒有回頭。我只感覺身後那輛車開走了，愈來愈遠。我把手伸進口袋，將那裝有一萬日元的信封緊緊握住。直到發車的鈴聲響起，我趕緊跳上電車。就這樣，和瑪麗小姐共度的夏天結束了。

返回橫濱後的幾天裡，我急著一個接一個跟相關人士們會面。第一個就去了「Chat noir」，跟元次郎說明瑪麗小姐的近況。

元次郎很生氣地責怪我：「你的電話來得太急了。如果能早點聯絡，我就能去了，真是的！」我確實無法辯解，幾次向他低頭乞求原諒，但元次郎看來仍然怒氣難消。於是我給了他寫有養老院名稱和地址的便條，決定再去一次。另外，我也告知白新舍的山崎君子關於瑪麗小姐的近況。這時，有個念頭在我的腦海縈繞不去。

「真的不能讓已經改回本名的瑪麗小姐出現在鏡頭裡嗎？」

當初是以絕對不這樣做的前提去見瑪麗小姐。但告別那天，我卻從瑪麗小姐的笑容中感受到了「什麼」，那個「什麼」，在我腦中揮之不去。但我絕不想拿著攝影機去拍下一段影像，告訴觀眾「這就是現在的瑪麗小姐」。誰也不想看到《週刊POST》的突擊報導（「你知道『港都的瑪麗亞』嗎？」）之類的鏡頭，而且那也與電影的主旨背道而馳。

那麼，拍攝瑪麗小姐當下的影像，有什麼必然依據？要怎麼拍才對？經過深思熟慮之後，我決定去找和瑪麗小姐關係密切的人，試著動搖他們的情感。如果他們知道了去向不明的瑪麗小姐所在，以及她的近況，說不定接下來可能會有什麼行動。這種行動，將有可能成為電影所需要的某個場景……雖然不知道幼芽能否發育為我所期待的行動之樹，但我決定先把情況告訴大家，播下種子。

隨後，電影的拍攝進入了無限期的冬眠。一路下來，拍攝的定位原本是一部「主角不在場的紀錄片」……當時，我完全失去了方向。

第六章

兩個人的〈My Way〉[1]

1　紀錄片的真髓

二〇〇一年秋天。在養老院見過瑪麗小姐已經過去了一年多了，但至今重啟拍攝的計畫仍飄忽不定。

副導演是我的正職工作，也是主要經濟來源。這段時間，這份工作也來到一個分歧點。為了製作《橫濱瑪麗》這部電影，我得掌握必要的方法論和技術，為此，我從拍攝劇情片轉而製作教育節目和電視臺的紀實節目。雖然留戀劇情片，但此刻我深深地意識到自己必須加強紀錄片的知識。沒想到電話俱樂部的偶然經歷，竟對我的工作走向產生如此影響，只能說人生真是莫測。

而這段時間裡，我內心也一直糾結著：「就這樣花錢如流水般地投入紀錄片，我到底在做什麼啊？」也許這和拍攝進入冬眠期有關。一旦停下腳步，意志就會變得薄弱：現在舉白旗，也不見得不好……這種懶惰的選項在腦海中閃現。幸好來了一封信，放棄的念頭才徹底打消。

「我有個東西要給你看。你能過來一下嗎？」

好久沒有接到元次郎的電話了。我馬上趕往「Chat noir」。一見面，他就把一封信遞給我。

「這是瑪麗小姐寄來的。」

「什麼!?」

我腦中瞬間一片空白。信紙上那優雅的筆跡，的確是瑪麗小姐的字。元次郎道出了事情的經

時隔六年兩人在養老院再次會面。（永登元次郎提供）

過。原來，幾個月前，元次郎在某個地方都市舉辦了個人演唱會。

「演出結束後，我心想，已經到了瑪麗小姐的養老院附近，乾脆去看看她。」

二〇〇一年八月二十六日，闊別六年，兩人在養老院重逢了。元次郎告訴我，對於他的意外到訪，瑪麗小姐顯得異常高興。

「瑪麗小姐啊，她說『好想聽老師唱歌』。正好我也剛在結束演唱會的歸途上，鋼琴手還在，養老院也有現成的電子琴。我說：『那來唱吧！』但養老院的人卻說不行，舉辦這樣的活動必須要事先申請。」

對元次郎來說，這次是留下遺憾的重逢。道別時，瑪麗小姐給了他一份禮物。打開一看，是蜂蜜蛋糕和一封信。

1　取自法國曲子的英語老歌。

此次承蒙您來看望，非常感謝。今天，院內的同伴們，也許有人還想見到您。倘若您能為大家高歌一曲，大家一定會非常高興。懇求您能再次遠道來訪，讓我們聆聽您那令人懷念的歌聲。對院內許多人而言，將是首次親耳聽您演唱，還希望您這位當紅巨星接受我的冒昧請求。

終於，就在不經意之間，我播下的種子開始發芽了。看來，還不到舉白旗的時候。不過，該如何把這一段置入電影中，我還沒有具體的概念。此時，還只能守護破土而出的嫩芽。

半年後，二〇〇二年春，我認識了旅日中國導演，李纓。他曾在中國中央電視臺製作紀實節目，在一九八九年天安門事件發生之後來到日本。一九九九年，他執導的電影《2H》相繼獲得柏林國際影展亞洲電影獎、香港國際電影節評審委員獎等，在全世界獲得很高的評價。如今他正在拍攝紀錄片《味》這部由NHK出資的新作，邀我當副導演。紀錄片的情節大致如下。

年齡合計有一百五十歲的佐藤夫婦二人，在東京開了一家私房菜風格的中國餐廳「濟南賓館」。妻子孟江出生於戰前的一九二五年，一九四八年以前一直生活在中國的山東濟南。她年輕時學到了傳統的山東料理作法，但這道地的風味卻在文革時於本土發源地失傳。後來佐藤夫婦被中國政府認定為「正宗魯菜（山東料理）傳人」，每年都受中國邀請前去指導當地廚師。兩人的料理傳承人生因而有了新的發展。

（摘自紀錄片《味》的媒體新聞稿）

李纓並不只是單純拍攝佐藤夫婦如何傳承瀕於失傳的魯菜，也在構思作品時，融入導演的作者意識，為每一個場景預先製作了腳本。只是這與電視劇的腳本不同，是根據充分的事前採訪，設想「可能發生的情節」而寫出來的。僅僅描述拍攝對象的活動和日常生活，不能算是紀錄片。

電影《味》的發行宣傳單。

如何透過被攝者此一媒介，呈現出導演的作者意識？在拍攝前要把這一點歸納清楚，做出總結。李纓所提出的這個概念簡直讓我大開眼界。我心中對「紀錄片」的原本概念，一下子被打破了。與此同時，在處理與被攝者的關係方面，我也目睹了他獨特的介入方式。

舉例來說，原本拍完店內常客聚餐的宴會場景，我以為當日拍攝的內容算是都完成了。這時，妻子孟江突然對著酒興正酣、情緒亢奮的丈夫說：「後半生，還是想回到我出生的故鄉濟南，還可以協助指導推廣失傳的魯菜。」做出了這樣的提議。此時攝影機對準了對話中的二人。她的丈夫強烈反對：「我們倆都這把年紀了，要我移居到語言不通的中國，這簡直異想天開。」兩人就此爭論起來，持續了約一個多小時，而攝影機也毫不停歇地拍下了完整過程。這幕場景成為整部電影開始動了起來的轉捩點，是佐藤夫婦現實生活中的一次重要對話。當時在現場目睹一切的我，深深感覺在絕妙的時機捕捉到好看的鏡頭。然而，事後我才知道，實際上這是導演和製片事前說服了孟江所做出的「策略」。

對佐藤夫婦來說，「移居中國」是不得不面對的問題，由於製作者的介入，才使得衝突表面化，從而得以獲得所需的影像。然而紀錄片拍攝者介入到這種程度，究竟是對還是不對？我不知道……

不過，《味》長達五個月的拍攝，也讓我開始重新思考紀錄片「是什麼」。我找到了感覺：當我再次進行那部尚在蟄伏的電影之時，李纓導演的策略一定會在其中發揮作用。還有一條伏線，也在推動這部仍處於冬眠的電影。

「元次郎得了癌症。」

某天晚上，《味》的拍攝收工後，我聽到這樣的傳言，急忙跑去敲了「Chat noir」的店門。

「哎呀，你是聽誰說的？」

元次郎迎接我進門時，臉上浮著一如往日的微笑。已經罹癌的他還是抽著菸，像是在說別人的病似地和我聊起來。

「在『Chat noir』上班時我去上廁所，結果大量血尿。我趕緊去了櫻木町站前的急救中心，當時還不知道是什麼病。」

之後元次郎馬上去了警友醫院，但醫生卻說，沒有必要立刻做進一步的精密檢查。

「於是檢查延遲到很晚才做，發現的時候，已經是末期了。」

確診是前列腺癌，且癌細胞已轉移到其他器官。如果最初就診時醫生馬上安排檢查，也許就不會耽誤。元次郎很憤怒，要回了自己的診斷書、X光片等，轉院到橫濱日本紅十字醫院（現在的橫濱市立港紅十字醫院）。

X光片上面有無數黑影，那就是癌細胞。元次郎告訴我，他目前持續接受抑制癌細胞的治療，但已經無法根治。

他收起X光片和診斷書，自嘲地笑道：「元次郎得了癌[2]，這個哏實在不好笑吧。」接著又從架子上的抽屜裡取出一疊信。原來，元次郎和瑪麗小姐一直保持通信，其中兩封信的內容如下。

2 在日語裡，元次郎的「元」和「癌」諧音，都讀作「GAN」。

日前，承蒙元次郎老師從橫濱順利抵達於此，專程趕來看望，我非常開心。您在會客室見了院長先生等所有人，接著我又和您見面，這讓我感到萬分榮幸。我想起橫濱時代的往事和您對我的深厚情誼。元次郎老師，期望您的歌聲響徹全國、全世界，名聲遠播，祝願您夢想成真。

雖然和您見面的時間很短暫，但能和了不起的香頌歌手巨星在一起，我感到非常榮幸。很快就要入秋，天氣會變得舒服起來。請保重身體，努力加油。期待著您，在此向您表示感謝。

漸次入夏，天氣慢慢熱起來了。昨天收到您美如夢幻般的來信，非常感謝。真想儘快再次回橫濱看看。要是老家許可、認可我曾在廣闊的關東平原上的東京、橫濱三十多年來的生活，我有信心今後做一個好老太婆努力下去。我還有好多夢想。這三十年來的歡愉也好、喜悅也好，我都記在心裡，充滿感恩。我非常想念元次郎老師及各位朋友。聽說橫濱的伊勢佐木町變化很大，森永LOVE關門，丸井中心也改成博物館[3]了，這些巨大變化都是我無法想像的。我離開之後的五年間，一定是了不起的發展讓城市變得如此漂亮。要是當家的弟弟同意，我一定重回橫濱看看。屆時，希望看到朋友們都順遂無恙，事業發達。我一定在不辜負元次郎老師的人氣與名望之下回到橫濱。

至今還記得元次郎老師在神奈川縣民禮堂[4]的演唱會。願您為了現代的發展繼續大展宏圖，並祝您身體健康。

以上。

致元次郎老師

元次郎用手指描畫著瑪麗小姐的筆跡，說起上次重逢時留下的遺憾。

「當時沒有（為瑪麗小姐）唱歌，至今都非常懊悔。為了不讓她在養老院失了面子，我寄了很多東西過去。」

元次郎除了寄禮物給瑪麗小姐，還定期捐款給養老院。我當初播下的種子慢慢地、確確實實地結出果實了。

「元次郎，我差不多該回去了。」

「啊，要走啦？」

「如果有什麼情況，請您要再跟我聯絡啊。」

3 其實是改建成咖哩飯美食城了，雖然稱為橫濱咖哩博物館，但瑪麗小姐不明就裡，以為真的是博物館。

4 瑪麗小姐記憶有誤，其實是關內廳。

「來，這個拿去。」

我正要起身，元次郎塞給我一個禮袋。不用打開，也知道裡面放了錢。

「這個我不能收。」

「一點點心意，可以多買些膠卷。別囉嗦，拿去就是。」

「不行，我不能要。」

「別推了，你把電影拍好就好啦。」

禮袋裡裝著一張一萬日元的紙幣。我用這筆錢再補上尾數，買了一部攝影用油液壓腳架。過去用的一直都是便宜的相機腳架，我想，現在可以把電影拍得更好些，作為對他的回報。

在《味》這部片的後製剪輯階段，我也曾再去「Chat noir」。當時我什麼都做不了，唯一想要的就是見面。

「我呢，不害怕死亡。唯一遺憾的是沒能寫下自己走過的半生，雖然還是有想寫的心情。」

當時元次郎經常說這樣的話。

二〇〇二年十月，電影《味》完成了。直到現在，我才能說出當時內心的想法——那個時候，我真的還是想繼續當李纓的副導演。重新開始拍自己的電影，只有借錢一途。我無意之間踏上了拍紀錄片的道路，如今才剛領會其中趣味，漸入佳境，所以想跟在李纓身邊多多學習。然而，我馬上察覺自己是無法如願的。當時第一個想到的不是瑪麗小姐，而是元次郎。他堅信電影會完成，我不能讓贊助我一萬日元的他願望落空。但我還是有些彷徨，總是在想，要是有逃避的藉口就好了。而在背後推了我一把、讓我繼續往前走的，正是李纓的一句無心之語。

「電影一開拍，被拍攝者（採訪對象）所懷有的『心念』彷彿就會附著在我背上。也因如此，負擔沉重到揮之不去。拍攝完後、進入後期剪輯，隨著作品成型，這些重負才能一個個從背上卸下來。因此在作品完成以前是苦不堪言的。」

於我是一樣。負擔沉重，苦不堪言，但又無法視若不見。我無法拋開被攝對象的『心念』而不顧。

於是，帶著在參與《味》的拍攝過程中學到的紀錄片策略，我再次向橫濱出發。

2 拍攝「日常」

距離營業時間還有一個小時，「Chat noir」的員工一個都不在。我和元次郎正在溝通，彼此神情緊張，相持不下。

從一九九九年拍攝算起，已過三年。

「讓我再拍一次吧。」

「以前你不是都拍過了嘛！」

「這次不僅是採訪，我是想拍元次郎先生的現狀。」

我想在電影中增加元次郎的內容。我拍攝的採訪對象眾多，元次郎不過是其中一個。但現在我想把焦點更專注於他身上。為什麼他那麼在乎瑪麗小姐？經過三年觀察，我終於明白了他。我播下的「與瑪麗小姐重逢」的種子，其實是元次郎一手培育，才破土成長的。和瑪麗小姐有關的人們當中，只有元次郎可以被視為唯一的核心人物。元次郎只是默不作聲地聽我說。他呼出一口氣，把抽完的菸頭捻熄在菸灰缸裡，回我：「好吧。那你什麼時候過來拍？」緊接著，他抬起頭凝視著我的眼睛，有力地說了一句。

「之前採訪時有些沒說出口的話，我想現在可以說了。」

我馬上和元次郎商量拍攝日期。顧慮到元次郎的身體狀況，拍攝控制在每週兩次，且只在下午進行。

在我腦中，電影的整體結構逐漸明晰。「所有的鏡頭、場景都嵌入思想。」我反覆想著老師李纓的教導，整理過去拍好的內容，製作出架構表（攝影劇本）。

我一直在思考的是，「何謂元次郎的日常？」應該不僅僅是記錄他的日常生活，若無法連帶呈現人物感情和生活的「日常」，就難以作為電影而成立。如何將這些印象有機地編織在一起，會是今後拍攝的關鍵。我改善了製作流程，搬到距離「Chat noir」步行三分鐘左右距離的公寓居住。這樣即使是在拍攝時間以外，只要元次郎一找我，就立刻可以趕去。「中村就住在附近」，光是這點，相信元次郎與我相處的方式和想法都會改變。眼下我面臨的困擾，果然還是製作費……一如從前那般拍著拍著、沒錢了就再去打工賺錢的方式，恐怕是難以為繼了。元次郎的病情日益惡化，難以配合從前那種拍攝行程。我手邊只剩參與拍攝電影《味》的薪資。這筆資金能撐到什麼時候，還是未知數。但我也只能先做下去。

最令我頭疼的是攝影師中澤健介。一九九九年開拍的那個夏天，他曾一度中途離開，半年後又回來接手下一段拍攝。這部電影原本是我和中澤攜手企劃的，理應一起堅持到最後。出於這種考慮，我一直堅持由他掌鏡。可是，接下來的拍攝是否繼續讓他參與，我很是躊躇。原因很簡單：中澤非常不喜歡元次郎。

「我實在討厭他總是一副自己最不幸的樣子。簡直娘炮，有夠沒出息。」

如此偏執的厭惡理由，直到後來我才真正搞懂。然而當時我和中澤溝通，也是愈說愈焦慮。

「我會拍下去的。你怎麼說，我就怎麼拍。」

中澤不客氣地說。但是，在我看來，事情不是這樣。接下來的拍攝，重要的是如何在情緒、情感上貼近元次郎。這也是為何我屢屢拜訪元次郎、想打下基礎。

「中澤聽了元次郎目前的情況，表示無論如何都要親自掌鏡拍攝這部片。」

其實他從未說過這樣的話。說話是權宜之計，不過我內心真的希望他們兩人的關係朝好的方向發展。我也向中澤詳細說明元次郎的病情發展，希望多少能讓他投入感情。就這樣，終於要開拍了。

首先，我在家裡和中澤商討拍片事宜。不僅討論拍攝內容，也討論如何拍攝。然後依循著架構表，確認當日拍攝的影像在整部電影中的定位。

〇尋找原點

年輕時元次郎的生存之道。曾在川崎（堀之內）街頭當過阻街男妓。因為與瑪麗小姐從事相同職業，兩人的人生有了重疊與交集。

（摘自電影《橫濱瑪麗》架構表）

在川崎「尋找原點」的拍攝結束後，我們去了元次郎金盆洗手以後經營的「河童」，在店裡又繼續拍攝。目前經營「河童」的增田毅，是元次郎的「長女」（亦即徒弟），算是舊識了。當我詳細問起元次郎做男妓時的事情，一聲「你有完沒完！」的怒吼響徹店內。發飆的是中澤。我還不知道發生了什麼狀況，一下子怔住了。他隨即收拾起攝影機。元次郎、增田等人擔心地看著我們。在這裡和中澤繼續說什麼也無濟於事，拍攝只好暫時中止。回到家，我和中澤重播了當天拍的素材，希望回顧、檢視拍攝的不足之處，討論下次拍攝要解決的問題。

我理所當然地責問中澤：「為什麼突然不拍？」

「你不能沒完沒了。已經拍得夠多了。不要做讓元次郎不舒服的事情。」

「就算他不舒服也必須拍下去。」

「但總該有個限度吧。」

「……」

「總該有人出面喊停吧。」

中澤所說的，從一個普通人的立場而言也許是對的。但是，對於被攝者人生中的陰暗面，如果不鎖定拍下去的話，人物的亮點也無法浮現。我內心也有痛苦啊。儘管如此，我不得不邁出這一步，跨越這道障礙。不過，讓我更驚訝的是，原本那麼討厭元次郎的中澤，如今竟然停拍，此舉顯示他對元次郎已開始有了情感的投入。我當時對元次郎說的謊，竟然不知不覺成真了。這樣的發展也算是好的。現在，懸而未決的事情還剩一件……

那一刻，出乎意料地來了。某天拍攝結束後，我聊起「與瑪麗小姐共度的夏天」，元次郎緩緩地嘟囔了一聲。

「要不要一起去找瑪麗小姐？我一個人不行，如果有你們陪同的話……我覺得這可能是最後的機會了。」

我始終在等他這句話。幼苗長成為樹，花了兩年多，如今終於要結果了。本來，兩人見面的場景可否用於電影之中，都仍屬未知，因此我無法主動請求他們見面，讓我們過去跟拍。但現在是元次郎本人想去見瑪麗小姐，這是很有意義的。即使將來電影裡用不到，我也隱隱覺得，也許會發生什麼未可預期的故事。即使沒有多大把握，我仍很想一試，或許有一絲希望。

在一部主角不在場的紀錄片中，他們的見面就算拍了，也可能無法用上。儘管如此，我還是抑制不住內心中因期待而產生的激動。

3　與瑪麗小姐重逢的獨唱會

我隨即與養老院聯絡，定下日期。二〇〇三年一月十一日，是決定命運的一天。就在這天，要在養老院為瑪麗小姐辦一場「元次郎演唱會」。

現場會發生什麼，完全無法想像。這將是一場逼近體力極限的緊迫行程：從橫濱出發趕到當地，當天下午就舉行演唱會。有鑒於元次郎的身體狀況，行程安排得十分緊湊，拍攝也許未必能夠順利。儘管如此，我還是期待能拍到一段在舞臺上獻唱的元次郎，以及在觀眾席上傾聽的瑪麗小姐。希望能拍到元次郎唱〈My Way〉。元次郎罹癌後，覺得此曲映照出自己的半生，因而經常唱這首歌。

「我的一生，你可以見證……」

我與負責拍攝的中澤說好，元次郎一唱完這句，就把鏡頭直接轉向瑪麗小姐。無論如何要拍到這個部分。

一月十一日當天，我們一行從羽田機場起飛，不久後，降落在中國地區某縣的機場。從那一刻起，中澤啟動攝影機，跟拍元次郎在機場叫計程車、行駛一段後又轉搭單線電車的場景。車窗外的景色淨是山巒和田野，無法想像幾小時前我們還在橫濱日之出町車站隨著擁擠的人流搭電車。

在計程車裡，元次郎和鋼琴家井上裕規聊起了他們和瑪麗小姐初遇的情形。

「關內廳的演唱會是幾年前的事啊？」

「大概十年前吧（實際上已有十一年半了）。」

「我和瑪麗小姐走得比較近，大概也就這十來年吧。這麼說來，瑪麗小姐去養老院也有六年了。正好有六年了。整整六年（其實是七年）。」

「不過這趟路真是夠遠的了，瑪麗小姐的老家怎麼會這麼遠呢。」

「再兩三站就到了。」

「哦，那就快到了啊。」

終於抵達終點站，亦即瑪麗小姐所在的城下町。對我而言，闊別兩年半的風景又在眼前展開。

在車站前迴轉道與清川充告別那天的記憶又被喚醒了。好不容易回到這裡拍攝——我心裡不禁熱血沸騰。在車站前的咖啡店稍事休息之後，我們向養老院出發。瑪麗小姐正在那裡等著我們的到來。從計程車的車窗外望去，那個夏天，我不知路過了多少遍、已經烙印在視覺中的田園風光不住地向後掠過。命運的時刻即將來臨。

元次郎下了車，一路小跑著奔向養老院大門。他的速度快得連緊追在後的攝影機都快跟不上。正在門口等候的院長帶我們前去娛樂室，那年夏天，瑪麗小姐就在這裡跳日本舞。室內擺放著幾把折疊椅，舞臺上懸掛著寫有「歡迎」的背板。來欣賞演唱會的老人們已集中坐在中間的座位上，等候著。元次郎在老人中看到瑪麗小姐的身影，馬上跑了過去。兩人的手緊緊地握著，歡喜得不得了。院長告訴我們，瑪麗小姐一早就精心化妝，滿心期待著這場重逢。可以說就在今天，兩個人的思念終於變成了現實。緊接著，元次郎的演唱會馬上開始了。

元次郎演唱了〈下雪〉、〈百萬朵的玫瑰〉、〈下小雨的小徑〉、〈Les Feuillesmortes〉（枯葉）、〈羅曼史〉、〈雨天的藍調〉、〈黎明的藍調〉、〈愛的讚歌〉等，元次郎依序唱完他準備的曲目之後，對著觀眾席，不，應該是對著瑪麗小姐說了下面這番話。

「我元次郎，前年曾來過這裡。在那之後，我得了癌症。但我一直拚命治療，希望治癒頑疾，戰勝病魔。今天能夠來到這裡為大家唱歌，會是我一生中彌足珍貴的回憶。接下來，請聽這首〈My Way〉。」

〈My Way〉的旋律一響起，瑪麗小姐的表情就出現了變化。在此之前，她一直微笑著聽歌，但此時她嘴角收緊，凝視著舞臺。隨著元次郎開始演唱，瑪麗小姐也一邊仔細聽著歌詞，一邊微微點頭。我的身體顫抖著。我心中滿溢著從未體驗過的感覺，與是否拍到理想鏡頭無關。

「這部電影終於可以畫下句點了。終於看到盡頭了。」當時的我這麼想著。

自從電影開拍以來，在眾多採訪的過程中，我始終懷有疑惑。我的鏡頭究竟向被攝者尋求什麼？難道對於紀錄片而言，僅僅是他們回饋了一些好用的資訊就足夠了嗎？

這段時間裡，我迷茫糾結於這些事。當我目睹瑪麗小姐聽著元次郎融入自己半生的歌曲，因極有共鳴而頻頻點頭的瞬間，我找到了我所冀求的，紀錄片中訪談的本質：我要拍攝的不是資訊，而是被攝者流露的情感。記憶模糊也好、話語不合邏輯也罷，只要其中有真實情感，那就夠了。瑪麗小姐默默點頭的畫面，比起任何採訪都更有說服力。在那天的拍攝過程中，我學習到很多東西，感覺自己終於從一九九九年那個炎熱的夏天裡走出來了。明明是新年剛過的隆冬季節，但我卻渾身發熱。

在養老院門口道別時，元次郎對瑪麗小姐說道：「多保重啊。千萬別感冒。」

「放心吧。元次郎老師也多加保重。」

「太好了。我們都保重。我們都活到一百歲，說好了啊，活到一百歲喔。」

兩個人伸出小指勾手發誓。瑪麗小姐笑著頻頻點頭。我們一行人上了計程車，告別了養老院。我們前後只在養老院停留了約三個小時。

「星星真美啊。」元次郎看著車窗外，對坐在副駕駛位置的中澤說道。中澤沒有說話，僅回之以如雷的鼾聲。一定是這場不許失敗的拍攝，讓他方才處於極度緊張的狀態吧。「哎呀，他累壞了啊。」元次郎微笑著看往旁邊的我。我們都沒再談及瑪麗小姐。大家在車中凝望著天象儀般耀眼的星空。

4　重大的挫折

一個月之後，二〇〇三年二月，我急急忙忙開始了片子的剪輯後製。

原來，三個月前，也就是在開始拍攝元次郎的時候，我收到森日出夫的一個提議。

「中村的電影要不要放映看看呢？」

二〇〇二年四月，轉型為商業設施的橫濱紅磚倉庫重新開幕，連日以來，吸引大批遊客造訪這個新的橫濱觀光景點。二〇〇三年，正值開幕週年祭，屆時將舉辦森日出夫的攝影作品展。不過光是只有攝影展的話，感覺有些單薄。由於攝影展上也會展出有關瑪麗小姐的攝影作品，於是就想到同時上映相關的影像作品。

「哪怕短片或試作版也無妨。」

片子還沒拍完，照理說，不能答應這樣的請求。與其說是冒險，不如說是近乎魯莽的建議。但是森日出夫對我幫助最大，可說是恩人，他的請託，我無法一口回絕。

「明白了。我來剪片。」能不能做到是另一回事，但是我得答應下來，以表心意。利用拍攝空檔，我在自己的個人電腦上安裝好剪輯軟體，把上百卷帶子逐一擷取。事實上，這是我第一次接觸非線性剪輯，只好連著好幾天閱讀剪輯說明、自己摸索著往前。至於攝影展的細節，此時也已公布。

森日出夫攝影作品展　二〇〇三年四月一日（星期二）至十五日（星期二）
橫濱紅磚倉庫一號館二樓展示空間
主辦．橫濱紅磚倉庫一號館「財團法人橫濱市藝術文化振興財團」
協辦．橫濱市／神奈川新聞／TVK電視／RF電臺日本／FM橫濱

起初決定在攝影展場地的一角，以電視播放我的影片，後來擔心電視機前觀眾聚集、妨礙人潮移動造成壅塞，又有人建議改在一號館三樓大廳的表演廳放映。同時，還增加了一項：放映結束後，舉辦元次郎的小型現場演唱會。當我還被蒙在鼓裡，這個計畫已不知不覺成為一個盛大的活動……森希望我取個片名，最後便暫定為《LIFE　白色娼妓瑪麗小姐》。但原本說好在攝

影展一角、不引人注目的情況下放映，為什麼會演變成現在這樣呢？從未經歷過的不安，直撲著我而來。此時，又發生意料之外的事件。某天晚上——那天並不是拍攝日，中澤健介來到我家，說要借用工作用攝影機。

「我的一個朋友有現場表演，拜託我去幫忙拍攝。」

和以往不同，他的口氣有些鬱悶。

「你還好吧？怎麼感覺怪怪的？」

中澤好像要說什麼，但我其實也無心傾聽，就把攝影機交給他，只是叮嚀一句，記得口氣大概是：「可別惹出什麼麻煩。」現在想來，當時的態度真不體貼。實在是因為眼前的事情讓自己忙得不可開交，根本沒有餘裕過問別人的事。那晚，一縷不安揮之不去，使我難以入睡。

第二天打電話過去，中澤告訴我：「表演拍得很順利啊。」出乎意料地語氣輕鬆。看來是我杞人憂天。當然，這樣再好不過。

幾天後，二月十四日。這天要拍空鏡，像是從橫濱到川崎的電車車窗外的風景。中澤帶來了他的女友麻衣。

「沒關係吧，今天不用拍元次郎，只是拍些空鏡。」

中澤有時公私不分。若是平時工作，絕對不會容許這樣的事，但因為我們是朋友，明顯看得出他對我有些賴皮，惹得我很不高興。但如果在這時埋怨他，只是徒然使彼此不快，便暫時先按照預定計畫，拍完了空鏡。結果，這天拍攝的空鏡全都ＮＧ了。果然，有非工作人員在場，總會分散注意力、影響拍攝。無奈之下，只好收工，之後和中澤與麻衣三人一起去了橫濱站西口的不二家咖啡店。剛好這天是情人節，店內坐滿了一對對情侶。我在兩人中間像是電燈泡，實在坐立難安。不過，更令我難安的是中澤的樣子。他沒了往常的霸氣，根本不想說話，只是低著臉盯著麻衣看。

「這兩人之間到底發生了什麼事啊？」我注意到這一點，不過也只能默默擔心。

第二天，我接到麻衣的電話。

「他的樣子很怪。」

「什麼意思？」

「他一直在那裡嘟噥什麼，跟平常很不一樣。」

我的不安成真了。我趕緊撥打中澤的手機，但幾次都打不通，後來更是音信全無。我擔心中澤，但未完成的拍攝更令我擔憂。我趕快去了元次郎那裡，告訴他接下來的拍攝日程可能要調整。都到了這個階段，另外找人來拍的難度很高。我對元次郎大致說明了從麻衣那裡聽來的狀況。

「他不會有事吧……」元次郎低下了頭。

拍攝中斷，我決定全力投入剪輯。試映會的日期是不能更動的。我不分晝夜地拚命工作，每天都在電腦前剪片，直到晨光映入房間，累了，就倒在床上小歇一下。幾個小時後手機響起，是麻衣。雖然我沒能聯絡上中澤，但仍從她的話中瞭解到一些有限的情況。又過不久，中澤的母親也打來了。儘管聽了雙方所說的，仍不太清楚詳細情形，但確定的是，中澤的精神狀況陷入消沉，已經到了不能和人見面的地步，現在正在住院療養。就這樣，每天通宵剪輯，再加上早上接麻衣打來的電話，已經成了我的家常便飯。前景茫茫的情況下，試映會的日子一步步地逼近。但拍攝還沒完成，該如何是好……睡眠不足、疲勞、加上精神緊張，我的頭腦也有點不正常了。

情人節過了半個月，在二月快結束時，我接到中澤母親的探詢。

「他本人說，還想繼續（拍攝）下去。」

二月二十七日，打開家門，中澤就站在我家門口。明明不久前我們還在一起，但這個當下，我腦中蹦出最恰當的詞莫過於「久違」了。

中澤一臉魂飛魄散貌。一九九九年夏天丟下拍片現場、在下一個冬天時又好像什麼都沒發生過似地回來繼續拍攝，那種厚臉皮又目中無人的態度在他身上完全看不到了。現在彷彿對他說點什麼，他就會碎裂似的。儘管拍攝本身又得以繼續，不過他再也不看我的眼睛。即使面對採訪對象，他也只是低著頭，始終沉默不語。這使得現場氣氛發生了變化，甚至被拍攝的對象都擔心起來。縱使如此，還是繼續往下拍著。麻衣每天早上照舊打電話來。中澤、麻衣，乃至於雙方的家人都捲入其中，糾紛不斷，好像陷入某種嚴重的困境。說出來可能有些冷酷，但這一切原本與我無關，我只想集中精神拍好電影。我希望中澤能夠堅持把最後的拍攝做好，僅止於此。然而，可怕的事情突然發生了。

三月三十一日，距離紅磚倉庫的放映會正好還有兩個星期，那天定好了要採訪元次郎。這段採訪場景非常重要，元次郎會談及自己與母親的關係，以及這種情感與瑪麗小姐的關聯。同樣的採訪之前也拍過，但總覺得還少了什麼，似乎沒有拍到瑪麗小姐點頭時流露出的那種氛圍。這次中澤情緒波動的原因，據我耳聞，似乎也源於他自己與母親之間的心靈創傷，這與元次郎長久以來背負的創傷頗為近似。

「元次郎大概對他母親有一種情結，很讓人厭煩啊。」

我想起中澤曾經如此批評元次郎。那也許是一種對於與自身境遇相似者的厭惡心理吧。這天的採訪，正是要請元次郎談他這段創傷。拍攝前一天，我有些猶豫地把中澤的情況說給元次郎聽。為了拍電影而扯進工作人員的心理陰影，雖然有些難以啟齒，但是我又覺得，即使是為了中澤好，也應該告訴元次郎。不過我也清楚，我這麼做有些傲慢，甚至有些不厚道。聽完我所說的，元次郎只是沉默無言，目光遲滯地把菸送到嘴邊。

拍攝當天，我和中澤一起去了「Chat noir」。中澤還是之前的老樣子。

「你們來啦！」元次郎笑著迎接我們。面對中澤，他既沒有多問，也沒說什麼鼓勵的話，就像往常一樣。這正是元次郎獨有的體貼。拍攝很簡單，就是元次郎接受採訪的鏡頭。攝影機就一臺，也沒有機位變化。鏡頭只要凝視著元次郎就好。我想要拍的，僅僅是這樣的畫面。過程中沒有提問，該說什麼，雙方事先已經溝通過。元次郎就是依照自己的步調講述即可。

「一九四五年日本戰敗後撤僑，當時我七歲、妹妹四歲、加上母親一家三口。母親因故和父親分開生活，為了讓兩個孩子吃飽，她很拚命。我們經營過烏龍麵館，賣過關東煮。為了賺更多的錢，與酒有關的工作成了首選。做起酒水生意以後，家裡來來往往的男人多了起來，我也一天天長大，到了隱約能夠察覺成人世界的年紀。就在這時，母親有了情人。原本一路走來，就是我們一家三口，如今看到母親心裡有了別的男人，我實在無法忍受，於是就和母親吵了起來。吵著吵著，我就罵母親：『你這個伴伴！』……母親當然生氣了，說：『你說你媽什麼?!』但當時我有一個很強烈的意識，就是覺得母親只能屬於自己。後來常常後悔，當時真不該說那種話，怎麼說得出口呢？因此，後來當瑪麗小姐對我說『我做過伴伴』，我的胸口就像被猛然一刺。如果我的母親，如果瑪麗小姐是自己的母親……如果這個人（瑪麗小姐）就是我母親的話，為何我想的是要為她做什麼？為何不是指責？長到這個年紀，已經沒有指責了。不管是下雪，還是雨天，瑪麗小姐都流離街頭，連住的地方都沒有。可是憑我一己之力，也幫不上什麼忙。但我很想做點什麼幫到她，這種願望十分強烈。面對瑪麗小姐，我無法覺得事不關己……」

就時間而言，這段採訪很簡短。拍攝一結束，元次郎快步迎向中澤。

「沒問題的。你沒問題的。」

他緊緊握住中澤的雙手，對他說了一遍又一遍。僅是這樣的一句話，卻可謂語重心長。這段採訪不再是為了這部電影，而是給中澤的留言。看著兩人緊緊握在一起的雙手，感覺他們的心是相連的。那是先前充滿胡思亂想、妄作猜測的我，無法觸及的世界吧。

在野毛山公園附近的路上，與元次郎道別後，我和中澤坐在車裡。也沒想要說什麼。我只好說了句廢話，中澤點了點頭。

「元次郎今天講得不錯。」

我談到今天的拍攝感想，他又陷入沉默。好長一段時間都不說話。過了好一會兒，中澤才像是用擠的一般吐露了自己的心情。

「今天聽到元次郎說的，我沒辦法看攝影機的取景器。所以，我不知道這段有沒有拍好。元次郎講的那些話，讓我止不住眼淚。我知道自己在掌機拍攝，但眼淚就是停不下來。以前我也對母親說過很過分的話，至今我都不能釋懷。我真後悔。我該怎麼辦？我該怎麼辦……」

中澤嗚咽著，大顆的淚珠不住地滾落。我束手無策，只能等他哭夠為止。

在這之後，我回到家，檢查今天拍攝的帶子。以往我總是和中澤一起重播，今天則讓他先回去，我獨自一人檢查。結果一看就發現，畫面的構圖有些問題。元次郎的頭被切掉了一塊，畫面很失衡。

「我沒辦法看取景器。」中澤的話又在我耳邊響起。想必是拍攝時，元次郎改變了姿勢，結果畫面中的頭頂就裁切掉一塊。一般情況下，只要隨著人物移動調整攝影機就好，但是中澤當時的狀態，根本連這也無法顧及。這下子麻煩了。考慮到元次郎的心情，不可能重拍。以前也拍過同樣內容的訪談，最簡單的辦法就是改用那個版本。談得滿好的，畫面也沒有問題，只是在感情的層面上，遠遠不及這次採訪的效果。正在我發愁之際，中澤來了電話。

「今天拍得怎麼樣？」

他沒有一起看重播，果然也放不下心。

「怎麼說呢，可以是可以，但還是有些問題。」

聽我說完情況以後，中澤突然高聲懇求。

「就用今天拍攝的吧。拜託你了。」

「可是這個……」我企圖避而不答。這不是憑感情決定的事。電話那邊傳來了中澤的哽咽聲。

「今天拍的如果不能用，該怎麼辦呢？」

「……」

「我想死啊。」

中澤哭著說。而我只是沉默不語。

經過一番長考，最後我還是決定使用這次拍攝的採訪。構圖畫面什麼的就算了，還是不想糟蹋了元次郎和中澤的一番心情。儘管我滿口大道理，結果還是刀子嘴豆腐心。尤其對中澤，向來更是遷就。如此這般的我，也真是可憐……

翌日，為了商量試映會的事，我去了紅磚倉庫。在我並不知情的情況下，又已經調整成日、夜兩場規模更大的放映會了。放映會場在三樓大廳，可以坐三百五十人。也就是說，不拉到七百人的話，就不會滿座。我忙著拍攝和編輯，根本無暇顧及推廣宣傳。這樣做會如何，顯而易見，後果很嚴重。從倉庫間的縫隙之間，我看到一線天空，那是美麗的暮色。不知道上映那天會是什麼顏色？一念及此，我感到幾分傷感。

總之，拍攝算是結束了。雖然有許多東西還沒拍到，但考慮到臨近試映的日期，只能用現有素材剪輯。

進入四月，我來到天野攝影工作室，向森借用在拍攝《記錄記憶》時，他所拍下的元次郎肖像。

記錄記憶

瑪麗小姐和元次郎。對橫濱來說，他們是無可取代的人物。要保存下來的東西是什麼？透過攝影師森日出夫的眼睛所看到的事物，又是什麼？森和元次郎的對談。

（摘自電影《橫濱瑪麗》結構表）

森沒有看著我的眼睛，就開口了。

「那個我沒拍。」

「但我當時看著你拍了啊。」

「我沒放底片。8×10大片幅相機成本太高。多浪費啊。」

我為之愕然。不是底片價錢的問題吧！我拚命嚥下已衝到嘴邊的話語。現在生氣也無濟於事。我低頭、閉上雙眼，深深呼吸了好幾次，努力讓心情平靜下來。我問森有沒有替代方案，他說在使用8×10相機之前，用數位相機拍過同樣構圖的照片。我決定拿它來替代使用。

我對森的憤怒始終難以消除，但直到半年多以後，我才明白是我想得太淺。原來，還有我想像不到的更深層的理由。

四月十三日試映當日，我在當天早上才終於剪好了要放映的片子。與其說是完成版，不如說是勉強剪出來的試作版。放映訊息只在橫濱市政雜誌上刊登，根本沒有在現場發布放映通知。猜想除了相關人員之外，不會有什麼觀眾。但是到了現場一看，我悲觀的預測立刻被推翻了。開場前一個小時，外面竟然大排長龍。兩場放映幾乎座無虛席。儘管其中有不少是持招待票來觀賞的人，但仍足以證明瑪麗小姐在橫濱的知名度與人氣（？）。

不過試作版的反應實在是糟糕透頂。透過大銀幕來觀看，連我自己都覺得無聊，簡直無法稱為電影，只是一組自以為是地羅列出來的影像材料。讓近七百名觀眾看這種東西，實在是天大的罪過。放映過程中，我滿滿都是逃出會場的心情。

結果解救了如此慘況的，還是元次郎。夜場結束後，舞臺轉為一片漆黑，此時，響起了鋼琴前奏和熟悉的歌聲。當聚光燈照亮黑暗的舞臺時，元次郎在光束中現身了。演唱會就此拉開序幕，元次郎的獨腳戲開始。當他唱起電影中也出現了的〈My Way〉，現場響起了啜泣聲。原本電影放映時觀眾有如散沙般的情緒，慢慢地凝聚為一體。這樣的效果，是放映時所沒有的。

這一切都結束以後，元次郎在會場大廳發現中澤，便快步走過去向他攀談。

「怎麼樣，好多了嗎？」

「……」

「等你好起來了，我們一起去吃燒肉。」

中澤眼含熱淚，身體顫抖著。對我來說，這場試映會無非是一場挫折，不過也許別有意義。我這樣對自己說道。

「中澤要去埃及了。」

試映會數日後，中澤的母親聯絡了我，說他要去投靠嫁給埃及人的姊姊，去開羅旅行兼療養。至於麻衣，因為這次的事情，已經分手了。我趕緊去「Chat noir」跟元次郎說中澤要去埃及的消息。

「剛剛收到了這個。」

是中澤寄來的包裹。裡面是他在老家（茅崎市）當地拍的照片。照片裡是黃昏的沙灘，以及中澤的愛犬。

「這張照片啊，他以前給我看過。我說過『真喜歡，好漂亮』。」

元次郎拿著照片微笑著。翻過照片背面，有中澤親筆寫的字，「給元次郎。」這句話，緩緩響徹了我的心底。

第七章

聽見伊勢佐木町藍調

1　處於谷底的打工生活

試映會之後過幾天，我去了天野攝影工作室，森日出夫一見到我便嘆息著說：「大家跟我抱怨不少呢。」他說他的舊識和朋友滿是惡評，什麼「作品內容很糟」、「根本就不是瑪麗小姐的紀錄片」等等。

你這片子缺這少那，太差了——森本人說得也很尖酸。「試作版也好，粗剪版也好」當初提議的明明是他，如今他這麼說，真叫我人難受。我原本還想抱怨，說我可是依照你那強人所難的日期好不容易剪出來的。但我還是什麼也沒講，默默把話吞回去。畢竟我自己也覺得剪得不好，本來就打算重做。雖然有些對不起前來紅磚倉庫捧場的觀眾，但這場試映，也暴露出作品的問題所在。

這部電影的主題是「與瑪麗小姐相關人們的紀錄片」。然而，雖說元次郎堪稱關鍵人物，但他在片中的比重過大，模糊了作品的焦點。沒想到，由於我過於投入自己的感情，不知不覺中，竟變成「元次郎的紀錄片（而瑪麗小姐是他的朋友之一）」，主詞被替換了。

剪出來的片子當然是失敗了，但我已經知道應該修正哪些問題。只要回到原點、認真重來就是了。試映，無疑正是讓我自己冷靜下來的儀式。

「從現在起，我會重新來過。」我向森宣布道。

「那就好。現在這樣一定不行的啊。」他回答我，但也許他內心其實已毫無期待。我來到「Chat noir」，元次郎收到很多信，大部分都是對元次郎演唱會的讚賞。讀了幾封信後，我向元次郎說出了目前的想法，請求他協助。

「這是在緊迫的時間內匆忙完成的，所以很不滿意現在的成品。我也知道您身體狀況很弱，但還是想懇求您再幫幫我一陣子。」

我心知肚明，這是多麼自私的請託。

「好是好啊。」元次郎的表情有些為難。他大概也沒有足夠的自信，能保證在目前的病情之下他有體力撐到最後。我再三懇求，他嘆息著回我：「我也不知道自己能活到什麼時候啊。」的確如此。必須儘快重建製作團隊，往前趕工。前方需要解決的問題還有一大堆。

首先是製作經費。我們拍了半年元次郎，手上資金已經見底。但如果我再回去打工做副導演，最短也會被綁住兩三個月的時間，其他什麼事情都做不成。面對如此慘狀，我沒有選擇。無奈之下，只好去錄影帶出租店打工，籌措資金。平日晚上十點到翌日早晨八點、共十個小時，一回到家倒頭就睡，中午起床，每天大約僅有三小時睡眠。下午到晚上十點打工前的這段時間，我拿來製作準備和搜尋資料。此外，週末和假日、節日則擔任婚攝的錄影師。

如何找到團隊工作人員也是問題。中澤去了埃及，何時回來還是未知。如果不新增核心人員，工作就無法重新開始。

此時，我諮詢了白尾一博的建議。我認識白尾，是一九九八年十二月的事。就在紀錄片開拍的前一年，我為了學習非線性編輯，參加了UPLINK公司主辦的數位電影工作坊。當時的講師就是白尾。

在紅磚倉庫放映《LIFE　白色娼妓瑪麗小姐》一週前，我去了白尾家的剪輯室進行色彩校正、放上字幕、修改內容等作業。目前製作班底最大的缺點，就是少一個能夠參與內容企劃，並提出想法的工作人物。

「我只負責拍攝。」中澤給自己的定位很明確。他是技術人員，這樣定位無可厚非。在這方面，白尾倒有不少有用的想法，並給我很多中肯的建議。他屬於那種不輕易妥協，堅持自己的意見、但也對此負責到底的性格，他又比我大五歲，如同我的老大哥。

在梅雨季即將結束時，白尾表示願意出面擔任製片。那日，我一如往常地從錄影帶出租店打工回家，隨即累倒在床上。我無法熟睡，因為中午過後，在強烈的陽光照射下，房間猶如澡堂般悶熱無比。淺眠，加上渾身汗濕，讓我難以立即起身。就在這個當下，白尾來了電話。「再把不足的部分補拍一下，還是有勝算的。元次郎和瑪麗小姐重逢作為最後一幕。有了這個鏡頭，就很好看。」在電話的另一端，他還提出了好幾個建議。

我沒有馬上回覆他。幾經思索後，我做出決定，請他做製作人和主要剪輯。白尾認為片名應改為《橫濱瑪麗》，除此之外，還建議加入旁白，但對於這一點，我沒有接受。為什麼不加旁白？

這與我個人對「戰後史」的立場有關。談到瑪麗小姐，「戰後史」這個要素是避不開的。但是一九七五年出生的我，究竟有沒有資格描繪出自己從未經歷過的「戰後史」？老實說，我並沒有自信。我的腦海中又浮現出攝影家常盤刀洋子丟來的巨大命題。

「為什麼是瑪麗小姐？她已經是過去時代的人了，屬於我們的那個時代。像你這樣的年紀，你對她根本一無所知啊。」

當時她這樣說，我無言以對。但是在後來不斷採訪的過程中，我摸索到屬於自己的答案。

我不會裝出一副全知觀點似地去配上旁白。但我又該如何誠懇地面對受訪者所生存的時代呢？我也不希望流於偏重記錄，僅僅按照時序串聯證詞、將此作為第一要務。我的設想是，運用受訪者的原聲，以創作者的視角還原歷史。那才是未曾經歷過那個時代的我得以趨近歷史的方法。這未必就是正確答案，但除了這條路徑之外，我找不到其他。

諸如此類的對話，我花了許多時間和白尾交換意見。

二〇〇三年七月。在元次郎的邀請下，我來到位於野毛山半山腰的「野毛FRASCO（燒瓶）」。「野毛街頭表演」事務所就位於這座建築裡。我來此處是為了和事務所統籌大久保文香討論某個活動。

「我要為元次郎開一場演唱會。」

元次郎的病情不容樂觀。對大久保來說，元次郎是「野毛街頭表演」的固定老班底，也是無可代替的同伴，因此很想再一次為原次郎在野毛搭起舞臺。在大久保的推動下，整個野毛的大家都行動起來了。

地點是位於野毛的橫濱Nigiwai座小廳（野毛Schale）。也許這是元次郎最後一次公開表演了。一看整個節目企劃，其中竟包括了放映《橫濱瑪麗》。這真是突如其來，讓我十分意外……

「電影，沒問題吧？」元次郎希望我能理解安排上的突兀。但如此緊急的狀態下，不可能沒問題的。這一次絕對不許再失敗了，但我沒有搖頭說不。明明紅磚倉庫那次我跌得那麼重，但一想到這是為了元次郎，我真的無法拒絕。日程定在十一月下旬，算一算只剩四個月。我真氣這個不懂得冷靜計算，只會為了人情、感情用事的自己。

2　記錄根岸家

從關內站往伊勢佐木商店街方向走，松阪屋和有鄰堂本店就坐落在這條街上。沿街再向前走，經過橫濱ODEON電影院、日活會館，然後在從前松喜屋百貨商店舊址上建起的超市「UNY」向右拐，有一個很大的停車場。二十三年前，此處是「根岸家」的所在地。女將阪元壽美和再婚的丈夫一起，於昭和二十一年五月在伊勢佐木町開啟了這家大眾酒場，店名則取自丈夫祖父的出身地、橫濱的根岸町。對於當年比較少見的二十四小時通宵營業，阪元多年後回顧道。

「『那些沒趕上末班電車的客人，往往捨不得花高昂的費用坐計程車回家，想撐到早上再說。』於是店裡就想到了這個點子。加上店主夫婦為人好客。『大度老闆娘』的溫暖就不用說了，她的丈夫阿明也是厚道人。『雖然風流，但是好人。一聽說澤田美喜[1]在大磯開了伊莉莎白．桑德斯之家[2]後，便給孩子送糖果點心。店裡請來樂隊，本人也登臺獻歌，唱得雖然一般，卻很得大家歡心。』」

（《女性seven》，一九七五年三月十九日號）

另外，丈夫阪元明很有經營頭腦。戰後糧食缺乏，黑市橫行的時期，他承包了回收占領軍剩飯的工作，這是根岸家走向發達之路的第一桶金。

1　三菱財閥創始人岩崎彌太郎孫女，為日本知名的社會工作者，以「兩千名日裔混血孤兒的母親」而聞名。

2　一九四八年設置，用以收容二戰後美軍為首的占領軍與日本女子所生的混血私生子。其名來自機構成立後的首位捐贈人。

從伊勢佐木町大街方向望去可見根岸家的大門。（常盤刀洋子提供）

占領軍拱頂兵營用汽油桶裝得滿滿的剩飯裡，混雜著吃剩的牛肉和橡膠製品，必須經過篩選。他把「還能吃的食物」挑出來運到野毛的「鯨魚橫丁」供黑市做雜炊之用。透過「一貨車剩飯換六十公斤大米」的以物易物，他為店裡換到了用於營業的食材和酒。

（「根岸家」前經理石野泰章）

店主很會隨機應變，然而最重要的還是黑市，讓他們賺得盆滿缽滿。（中略）

「實行物價管制令的時期，食物不足，全日本都處在饑餓中。儘管如此，無論何時去他們家的店，都是想吃什麼有什麼。……炸豬排也有，拉麵也有，有時還有花枝和鮪魚刺身。」七十八歲的當地前街委會會長自豪地回憶。

（《週刊新潮》，一九八〇年九月四日號）

伴伴們是店內的常客。為了追求她們，又湧入眾多的占領軍大兵。除此之外，黑道流氓、不良少年、皮條客也常在此聚集，這家店因而名聲大噪。號稱橫濱不良少年四大天王的「摩洛哥之辰」出口辰夫、林喜一郎、吉水金吾、井上喜人也是這家店的常客。此外，森繁久彌、伴淳三郎、三木規平、林屋三平等演藝圈人士也時常光顧，作家黑岩重吾也曾多次為了採訪來此。

一九六三（昭和三十八）年上映的電影《天國與地獄》中，伊勢佐木町外國人酒吧的原型便是根岸家。導演黑澤明如是評價這家店的魅力。

> 橫濱有一家叫根岸家的店，真是個好玩的地方。這裡什麼都有，是個匪夷所思的地方，可謂各色人種、龍蛇雜處進進出出……晚上來的話，還真夠嚇人的。
>
> （《世界電影作家3　黑澤明》，電影旬報社，一九七〇年三月）

在黑澤明的指示下，美術設計村木與四郎在東寶攝影棚裡搭景重現了根岸家實況。他在回憶造訪根岸家的印象時說道。

> 這個，電影中罪犯買毒品的大眾酒場，其原型就是橫濱伊勢佐木町的根岸家。好像美空雲雀還是誰的歌裡也唱過這地方。這是外國人常去的酒館，可以吃到天婦羅、朝鮮烤豬肉，

一九五〇（昭和二十五）年左右的根岸家。（廣岡敬一攝影）

也可以喝酒，真是個不可思議的地方。館子實際上沒多大，電影搭的景比它大出四倍。我和導演在吧檯周圍貼了許多商標、裝飾什麼的，盡可能地誇張。黑澤導演在做這些事時，看起來特別開心。

——好像有個鳥居？

是有一個，位在入口處，我們做的誇張了許多。

（《巨匠的技巧　黑澤明及其團隊》，膠片藝術社，一九八七年）

廣岡敬一，一九二一年出生，戰爭期間曾在滿洲電影協會工作。戰後回國，曾任職於晚報、女性雜誌社等，後來擔任男性雜誌的記者，採訪過紅線地段的陪酒女郎、脫衣舞孃、土耳其浴小姐等，堪稱是風俗作家中的先驅人物。我在紀錄片開拍前調閱戰後風俗史等相關資料時，發現了廣岡的著作《戰後性風俗大系——我們的女神們》（朝日出版社，二〇〇〇年）。

書中記述了一九五〇（昭和二十五）年前後根岸家的樣貌。

說起橫濱，伊勢佐木町的「根岸屋（家）」也很有意思。這家居酒屋能容納一百多位客人，裡面總是擠滿了釣GI的洋妓。許是因為早年多為RAA出身以及曾經在基地拉客等原因，很多女人年齡偏大。經常上演女人之間為了爭奪客人的激烈打鬥。光是看著她們拉來扯去，也是有趣。

開拍之前，我就打算採訪廣岡。紅磚倉庫的試映之後，我馬上去見了他。幾次討論下來，最後說好在八月七日採訪。這一天正值盛夏，十分炎熱。廣岡一邊翻看著他自己拍攝的根岸家照片，一邊努力找回當年的記憶。

「我因為工作原因去那裡拍照。那時，可要得到店裡伴伴總管純小姐的同意才行。我跟店裡的人說：『可以讓我在這裡拍照嗎？』對方就對我說：『去問那個人。』是洋伴的頭頭啊。『要她點頭才行。』於是我就過去拜託。她說：『好啊。』接下來的事就有點那個，不是什麼好事，是有點丟臉的事。（洋伴的頭頭）說：「今天我不做生意了，你來我家玩吧。」就硬把我帶到她小小的公寓裡。她說：『怎麼搞的，今天突然好想跟日本人做啊。』就把我按倒。就那樣被她硬上了。完事之後還說：『好久沒跟日本人了。』」

純小姐。是根岸家的「伴伴」總管。（廣岡敬一攝影）

「其他還有什麼印象深刻的事情嗎？」

「有意思的是，在根岸家不准說『啞伴』這個詞。當時其實是有啞伴的，就是不會開口說話的女人，賣身為生。伴伴分成三種，有啞伴、白伴、黑伴。」

「普通人是不是不怎麼來這裡？」

「普通人，即使住在橫濱，應該也不怎麼去吧。結果這裡就變成洋伴和美軍聚集的地方。所以，（能拍到照片）都是那個伴伴總管純小姐的功勞。為了這個，還被她硬上了（笑）。」

我繼續做著有關根岸家的調查。以前曾採訪過的黃金町「銷魂一刻」的妓女舞又給了我一些資訊，是她幫我從熟客那裡打聽來的。

「聽說根岸家有位獨臂保鏢，平時一身白西裝，戴個絲綢禮帽。據說因為仗義打架失去了一隻手臂。好像曾是瑪麗小姐的情人。」

這故事聽來太離奇，感覺可以拍一部日活[3]的無國籍電影。這種八卦情節愈是誘人，愈覺得當中有危險的陷阱。在我的電影裡，「根岸家」只是瑪麗小姐和妓女們的交易據點，僅止於這樣的關聯。若是一步走錯，讓根岸家的戲份過於凸顯，恐怕就偏離了瑪麗小姐的主題。儘管如此，我還是有自己的計算。乍看好像把焦點放在橫濱的大眾酒場，但我關注的絕不是如此表層。

用影像捕捉「過往和歷史」時，在當事人的證言之上，再輔以當時的照片和資料，是一種正統的作法。不過我想在此基礎上，再加入一點巧思，跨出這個傳統。我試圖透過「根岸家」這個場所、這間酒館，還原瑪麗小姐那個時代的氣息。一九九九年開拍以來，不過數年時間，城市就已發生了明顯變化。舊建築被拆除，新大樓拔地而起。瑪麗小姐在時那種因清濁混雜而絢麗的戰後橫濱，幾乎已無處可尋。瑪麗小姐眼中的城市風景，現在也已經無處可拍。既然如此，我要拍的，就是曾經接納過瑪麗小姐的這座城市的時代痕跡，其中的象徵標的，正是根岸家。這條線索剛剛起步時，我便毫無理由地確信著。或許這就是一種直覺，又或是我捕捉到了某種氣味吧。

「根岸家，好懷念啊。」十一月為了元次郎的演唱會（與放映會）開會時，野毛街頭表演的統籌大久保對我說。當我告訴大久保「我現在正在搜尋根岸家的資料」，大久保馬上接話。

「小學二、三年級的時候，父母帶著我走到伊勢佐木町的盡頭，應該就是根岸家附近。我看見女人們為了拉外國客人、爭地盤而互扯頭髮、大打出手，然後一旁的美軍出面阻止，拚命把兩

3 日本活動寫真製作公司的簡稱，曾製作發行諸多電影，而後逐漸沒落，也拍攝成人電影。

個人拉開。這個情景我至今都記得。」

大久保看到的情景應該是昭和二〇年代。是她至今仍不能忘懷的戰後印象。

「那你聽說過根岸家招牌的事嗎？」

大久保像是突然想起來似地問我。

「大概五年前吧，我在伊勢佐木町的小巷散步，好像是曙町附近。原本的建築不是都被拆除、變成停車場了嗎。結果，與原建築相鄰的民宅牆壁露了出來，沒想到竟然是根岸家的招牌，或是寫著酒水菜單的牌子，釘在鐵皮牆上。」

為什麼根岸家的招牌鑲在隔壁民宅的牆上？像是為了解答我的疑問，大久保繼續說道。

「太不可思議了。我當時也是好奇心旺盛，於是敲開了那戶人家的門。我說，『那個，好像是根岸家的招牌啊。』對方回我：『就是啊。根岸家燒掉以後，我老公把那塊招牌撿回來，釘在鐵皮牆上遮掩破洞。』」

這段故事說不定能放進紀錄片裡！我拜託大久保，在會議結束之後帶我去實地看看。

面朝曙町三丁目的十字路口，那棟位於曙町色情按摩街盡頭的民宅，已是人去樓空。總之，屋主不住在這裡。靠近停車場的外牆上鑲著新的鐵皮。

「是不是改建過了？」大久保沒什麼把握地嘀咕著。據說那塊招牌只是鑲在圍牆鐵皮上，而非釘在牆壁上。

「圍牆外觀並沒有什麼變化吧？」

「是啊，我覺得和從前一樣。」

「那麼，在新的鐵皮下面或許還保留著根岸家的招牌。」

「這很有可能。」

根岸家店裡的美軍和女人，背後牆上貼著菜品圖。（廣岡敬一攝影）

民宅本身沒有翻修過的跡象。一看就是棟老房子，那面圍牆也像是很久以前就有的。我想直接找到屋主，但信箱上的名字已被除去。於是我又向對面的魚店老闆打聽。「最近沒看到呢。聽說好像身體有點問題……」

又問了關於根岸家的招牌。

「有嗎，有貼過什麼招牌嗎？」

「上面好像還有寫字。」

「我沒什麼印象啊。」

我直直地盯著鐵皮圍牆看。我並不懷疑大久保所說的，只是不能確定招牌是否真的還在。

「太可惜了，當時我要是硬把它拔下來保存，現在就成了橫濱的至寶了。」

大久保嘆息著說。根岸家的看板是「橫濱的至寶」，能說出如此話語的，果然是道地的老橫濱，我不禁會心微笑。作為新一代橫濱人的我，也不想放棄對橫濱至寶的探尋。

第二天，為了找到屋主，我向周邊的商家跟住家逐一打聽。

「他呀，好像腦梗塞住院了。」

答覆我的是經營玻璃裝修店的戶田邦士。他是個優雅且態度柔和的中年男子。一聊才知道，他與屋主在同一個街委會，兩人是舊識。屋主的名字是大戶井忠義。也許正藏著「橫濱至寶」的那間空屋，據說不久前還是一家西裝店。

「他在（磯子區）瀧頭的腦血管中心住院，也不知道現在怎麼樣了？最近我們一直沒有聯絡。」

我把話題從屋主的近況轉到我最想知道的根岸家招牌上。

「根岸家？你問的是以前那個酒館嗎？你確定貼過什麼招牌嗎？」

「好像有塊寫著酒水菜單的牌子吧。」

「沒印象啊……如果你想瞭解根岸家的事情，我可以介紹熟悉情況的人給你。」

大概看著我打破砂鍋問到底的樣子，不忍撒手不管，戶田就到玻璃店旁邊的咖啡館帶了一個人過來。

高見澤政雄。矮胖的身材，剃得一乾二淨的光頭上架著一副太陽眼鏡。一看那個架勢，就知道不是普通人。

「小哥，聽說你在調查根岸家的事啊。」

「啊，是的。」

太陽眼鏡底下，隱約可見他那銳利的目光。我震懾於他那咄咄逼人的氣勢，畏懼到簡直說不出話來。高見澤倒是一副無所謂的樣子，繼續往下說。

「你年紀輕輕的，知道不少根岸家的事嘛。」

「是。」

「當年我也是常客啊。」

「是。」

高見澤頻頻拍著我的肩膀說著。猛然一看，他那隻手竟然沒有小指和無名指。好可怕！我恨不得立即逃走。

「我介紹我的一個朋友給你認識吧。」

「好。」

「那個人啊，最近剛出了一本書。他對根岸家的情況也很熟悉。」

「是。」

「五點鐘，在前面那家日式酒吧『古巴』門口見啊。」

高見澤說完，又回到玻璃屋隔壁的那家咖啡館。

「只是拍部電影，為什麼搞成這樣……」我感覺眼前一片漆黑，簡直快要虛脫。這時，戶田來在我耳邊嘀咕。

「從前，他可是某個幫派的人。」

「什麼!?」

「不過現在他已經洗手不幹了，你放心。」

戶田一邊說，一邊將正在加工的窗玻璃切斷，那嘈雜的聲音更讓我平添某種不安感。我若不依約前往，那可不是件小事，以後我也別想在這城鎮上行走了，只好咬牙赴約。與高見澤約定的地點在根岸家舊址附近，位於若葉町的日式酒吧「古巴」門口。雖然門上掛著「準備中」的牌子，不過高見澤領著我直接進了光線昏暗的店裡。我看到一位修長高眺、滿頭灰髮，頗有紳士風範的男子。他叫松葉好市，一九三六年生於橫濱。據說二十五歲就擔任野毛町歌舞廳「唐人街」的總經理，是橫濱夜生活中人人皆知、有頭有臉的人物。

高見澤對松葉說起帶我來拜訪的原委。

「小好（松葉），我跟你說啊，這個小哥正在調查根岸家的事情。」

「哦，是嗎？」

我坐在他們兩人的對面，察言觀色。看來兩人相識已久，彼此有著互相信賴的默契。

「你就幫幫他，啊！」高見澤拜託著。松葉一隻手夾著根菸，點了點頭。

「小好可是寫過書呢。橫濱的事他全都瞭若指掌。」

「真厲害！」

我敷衍地奉承。事實上，出書在今日真是沒什麼好大驚小怪的。如今只要有錢，誰都能出書。不過我還是裝得興致勃勃，向松葉請教。

「書名叫什麼呢？」

「《橫濱物語》。正好是今天（九月二十六日）上市，去有鄰堂就買得到。」

據說松葉與高見澤年輕時常出入根岸家，當時的情形也寫進了《橫濱物語》。

「看在年輕人這麼努力的份上，你就盡可能地幫幫他吧。」高見澤拍了我的肩膀。一開始我還覺得他是個可怕的傢伙，相處習慣了之後，就發現他其實是個心地善良的老人。但看著他那缺了兩根指頭的手，我還是覺得我們之間橫亙著比「長城」還要高而漫長的牆。

第二天，我去了伊勢佐木町的有鄰堂書店。在冷清的本地書區找了一圈，卻沒有找到。我詢問店員，店員告訴我：「放在新書區喔。」我頓時吃了一驚。出版社是集英社。在暢銷書區陳列的《口述記錄　橫濱物語》，書封上印著口述者松葉好市的名字。原本要找根岸家的招牌，無意間卻遇到不得了的人。偶然之中，竟有了這樣的邂逅。

自此，我就成了「古巴」的常客。有時高見澤也會來坐坐，說是聚會，其實是一邊開心地調查資料，聽他們說說通常絕不能對外人道的橫濱祕史。我又順勢問起先前聽過的「獨臂保鏢」的事，松葉立刻就答覆了我。

「啊，你是說日高啊。他可不是什麼保鏢，是根岸家的皮條客。他確實總是白西裝加禮帽那種打扮，幾年前就過世了。」

高見澤也在旁幫腔，「是啊是啊。說是獨臂，其實是手腕以下斷掉了。坐牢的時候在（監獄的）肥皂工廠做工，結果（切肥皂的機器）按錯了鈕，不小心切到自己的手。」那些虛實混雜的傳聞內幕，終於釐清了。

至於那人是不是瑪麗小姐的情人，不得而知，但白西裝戴禮帽的打扮一定是引發了眾人的無限想像，於是傳言愈說愈神。果然是不能以貌取人。我瞥了一眼高見澤，暗暗提醒自己。

3　橫濱最後的藝妓

根岸家一樓的酒館和食堂旁設有舞臺，二樓則設有榻榻米個室。大正十二年生於東京向島的五木田京子曾在這裡當過藝妓。據說她十歲進入藝妓世界，昭和十六年日本襲擊珍珠港那年，她正值十八歲，開始第一次接客。除了森日出夫之外，她也是深受橫濱的文化人、經濟界人士所青睞的一位，是如今還在執業中的「橫濱最後的陪酒藝妓」。

五木田自昭和三十年、三十二歲時便開始在根岸家做藝妓。當時，在霓虹燈熄滅後的伊勢佐木町深夜，只有這裡還是燈火輝煌的不夜城，日以繼夜，人聲鼎沸。由於生意興隆，店面年年擴建翻新。

「二樓（榻榻米個室）原本房間不多，因為陸續擴建，後來的許多房間是拼出來的，走起來像進了迷宮。就算小偷跑進來，也會馬上就被逮到。」

當時在根岸家工作的五木田京子。（五木田京子藏）

五木田回憶起當時的情形。我向她做了兩次採訪。她從根岸家的事情說起，也談及在酒館門口拉客的瑪麗小姐，乃至於其他的妓女們。

「根岸家啊，要洋食有洋食，要和食有和食，歐美風格混搭。日式炸雞塊也不是一人一盤的那種，而是痛痛快快地裝在大盤子裡端上來。啤酒也是，在每個人面前砰砰放上兩瓶，最後啤酒還剩好多。我們知道這裡面可以做點手腳，啤酒就不幫客人上一整箱，還叮嚀『不要一口氣都打開』，客人走了以後，剩下的酒就分給陪酒女郎們。」

「薪水怎麼樣？」

「根本沒賺錢。但我們不在意薪水，說真的，給不給、給多少都無所謂！客人小費給得很大方，結帳單我們也漫天開價。店裡的人胡搞瞎搞，加倍收錢的事也做。所以最後才倒閉了嘛。像是二樓（個室）的經理拿著結帳單去一樓收銀台替客人結帳，算完又另外捏造出一張結帳單、向客人報價，客人也就糊里糊塗地把錢付了。」

「要是被拆穿了那可不得了啊？」

「放心，不會被拆穿的。大家都精明得很。老闆娘也知道員工做手腳，所以薪水給得很低，簡直就像沒給。不過要是做得太過分，老闆娘就會說『請過來一下』，把人痛罵一頓。所以唬客人也要裝裝可愛，這樣就過關了。」

「不只是藝妓，就連陪酒女郎也是嗎？」

「全部都是。無論是二樓的（藝妓），一樓的（陪酒女郎），全都一個樣。所以每個人都比老闆娘闊氣，開著高級轎車，把車停在店門口就上工。這可很不得了呢，有人連房子都蓋了。」

五木田說，她在根岸家經常見到瑪麗小姐。瑪麗小姐總站在根岸家門口，藝妓之間也常說起她。不過自尊心強、即使被搭話也不回答的瑪麗小姐，終於有天惹怒了五木田，她跟瑪麗小姐吵了起來。

「你憑什麼老是站在這裡？」五木田逼近瑪麗小姐高聲責問。瑪麗小姐反擊：「根岸家的門口又怎樣？我站的地方是公共空間，不需要別人跟我說三道四。」

當時，根岸家門口對妓女來說，是最容易賺錢的上等拉客地點。雖然彼此職業不同，但女人之間有話好說，所以五木田和妓女們關係都處得很好。但新來的瑪麗小姐連招呼都不打，五木田容不得瑪麗小姐這種旁若無人占地拉客的態度。

「說什麼『為什麼我不能站在這裡？』、『我也是做生意。』我想她認為我是在欺負她這個弱勢的（應該被憐憫的）阻街妓女做生意了。但其實做人將心比心，你對我笑一笑，我也會說句…『今天生意不錯吧。』但她一副自以為了不起的模樣，我看著就有氣，忍不住就想吼她一句，『你憑什麼站在人家店門口！』她是一個從不微笑也不鞠躬的人。」

「她連最起碼的禮儀都沒有嗎？」

「你說技藝？她有什麼技藝！」

「……不，我是說禮儀。」

「啊，禮儀啊。嗯。」

當時根岸家店裡有妓女（例如硬上了廣岡敬一的洋伴大姊頭），門外也有很多妓女阻街，是一個色情交易的據點。五木田說她也和一些不介意的妓女們聊過。

「大家都聊些什麼呢？好像是打針的事吧？往手臂上打針那種。這樣做的人好像滿多的。有時去廁所，一進去就撞見有人剛打完針，一看大腿就知道。還和我說：『姊姊，這個藥一打就全身舒服，幫你來一針？』我趕緊回她：『我怕打針，我討厭這個。』這都是常有的事。」

「是菲洛本[4]嗎？」

「對，就是這種藥。有次我穿著帶蕾絲花邊的圍裙，結果有個女孩問我：『京子姊，你怎麼了？你身上爬滿了蟲子。』我問她：『哪裡哪裡？前面還是後面？』她說：『前面後面都是啊，姊姊，你感覺不到嗎？』我覺得她這些話真是奇怪，一想就懂了。她不是打了針嗎？我衣服上的蕾絲鏤空，她把那看成了蟲子。」

「對毒品上癮的妓女不少吧？」

「畢竟做那種不正派買賣的人也會來啊。」

「黑道的人也會出入嗎？」

「是啊，警匪各半。簡直是黑白兩道的聚會。」

「也有美軍？」

「那時真是繁華熱鬧啊。即使來到現在，我也還是覺得，真是繁華一時。」

我與松葉好市、高見澤政雄一起重探根岸家遺址。此處早已不見當年盛景，原本的酒館被夷平成停車場。於是我決定透過兩人的記憶重建當時景象。

他們兩人只要說著說著就會偏離主題，我只好適時提問，把他們拉回來。

（想問很多問題，就先問了：根岸家的入口在哪裡？）

高見澤：「就是這裡吧，就這裡。」

（當時的入口是什麼樣子？）

高見澤：「門口掛著長暖簾，是大眾酒場嘛。女人就站在這邊走來走去。」

松葉「從那邊（正門）進去。上面就是鋪瓦的屋頂。」

高見澤：「對，我記得那個長暖簾好長。」

松葉：「穿過長暖簾，一進去就是收銀台，根岸家的老闆娘總是在那裡坐著。進到店裡，有好多桌子，正面有個樂團演奏的舞臺。樂團有小喇叭和薩克斯風等管樂器，還有打鼓伴奏。」

（店裡都演奏什麼樣的音樂？）

高見澤：「都是爵士樂啊，爵士樂。其實什麼類型的音樂都有，可基本上爵士樂偏多，畢竟客人大多是外國人。但我記得好像沒地方跳舞。」

松葉：「不過有人喝醉了就在舞臺前跳。」

高見澤：「這倒是有。」

4　一種甲基安非他命毒品。

（當時印象最深刻的音樂，還記得嗎？）

松葉「記得啊，很多呢。江利智慧美[5]的〈Come on-A My House〉啦、〈證誠寺的狸囃子〉啦、〈阿富小姐〉什麼的。都是改編成爵士風。」

高見澤：「音樂一響起，店裡就熱鬧起來。全是樂團演奏，一輪一輪地吹奏，差不多都是那幾首曲子。一過十二點，店內就更好玩。我們多半都是在十二點以後去見見世面。」

松葉「我們沒什麼錢，酒也是挑便宜的喝。那時有個清酒牌子叫『太平山』，我們都喝那個牌子。」

對於兩位來說，根岸家是什麼樣的存在？我忍不住問了他們這個毫無新意的問題。

高見澤：「面向大眾啊，大眾酒場嘛。是個好玩的地方，也熱鬧。」

松葉：「當時我們都年輕，覺得好玩。酒館裡發生過很多事情。例如說，要是外國人和日本人發生糾紛大打出手的話，一旁吃喝的客人便幸災樂禍、趁勢逃跑，順便白吃白喝一頓。」

高見澤：「大眾酒場。沒錯，各種夜生活的人都有，特別是愛喝酒的人。」

當然也有不少妓女在這一帶活動。據說，當時高見澤也在這裡見到瑪麗小姐的競爭對手三浦八重子。

高見澤：「就在店附近轉來轉去。」

松葉：「有的（妓女）就坐在店裡指定的桌子旁喝酒，一邊守株待兔、物色中意的客人。」

高見澤：「女孩到這裡來，也許能找到生意，也許能結識新朋友。也可以跟朋友一起來。這裡跟一般人聚會的咖啡館不一樣，是大眾酒場啊。」

松葉：「家庭主婦或一般女性不會涉足此地。都是做夜生意的女人聚在這裡。」

這天的拍攝，用了三臺攝影機，關鍵內容差不多三十分鐘就拍完了。比起往常，這次的工作人員比較多，因為地點是伊勢佐木町巷內的危險地段，所以還特地透過熟人知會當地的黑道，作為如果有個萬一的「保險」。在繁華的街面拍攝，如果不特別小心的話，真可能會一團亂。好在拍攝順利，「保險」也沒用到，讓我鬆了一口氣。

4 燒毀的根岸家

之後的拍攝進展順利，但若是根岸家的招牌之事……屋主大戶井忠義仍無音訊。我試著前往據說他住院休養的瀧頭腦血管中心，可是毫無線索，陷入僵局。

5　本名久保智慧美，一九三七—一九八二，是活躍於昭和時期的日本歌手、女演員、演藝明星，曾與高倉健有過一段婚姻。

萬般無奈，我又垂頭喪氣地去找玻璃店的戶田邦士。

「要是大戶井先生在附近的話，我想他會到店裡來，我一定會聯絡你的。」

玻璃店的工作室，看來是當地各種消息流通兼鄰居聚集閒話家常的據點。現在我只能信任這樣的連結了。我常趁著拍攝餘暇過來聊天，在此過程中，消息靈通的店主戶田遂對我談起了「第二代瑪麗小姐之說」。

「你拍的這個瑪麗小姐啊，應該是第二代了。從前我去真金町的公寓換窗玻璃，那裡就住著一身穿白色洋裝、全臉塗白的『only』。大家都叫她『洋妾阿濱』。這個人沒過多久後就生病過世了。」

毫無疑問，這就是本牧「chabu屋」街的象徵人物，亦即傳說中的「美利堅阿濱」。晚年的阿濱為何被人稱作第一代瑪麗小姐，確實非常有意思。的確，瑪麗小姐的形象與其說是「伴伴」，還不如說是「洋妾」，更為貼切。也許身著白衣裙、化一臉白妝，專門以外國人為對象的妓女，更加符合「傳說」的特徵。這位「美利堅阿濱」在一九六九（昭和四十四）年過世。當地報紙報導了相關消息。

「**酒吧老闆娘被殺**」

三日早上九點半左右，南區真金町二——二二的酒吧「濱子」的店內，酒吧老闆娘關根市

（七十三歲）被人用女性絲襪勒斃於三疊榻榻米的房間裡。死者趴在榻榻米上，屍體上半身蓋著兩條被子。上門收取房租的物業經理森澤不二子（三十二歲）發現死者，隨即向壽警署報警。警署認定這是一起謀殺案，在縣警搜查一課、鑑識課的支援下成立了搜查本部。阿市身上是平時常穿的和服，衣著未見淩亂。室內散亂地攤著棉被、紙屑、裝有垃圾的塑膠袋等，但不見翻找財物之跡象。況且死者左手戴著的珍珠戒指兩只、金項鍊、壁櫥裡以包巾裹著的現金兩千日元都還在。（中略）她在本牧一直活躍到昭和初年。而後她在橫濱橋附近經營酒吧「japon」直到戰前，後來便不曾聞其音訊。約昭和三十五年末，她在真金町開始經營現在的「濱子」。但當時似乎財務狀況不佳，時常拜訪舊識和親戚，向他們要錢。即使已落魄潦倒，她仍忘不掉「本牧女王」時的風光，七十多歲了仍全身塗抹厚妝，有時還向附近的孩子瀟灑地甩出千元紙幣。

（《神奈川新聞》，一九六九年三月四日）

戶田說她是生病過世，報紙上卻寫著謀殺。繼續往下調查後，才發現兩種說法都算對。

然而死因並非勒斃。按照野村外科醫院副院長宮原的說法，「已是乳腺癌晚期，腫瘤在胸腔內擴散。即使不被謀殺，也僅剩不過一兩個月的壽命。」南區壽警署次長橫山說，她因為處於極度衰弱狀態，已無抵抗能力，應是「休克導致的心臟衰竭致死」。

（《週刊文春》，一九六九年三月二十四日號）

最後，因為無法鎖定用絲襪套住阿濱脖子的嫌犯身分，這起案子遂不知所終。曾是本牧chabu屋的象徵、傳奇女子「美利堅阿濱」，最後的結局竟是如此，真讓我唏噓無語。忽然，在養老院裡跳著日本舞的瑪麗小姐浮現於腦海。儘管走過了漫長的坎坷人生，能有一個靜好的晚年，不正是我們都嚮往的目標嗎？

我跟玻璃店的戶田聊著聊著，還是把話題轉回到根岸家。

「我也經常去根岸家啊。工作結束後就過去喝一杯。那裡的客人也不全都那麼可怕，住在附近的鄰居也常去喝一杯。現在曙町的盡頭，還住著一位當時在根岸家工作的陪酒女郎呢。但這些就不太好對外人說了。」

「為什麼？根岸家還被拍進電影呢，應該很有名吧？」

「這家酒場有很多問題啊。不僅是娼妓，陪酒女郎也有各種情況。美軍變少了以後，就換成外國輪船的船員，很多都是希臘人。船員下船後，在這附近開了一家希臘式的店。也許因為根岸家就在附近吧。他們就開在周邊。」

如今，曙町的希臘酒吧「阿波羅」，店主是石原清司，生於昭和十三（一九三八）年。昭和三十一（一九五六）年他正值十八歲，就在希臘船員耶里斯・斯堪佐斯經營的酒吧「斯巴達」當起了服務生。當初店面還只是平房，後來生意大好，又加蓋二樓作為餐廳。而後，一九六四年舉辦東京奧運，石原頂下了二樓的餐廳，改建成獨立經營的酒吧「阿波羅」。

「這一帶，全盛時期有大約二十家希臘人開的酒吧呢。」

「為什麼都集中在這一帶？」

「還不是因為『斯巴達』。是從它開始的，希臘人都成群結隊，有了『斯巴達』，就接二連三開起類似的店。」

不光希臘貨輪，美國貨輪上的希臘船員也很多，橫濱有好幾個希臘人社區。像「斯巴達」的老闆斯堪佐斯那樣，與日本女性結婚後告別了海上生活、定居在橫濱的船員，也不在少數。

現在，「斯巴達」遷到關內，繼續以餐廳形式經營。曙町附近的希臘酒吧只剩下「阿波羅」，但光顧的幾乎都是日本人。

「希臘人為何不見了呢？」

「因為希臘貨輪不來了啊。」

自昭和三〇年代中期，在橫濱港靠岸的希臘貨輪遽增，昭和五十五年達到巔峰（每年五百八十艘）。年號改為平成時，數量已經降至全盛時期的一半，到了二〇〇六年只剩下三十二艘。「阿波羅」可說是橫濱往日餘暉的象徵。

雖然沒找到最關鍵的民宅主人大戶井，不過，我仍持續著手準備「根岸家」部分的拍攝。

○發現．根岸家
化為空屋的民宅
起重機駛來，舊屋瓦解
從崩塌的瓦礫中，發現了根岸家的招牌

（摘自《橫濱瑪麗》架構表）

那個年代的物證「橫濱的至寶」，如今，正好被作為電影創作者的我所發現。好比是現代的考古學啊，我真想拍下這個奇蹟似的場面。為此，我翻找電話簿、尋找拆除業者。因為是一場規模比較大的拍攝，我不僅要考慮劇組人員的編制，還要解決相關費用的問題。就在這時，經營玻璃店的戶田有了令我期盼已久的聯絡。

「現在大戶井就在我家。」我馬上趕到玻璃店，見到了朝思暮想的大戶井。

是一個剛剛上了些年紀的中老年男子，髮中已有不少銀絲。他看來氣色不佳，走路蹣跚。他的身體狀況好像還不樂觀，從腦血管中心出院後就住在朋友家裡療養，這天剛好是來拿自家的信件。聽大戶井說完近況以後，我立即向他請教了根岸家招牌的事情。

「是有，的確是『根岸家的招牌』。是根岸家燒掉時，我父親撿回來的，鑲在了鐵皮牆上。」

「那塊招牌，是在現在這層新加的鐵皮下面嗎？」

「沒有，整修牆面時把原來那層拆除了，已經沒有了。」

我眼前頓時一片漆黑。拆除準備都做好了，結果全是徒勞。

「哎呀，那真可惜了。」

戶田笑著說道，我也只能跟著擠出苦笑。

事已至此，只好作罷。不過也在調查根岸家招牌的過程中，認識了高見澤、松葉，還有戶田。應該說收穫還是滿大的。

臨別之際，大戶井吐露了實情，「我不打算再住在這裡了，現在正在找買家。」幾個月後，大戶井家被改裝成一家色情按摩店。就這樣，城市持續改變著面貌。根岸家的結局，也是隨著城市的變遷而來的。

除了五木田京子，還找到一位與根岸家有關的人。野毛町日本料理店「村田家」的大廚吉田健造出生於昭和十六（一九四一）年。據說他在一九七八（昭和五十三）年根岸家快要關門時來到這裡，負責和食的部分。

「（快關門那時）慘不忍睹啊。幾乎沒什麼外國客人，進進出出的都是一些地痞、流氓、落魄拳擊手等。每晚店裡都有人鬧事，警車就會過來。」

「工作時間是如何安排的呢？」

「工作八小時，採三班制。我負責晚上十二點到早上八點的和食。酒菜有生魚片，到了冬天就做鍋料理。除此之外，洋食、中菜、鰻魚、壽司、關東煮，總之什麼都能吃得到。而且以平均一間店的香菸銷量來算，根岸家在神奈川縣內是最高的。當時的客人就是多到這種程度。」

「店裡是什麼情況？」

「舞臺上有手風琴演奏，客人們唱卡拉ＯＫ。有時候一些不紅的歌手也來宣傳獻唱。」

「店為什麼會倒閉？」

「老闆娘算錢算得亂七八糟，實在太可怕。她認為店裡的銷售額全算成自己的所得，最後搞到倒閉。女服務生也做著陪酒女郎的勾當，引誘客人點高價料理，或者超收費用，淨幹壞事。就連我，也經常拿到女服務生給的小費。負責外場的夥計還跟客人吵架，甚至大打出手。總之就是這些原因吧。」

根岸家就像是戰後不久的混亂時期一現的曇花，隨著日本「戰後時期」的結束，邁入高度經濟成長期，在迎向東京奧運的到來時，就已呈現出衰敗的跡象。

「根岸家完全沒有意識到自身周圍接二連三地出現了高級俱樂部或料亭、時髦的酒吧和日式酒吧，唯獨自己一成不變，經營方式依舊是：蓋飯配木盒清酒、義大利麵加威士忌。」（伊勢佐木町的老鋪俱樂部「紅馬甲」的老闆）。以「能吃到別處沒有的東西」為魅力、在戰後時期吸引來大批顧客的根岸家，沒有做到與時俱進地調整自己，過渡到人們自行「選擇食物和店家」的轉變中。

（《週刊新潮》一九八〇年九月四日號）

一九八〇年八月，根岸家倒閉。作為戰後橫濱的象徵之一，這家大眾酒場的結局記錄在橫濱歷史資料《橫濱中區史》裡。

「消失的戰後」

這家店緊鄰著終戰後被美軍接收為機場的土地，孤然矗立在街區一角。（中略）美軍出入，二十四小時通宵營業等特徵，使得這家店成為戰後橫濱的一處知名去處，甚至被搬進黑澤明導演作品《天國與地獄》的舞臺。它多次引起記者關注，成為新聞素材。在它倒閉之際，報紙報導的標題是「又一處『橫濱戰後景觀』消失。國際酒場『根岸家』停業」（《神奈川新聞》昭和五十五（一九八〇）年八月十六日）。

（《橫濱中區史》——第四章關外地區」）

風光一時的根岸家主人阪元夫婦的結局，其榮枯盛衰亦猶如電影的謝幕，充滿戲劇性。

老闆娘為籌錢而疲於奔命。丈夫眼看著店裡陷入窘境卻袖手旁觀，每天只顧和年輕女孩眉來眼去……最後竟心肌梗塞發作、一命嗚呼。周圍的人表示，「無論如何，店可以維持到今天，實屬不易，該說是『奇蹟』了。」老闆娘拿走最後的五十萬現金，於八月十四日趁夜色捲款跑路。留下的債務據說高達三億日元，其中五千萬日元是從手下員工「借」的。

（《週刊新潮》一九八〇年九月四日號）

倒閉三個月後，該年十一月，沒想到根岸家再度登上當地報紙新聞。這足以說明，戰後作為橫濱的著名去處、打造了一個時代象徵的根岸家，最後所彰顯出的自身分量。

「火勢蔓延伊勢佐木町十餘棟民宅」

二十日傍晚，因經營不善停業的橫濱市中區伊勢佐木町四丁目大眾酒場根岸家附近起火，火勢蔓延至附近十間商鋪，其中六間約九百平方公尺的面積有一半完全燒毀，其餘四棟牆壁等八十平方公尺遭到燒毀。火災現場位於該市最大的繁華街——終戰後密集搭建的木造商店一條街。該日午後五點二十三分左右，該町四丁目原大眾酒場根岸家附近起火，火勢蔓延到兩側相鄰的伊勢佐木町大街和若葉町大街兩條商店街。約二十三輛消防車出動滅火，但由於木造房屋太多，延燒迅速，火勢兇猛一時難以收拾。（……）此次發生火災的根岸家，戰後曾是美國占領軍士兵每日絡繹不絕之地，曾經熱鬧非凡。已故的大宅壯一稱之為「國際酒場」。因其被公認為當時典型的風月場所，甚至被搬上銀幕，更成為電視播放的電影《天國與地獄》之舞臺原型。近來客人不斷流失，今年八月十四日，根岸家以三億日元負債宣告破產，目前由債權人派遣的兩名管理員進駐其中。

（《朝日新聞》一九八〇年十一月二十一日）

曾為根岸家藝妓的五木田京子回憶了當時的情況。

「我當時就住在伊勢佐木町附近。那天我正在家裡洗澡，也不知是誰過來喊：「京子姊，根岸家著火了！」，我趕緊擦乾身體、換上衣服出去一看，那房子已經濃煙滾滾。而且眼看著火勢就蔓延開來。酒館一進去的左邊有樓梯可以上二樓。樓梯下面燒得特別嚴重。所以大家都說這件事和外面睡帳篷的那些人有關。」

「你是說遊民嗎？」

「這些人好像進去住了。可能在屋子裡燒火取暖，熄火時沒滅乾淨，結果餘燼死灰復燃，就這樣燒起來了。」

「你是說，遊民為了取暖，住進了倒閉以後無人打理的根岸家？」

「就是。不過周圍有些人都說是那個人（阪元壽美）的兒子放的火。我覺得那孩子不至於幹這種事，就去伊勢佐木的警察那裡求證，他們答覆我說：『沒有證據表明是根岸的兒子放了這把火。』」

「原來有這樣的傳聞啊。」

「不過，最後還是找不到是誰放的火。」

根岸家的老客人們都說：「這樣的店不會再有了。」如今走在伊勢佐木商店街上，映入眼簾的景觀和隨便一個地方城市的商店街已毫無二致。那麼，過去伊勢佐木町獨有的風景到底是什麼呢？橫濱，遠在「YOKOHAMA」時代，是個怎樣的城市呢？

「城市與人，以及逐漸失去的記憶。」透過採訪瑪麗小姐身邊相關的人，我想描繪的東西，其本質及輪廓逐漸顯現了出來。

就在這時，森日出夫約我出來，給了我一張傳單。

他想請我幫一個忙：「我想幫京子大姊搬家。為此需要募集資金。」

「橫濱陪酒藝妓守護會」

演出（不按排列順序）：

京子大姊（陪酒藝妓）　橫濱陪酒藝妓文化最後一個傳承人和講述者，也是現職藝妓。透過其技藝，傳遞古老而優美的橫濱鄉愁。

森日出夫（攝影家）　記錄城市記憶的攝影師。多年居住於橫濱，拍攝橫濱，講述橫濱故事。（中略）

會場：天野攝影工作室

會費：三千日元起。

平成十五（二〇〇四）年十月二十六日（星期日）下午三點

據說前幾天森造訪五木田家，親眼見到她住在堆滿了行李、終日不見陽光的房間，屋內窄得連睡覺都無法把腿伸直，居住環境相當惡劣。「幫五木田搬家吧！」森做了發起人，得到五木田本人和諸多樂手的贊同，決定辦一場音樂會籌措搬家資金。

「雖然不是瑪麗小姐，但大家也要幫助、守護好京子姊。對於橫濱而言，她是一個重要的存在。」

森的內心想法是，橫濱始料不及地失去了瑪麗小姐，但有的人還在。五木田就是其中之一。過去與瑪麗小姐友好的相關人士，不知不覺也深受吸引而來了。

二〇〇三年十月二十六日，舉辦「橫濱陪酒藝妓守護會」當天，森日出夫的天野攝影工作室座無虛席。舞臺背景是森日出夫的攝影〈瑪麗小姐〉和〈橫濱的風景〉，橫濱土生土長的搖滾歌手中村裕介演唱了〈橫濱市歌藍調版〉。小提琴手演奏的〈紅鞋〉旋律響徹會場。活動的最高潮則是五木田京子彈著三味線演唱〈野毛山節〉的一刻。唱到「野毛山來的no-e」，全場齊聲一起唱了起來。

而我將這個橫濱這座城市至今依然存在的「牽絆」，收錄在攝影機裡。

終章

1〈悲傷的陽光〉

有好消息傳來。電影發行確定了。我的朋友、也是幫忙製作《橫濱瑪麗》的片岡希所任職的電影公司拿下了這部電影的發行權。她告訴我，她的直屬上司表示「想看看這部電影」，於是，在事先說明這只是試作片、日後將大幅修改的前提下，請他看了《ＬＩＦＥ　白色娼妓瑪麗小姐》。結果他看完很是喜歡。談好的契約金也比其他家優厚得不可同日而語。

藉此機會，我請片岡加入製片的行列，負責交涉發行事務。因此，也確立了白尾一博、片岡希的雙製片機制。然而，接下來也並非就此一帆風順了。契約金要在電影交給發行公司，簽訂正式合約之後才能入帳。換言之，打工與拍攝並行的生活依舊要持續下去。

我在二〇〇一年就拍過五大路子的獨角戲《橫濱羅莎》，今年夏天她在紅磚倉庫的公演我也拍了，但總覺得還有些意猶未盡之處。就在這時，媒體上有一則五大的採訪報導，忽然吸引了我的注意。

「瑪麗小姐的半生，我想透過羅莎這個角色來想像她的內心，並表達出來。」

那份想像，我也曾思索該如何在紀錄片呈現，但靈感始終未能浮出。我把想法和白尾討論後，他提出一個創意：「若由五大扮演羅莎，走在街頭，會很有意思。」對呀！瑪麗小姐並不只是存在於舞臺上，而是曾與這座城市同在。如果讓羅莎出現在現在的伊勢佐木町街頭，這一幕場景就會釋放出強烈的訊息。一天，我決定去見五大，和她探討是否有這麼做的可能。我並沒有足夠的把握談成，只是想以假設性的方式和她討論。如果這個建議令她不悅，我也做好了馬上道歉的準備。但是，她的回答卻大大出乎我的意料。

「中村，這個想法太棒了，我想試試！」

五大激動地說著將身子探了過來，倒是我有了幾分猶豫。以影像畫面來說，這個發想確實是很有意思，既然得到五大的贊同，我也想將它付諸實行。然而這個場景，從紀錄片的範疇來看，也許犯了大忌。因為要讓被攝者按照導演的意圖去行動。也許會有人說：「這不就是耍小聰明的作法嗎。」但管他什麼電影類型的清規戒律，我已經不在乎了。沒有拍攝者的主動介入，什麼變化都不會發生。守株待兔、光是等待，變化就是不會發生。這麼一思索，我開始急切實踐腦中想像的場景。

五大扮演的羅莎行走地點鎖定在伊勢佐木商店街、松阪屋周邊。這一帶有人行道，也是瑪麗小姐經常行經之處。

攝影當天，位於商圈內小巷的伊勢佐木町一、二丁目區的商店街振興工會辦公室，臨時充當為劇組人員工作室兼五大的休息室。從松阪屋到橫濱新劇場，約五十公尺的直線距離，就是羅莎的行走動線。事前，我和片岡希分頭一家家拜訪沿途商家，好向他們取得拍攝許可。這一帶是伊勢佐木商店街最熱鬧的地方，若未妥善處理，恐怕引起騷動。五大扮演的羅莎從街頭走過，最多也只有兩次機會。之前興致勃勃的五大，拍攝當日顯得相當敏感。至於我們的拍攝方式，則是徹底的遊擊戰，因此會發生什麼事也完全無法預料。

「我們應該要好好商量一下走路的節奏。」

應五大的要求，我們反覆進行了周密的沙盤推演。拍攝時，安排現場工作人員劃分出行動空間的任務，就交給了白尾一博。

「是誰准許你們這麼做的？」

在橫濱新劇場附近的行動終點位置，我們架設了一座一點二公尺高的鷹架，上面放置攝影機，看來相當惹眼，結果街頭地痞過來找碴了。我見狀便迎了上去。在這條街上拍攝好幾年之後，這類小麻煩我已司空見慣。

「已經取得伊勢佐木警署、伊勢佐木一、二丁目區商店街振興工會的許可了。這條街上每家商家也都瞭解同意了……」

「那我怎麼不知道？有徵求我的同意了嗎？」

「真是不好意思，下次一定會事先告知您。」我立刻放下身段道歉，在大庭廣眾之下，保全對方的面子極為重要。但如果這樣還無法息事寧人，我就只好用上「保險」……可是我實在不想。

「下次記得要先告知我，知道嗎！」

地痞拍了拍我的肩，走了。總算是過了這一關，要是五大在扮演羅莎行走的當下發生這種事，麻煩可能就大了。就這樣，我心神不定地用手機聯繫工作人員，正式開拍。羅莎一共走了兩次。關於當時的情形，事後五大寫了下來，刊登在神奈川地方版的《讀賣新聞》（二〇〇三年十一月七日）。

奠基於拍攝紀錄片《橫濱瑪麗》已經四年的中村高寬導演的構思，日前我走出了《橫濱羅莎》的舞臺，來到這條街上。行走的出發點就定在松阪屋和有鄰堂的門口。在開始走之前，我感到心臟在砰砰跳動。這座城市如今會如何看待羅莎呢？我站在街道中央，彷彿一滴油落到水裡，人們一下子閃開，隨即形成了一圈人牆。我深深地彎著腰，一邊拖著沉重的行囊，行走在瑪麗小姐曾經走過的路上。

「比瑪麗小姐年輕啊，這個人。」賣東西的歐巴嚷著。街頭的空氣擾動起來。「啊，瑪麗小姐！」「是羅莎！」議論聲此起彼落。「當年的瑪麗小姐就是那樣走路的。」不知是誰高聲說道。「哦，是這樣啊。」一個年輕男性應和著。拍攝結束後，一個男子走過來說：「我從小就見過瑪麗小姐。您的確抓到神韻了，不過，她還要更白些……」他的表情似乎不太滿意，旋即轉頭離去。（……）

雖然是首次嘗試，但是學到了很多東西。那一刻，羅莎從劇場走到街頭，獲得了與城市展開對話的不可思議時光。

我們還打算繼續補拍一些鏡頭。「要不要再拍一次元次郎的歌聲？」白尾提議。儘管在此之前，已拍過他在舞臺上演唱的部分，但攝影機麥克風的收音，說實在的，音質不好。第一步就是帶著白尾去「Chat noir」，把他引薦給元次郎。

「為什麼還要再拍？之前不是拍過了嗎？」我拚命解釋，試圖說服元次郎：元次郎的歌聲，在電影中意義重大，這次加入了專業錄音師，能在拍攝時同步收音，請務必讓我們再拍一次。如果是在紅磚倉庫試映之前，元次郎應該會比為輕鬆地一口答應。然而如今，病情日漸加重，也許已不容許他接受這個請求。因為場面有些僵持，沉不住氣的白尾開口說話了。他說，《ＬＩＦＥ　白色娼妓瑪麗小姐》是如何如何糟糕，既然自己加入了製作，可絕不能允許影片水準如此低落。拍攝元次郎的歌聲也是其中的一環。總之，他滔滔不絕地一口氣往下說，而元次郎的臉眼看著愈發漲紅。我企圖制止白尾他那張禍從口出的嘴，但一切為時已晚。不管觀眾反應和評價如何，對元次郎來說，《ＬＩＦＥ　白色娼妓瑪麗小姐》都是無可替代的珍貴存在。如果沒有要重新剪輯為《橫濱瑪麗》，這部片子就是他的遺作了。當著他的面，如此不留餘地的否定這樣一部作品，元次郎怎能不生氣？

我馬上帶著白尾離開「Chat noir」，並提醒他已經惹了禍。但白尾本人對元次郎的怒氣毫無所覺。

「那都是因為，你沒有和他說清楚我的製片身分。」

問題根本不在這裡，元次郎不是會因為這點事就發怒的人。他之所以生氣，是因為他人踐踏他珍視的心血和情感。我讓白尾先行離開，接著轉身馬上又回去「Chat noir」。元次郎始終沉默不語。一看菸灰缸，剛才原本只有兩、三根菸頭，才過了一會兒，菸頭已經加倍堆積。

「剛才，真的是很不好意思。」

「……」

「您看，眼下中澤也不在……」

「……」

「為了完成紀錄片，我需要他的幫助。」

元次郎只是一聲不吭地抽著菸。沉默彷彿沒有盡頭，也不知道過了多久。只覺得時間無比的漫長。

過了好一陣子，元次郎終於嘆了一口氣，說：「你竟把那種人帶來這裡，真是的……」

「說吧，你打算什麼時候拍？」

他再度點燃香菸時，我聽到他這麼問。不過，自始至終，我都不敢看他的眼睛。

一週後，拍攝當日，在「Chat noir」店裡，以白尾為首的工作人員開始準備。我跟元次郎在隔壁的他家商量拍攝細節，不過彼此仍存芥蒂，房間裡的空氣沉重。

開拍後，三位攝影師與錄音師就把鏡頭和麥克風對準了「Chat noir」舞臺上的元次郎。從〈Les Feuillesmortes〉、〈Le Temps des cerises〉（櫻桃成熟時）、〈漂亮的孩子〉一連唱下去，〈藍色爪哇〉唱到一半時有點走音，又重新來過。最後是〈街角的聖母瑪利亞〉。幾乎每一首歌曲，都唱得不盡理想，嗓音沙啞，音量也小。不過作為記錄，拍下現在的元次郎是有其意義的。我不想再勉強元次郎了，就在我要宣布要收工不拍的那一刻，元次郎開了口。

「等一下。讓我再唱一首就好。」

元次郎伸手往放在舞臺旁邊的一個盒子裡翻找片刻，取出一張樂譜，交給了鋼琴師。

〈悲傷的陽光〉。這首歌在電影中是與〈My Way〉一起使用的。在傷感的鋼琴伴奏之下，元次郎開始歌唱。不可思議地，這次的拍攝既無嗓音沙啞，也沒走音，是唯一一氣呵成唱完的曲子。彷彿有什麼在冥冥中牽引著他唱。在我聽來，這首歌的歌詞似乎飽含著元次郎對瑪麗小姐的情感。

〈悲傷的陽光〉

終於就要流到盡頭
屬於我們倆的沙漏
背後漸近的足音

提示我們該要分手
請再一次，給我你的溫柔
我想記憶在這顆心、這肌膚上

孤單一人，儘管明天會多麼難受
但我不會憂傷倒下
只要那記憶還活在我的心頭

在茫茫人海角落
我們相遇相愛
終要分開的兩人
請讓我以一句話
取代道別的拜拜
與你相遇是我的幸福
你讓我的人生有了光亮

現在我可以說了，謝謝這份愛
現在我可以說了，謝謝這份愛
現在我可以說了，謝謝這份愛

拍攝結束那一刻，元次郎走向他原本討厭的白尾，緊握住他的手說：「拜託你了！」我想，這也是元次郎竭盡全力給我的支持。讓他如此耗費心力，我很心痛。我覺得，是元次郎在守護著我的電影。

2　淚水中的告別演唱會

在東京下北澤，我把自己關在白尾家中的剪輯室裡，日日埋頭重新剪輯的工作。距離十一月二十二日在橫濱Nigiwai座上映的日子，只剩不到一個月了。這是在《ＬＩＦＥ　白色娼妓瑪麗小姐》的基礎上，重新構築的作品。本來以為有了既定的基礎，應該不用花太多時間。沒想到，我的預測太過樂觀了。針對剪輯，我和白尾之間有一個默契：決定權不是只在我一個人身上，如果白尾不同意，哪怕只有一秒的場景，也不能動。所以，往往一個鏡頭也要爭論半天以上，才能定案。當然了，這也引起彼此的焦慮與煩躁，有時甚至高聲爭吵起來。但現在回想，這個過程還真是必要而不可或缺的。我與採訪對象建立了比較深刻的關係，難免對周遭有所忽視，而白尾總能注意到這些部分，他猶如舵手般在關鍵時刻引導著，讓電影始終走在正確的軌道上。另外，在剪輯過程中，我察覺了一件事，是經由森日出夫以下的訪談，才將所有的事兜了起來。

「我發現，我一拍攝那些自己在意的事物、空間後，往往不到一年的功夫，他們轉眼就消失了。這麼長久的時間以來，直到最近，也仍是這樣……因此，我拍瑪麗小姐的時候，愈拍愈害怕。拍了她，她會不會就死了呢。結果沒多久，她就從這座城市消失了。也因為如此，我內心想起那些害怕，就更想好好拍下眼前的事物。」

這段採訪，突然喚醒了我腦海裡的一段記憶：在拍「記錄記憶」的時候，森沒有在8×10相機裡裝上底片。當時的他，果真是不敢放底片嗎？森不僅是不想失去瑪麗小姐，也不想失去元次郎，希望他能一直活下去，所以才故意選擇不拍攝嗎……他的作為，是我望塵莫及的，應該是森以自己的獨特方式傳遞給元次郎的無言訊息。現在，我對自己當時的發怒感到羞愧無比（後來，我向森求證此事，他只是笑著微微點了點頭）。

正在剪輯後製最為焦頭爛額之際，我收到通知，說元次郎狀況惡化、住進醫院。看來他已時日不多。但我被眼前的工作困住，無法馬上趕去醫院。如今我所能做的，就是儘快完成這部電影。野毛街頭表演統籌大久保前去探病之後，打了電話給我。

「元次郎說，這場演唱會他一定要辦。」

果然，病況不樂觀。據說他本人也清楚，才鐵了心要辦這最後一場演唱會。我在這邊沒日沒夜地埋頭剪輯，若發現缺鏡頭，便趕緊去橫濱補拍，然後再馬上趕回剪輯室。窗外的光影從白日變成到黑夜，又迎來下一個白日。這樣的日子究竟持續了幾天呢，我都記不清了。

在十一月二十二日專場放映日當天中午，影片終於完成。最後一幕，是「元次郎為瑪麗小姐生活的養老院獻曲」。以主角不在場的紀錄片來說，定位其實是矛盾的，恐怕會招來批評，說這段不應放進電影裡。但對於最後一幕，除它之外，我實在無法想到還能有其他場景。

我和白尾一起抵達Nigiwai座，已是下午兩點放映之前。

時隔很久，終於又和元次郎見面了。他的氣色看來不錯，不過據說實際上一直隱隱作痛，服用了嗎啡止痛才來的。

接著，《橫濱瑪麗》開始播放，會場裡座無虛席。裡面共一百四十一個座位，可是來的人數遠遠超過，有些人甚至無法進場。觀眾席裡坐著森日出夫、杉山義法、三浦八重子、五木田京子、松葉好市、高見澤政雄、五大路子、山崎洋子、福壽祁久雄。就連之前拒絕受訪的平岡正明也在現場。而且，剛從埃及回國的中澤健介也趕到了。

電影一放映，元次郎就目不轉睛地看著銀幕淚流滿面，不知他此時內心湧動著什麼樣的思緒。放映結束之後，也揭開了元次郎演唱會的序幕。

第一首是〈百萬朵的玫瑰〉。唱完後，元次郎向觀眾說了幾句問候。

「感謝大家蒞臨。接下來我要唱的是〈Les Feuillesmortes〉（枯葉）。這首歌猶如我的主題曲，因為我真的變成了枯葉，很麻煩啊。現在手腕上還戴著（醫院的）手環，因為這段時間一直住在醫院裡。但今天無論如何都要出來。唱給大家的歌都很沉重，因為元次郎的心情也很沉重，電影也是。一邊看著一邊想到自己的過去，就哭得不知道該如何是好。中村導演的電影太棒了，果然是年輕導演中的第一把交椅。」

接下來除了〈Les Feuillesmortes〉，他又唱了〈Le Temps des cerises〉、〈IL EST TROP TARD〉（時光流逝）。他已唱不出足夠的音量，彷彿從身體裡擠出聲音一般，令人感到一股魔性。

「再唱一首反戰歌曲。一如在電影裡說的，元次郎在終戰、第二次世界大戰結束時，是七歲。看到現在的伊拉克，我就揪心，最後犧牲的永遠是老百姓。接下來，這是一首波蘭的反戰歌曲。」說完，他唱了〈Je ne pourrai pas venir chez toicesoir〉（今夜不能回家了）。

元次郎很少在公共場合發表政治性的言論。也因如此，與會的平岡正明後來在他的隨筆中這樣寫道：

「不知是第幾首，他在歌曲演唱的間隙說道，『不該有戰爭啊。』平時現場演唱幾乎不會直接這麼表態的他，如今留下了他想說的話語。」

元次郎每唱完一首歌曲便開始說話，不僅是歌曲，他似乎還有好多話想說。

「今天，一直照顧我的紅十字醫院的護理長也來了。我的病已經到了末期，一陣一陣地痛。提到疼痛，本以為自己做好了心理準備，但實在痛得厲害，好長一段時間夜夜難以入眠，我終於住進了醫院。醫生與護理師幫我調整用藥，還累積了數據，評估了什麼時候吃藥效果最好。今天能這樣和大家見面，真的很高興。對我來說，歌唱就是一切，不歌唱，生命的火焰就會熄滅……」

元次郎說著說著哽咽了，眼淚在眼眶裡打轉。隨著會場熱情的掌聲，〈悲傷的陽光〉的旋律響了起來。每首歌曲都彷若遺言。為了不聽漏他每一句話，現場也融為了一體。當他唱完最後一首〈My Way〉，會場上響起了久久不息的歡呼聲和掌聲。我奔向舞臺內側，一見到元次郎，他對我說：「電影非常棒啊。」

我無法溢於言表，只是點頭。明明想說「謝謝」，但即使這樣簡單的話，也說不出口。全場還沉浸在熱烈氣氛當中，今天的主角元次郎旋即在護理師的陪伴下回到了醫院。

幾天後，我和「野毛街頭表演」的大久保，攝影師中澤一道趕去了橫濱日本紅十字會醫院。我們到的時候是深夜，已經過了探視時間。走過無人的會客室，我們直直向病房二樓的單人病房走去。一推開門，看見病床上的元次郎正努力掙扎著坐起來。見到我們進來，他臉上露出強打精神的微笑。

大久保向元次郎說了Nigiwai座演唱會的收支情況，元次郎只是點了點頭。最後大家商定，這筆收益以元次郎的名義捐贈給瑪麗小姐生活的養老院。儘管過程中大久保也提議「補貼電影製作費」，元次郎也表示贊同，但我並無此意。比起那些，我更在意的是元次郎的神情，那臉龐彷彿已捨去了身而為人的欲望或執著。為什麼一個人能顯出如此安詳的神情呢。大久保說完後，元次郎對著我微笑著喃喃低語。

「太好了，真是太好了。」

如果手上有攝影機，我真想拍下他這時的笑臉

「元次郎先生，還不夠好呢。我們要更加努力。接下來要讓更多的人看我們的電影。我們要做的事還多著呢。」

「嗯，是嗎？」

元次郎淡淡地回了我一句。我忽然明白，為什麼在Nigiwai座時我始終沒能說出「謝謝」的理由。因為這句話一出口，就感覺好像一切都結束了。

不經意看了一眼醫院的窗戶，暗夜中行駛而過的電車燈光劃出一道光束。我注視著那道光束的殘影，才終於感覺到電影確實完成了。自從一九九七年的電話俱樂部事件，六年之後，終於完

成這部電影。我的內心五味雜陳。

而後是二〇〇四年的新年。我積欠了很多債務，為了還錢，元旦那天開始，又過起了打工生活。不再需要手持攝影機滿街取景，乏善可陳的日子就這樣一天天過去。一年前，跟拍元次郎探訪瑪麗小姐生活的養老院，現在回想起來，甚至覺得就像假的，沒有實感。過完新年，一月下旬，我搭著中澤的車去了橫濱日本紅十字會醫院，因為接到要讓元次郎出院的通知。當然，不是因為他已經康復的緣故。

醫院方面認為，「再住下去已經沒有意義，醫院床位也有限，還是回家療養吧。」病房裡的元次郎臉色蒼白，好不容易才站起來。我們沒有交談，只是忙著協助出院的手續，送他回家。歸程的車上，我一直呆呆地望著窗外。從根岸森林公園駛過山元町商店街，很快就是伊勢佐木町、日之出町。每次見元次郎看慣了的風景，今天是和他最後一次一起路過。突然，正在開車的中澤對坐在後座的元次郎說道。

「元次郎先生。」

「嗯？」

「好想吃燒肉啊。下次一起去吧。」

那是在紅磚倉庫那場電影放映之後，元次郎對中澤許下但至今還未實現的承諾。元次郎已經沒有力氣吃燒肉了。即使如此，中澤還是覺得要提醒他有過這個約定吧。「燒肉啊，真好啊。」

元次郎微笑著。

從這天起，元次郎開始居家療養。但在家裡，他也無法踏實休息。與元次郎家一牆之隔的「Chat noir」從去年年底開始就出現了嚴重的問題，因為元次郎住院以來，店裡的客人少得可憐。「Chat noir」的店員神田健治向我吐露了苦惱。

「『Chat noir』難以為繼，店面只是一個空殼。換句話說，就算給我，我也扛不住這個擔子。」

老闆不再露面的「Chat noir」，很快就走到了盡頭。二〇〇四年二月。元次郎出院不到兩週，「Chat noir」歇業了。若從其前身「童安寺沙龍」算起，已經經營了二十八個年頭。據說，在舉棋不定地討論是否維持「Chat noir」的時候，元次郎曾這樣對員工和相關人員說道。

「如果『Chat noir』繼續的話，就算我不能再唱歌，只要在店裡播放《橫濱瑪麗》就足夠了。」

元次郎的房間滿是醫療器材，簡直就像臨時病房。約莫是嗎啡的緣故，幾次去探視，他都意識模糊。每次去探望他，腦海裡閃現出來的念頭就是，這樣的痛苦還要持續多久？還是，應該讓他舒服一點呢？

3 元次郎的臨終

電影《橫濱瑪麗》內容沒有再做什麼變更，只是又補拍了一些實景和部分採訪，下一步，就要準備在電影院公開上映。

我們都希望元次郎能夠撐到公開上映日，然而現實總是殘酷的。二月下旬，「Chat noir」歇業沒幾天，我接到大西尚造的電話。大西從川崎的「河童」時期以來，幾十年都跟在元次郎左右，於公於私都是元次郎的伴侶。元次郎回家療養這段時間，大西一直在身邊照顧著他。

「我要告訴你，永登（元次郎）已經住進了昭和醫大的安寧病房。」

我並不意外。不，應該說，聽到這個消息我鬆了一口氣。雖然之前住在自己家裡，但隔牆便是「Chat noir」。雖說已經歇業，但元次郎還是會被「Chat noir」分神。住進安寧病房，才是有利於他專心接受最後治療的環境。

「怎麼說呢，他不是太想見人。」大西電話裡簡單地跟我說了說元次郎的情況。

「他有點回到了小孩子的狀態。永登是個顧慮他人的人，但現在已不是那樣，想必是厭煩了吧。不過，他說中村來就好。」

「……」

「就算過去關係很好的朋友來，也把人家趕回去。我也嚇一跳呢。」

我不清楚為什麼元次郎想見我。我好幾次惹他生氣，為了拍攝，我總是提出一些讓他勉為其難的要求。我才應該是那個他最厭煩最不想見到的人……

第二天，我搭大西的車前往昭和醫大附屬醫院。從港未來區上了首都高速公路，進入第三京濱道路。從都築交流道下來轉入一般道路，又開了十幾分鐘。眼前的景色從大樓林立的橫濱鬧區切換到鬱鬱蔥蔥的郊外住宅區，最後終於抵達了這座白色巨塔。安寧病房區在醫院裡較偏僻的區塊，環境清幽，宛如旅館。大西帶我朝病房走去的途中，路上遇見了負責元次郎的護理師。

「這位是我們永登那部《橫濱瑪麗》的導演。」

護理師點頭說：「這部電影真好看。」奇怪，在Nigiwai座上映已三個月，而元次郎住進安寧病房還沒幾天。難道她剛好那天也去看了電影？我腦海中閃過一絲疑問，便問了大西。

「不是喔。永登不是從中村導演那裡拿到了錄影帶嗎，他要我拷貝發送。所以這裡的護士們幾乎都看過了。」

聽了這些話，我目瞪口呆。我當時一定臉色煞白。《橫濱瑪麗》已經不是我個人的所有物，如此一來，牽涉到發行公司的規定、權利問題。不僅拷貝還轉送多人，這簡直糟糕透了。我懷著憤怒到近似憂鬱的心情走入病房，元次郎正在床上等著我。和居家療養時完全不同，此時他的表情更為安詳了。不過依舊只能臥床，別說自己站起來，甚至連自己坐起身的力氣都沒有了。在他手邊，放著一疊看過《橫濱瑪麗》錄影帶的觀眾寄來的信件，據說內容都是護理師等人所寫來的感想。

「很棒啊，中村。大家都說好，都在誇獎你哦。」

元次郎拿起眾人的信件，微笑著對我說。我無言以對……即使都病成這樣，元次郎還是為我著想，顯露出人性的善良。拍攝時，我曾有過某種錯覺。

「元次郎不會死的。他為了電影在努力表演呢，一定是這樣。」

如果我不這麼想，就不忍心拍下正在與末期癌症對抗的元次郎，而這或許才是電影拍攝者傲慢的表現。

而現在，當我目睹躺在病床上的元次郎所露出的笑容，我覺得他正在告訴我，比起電影或紀錄片之外，更重要的東西是什麼。

「我拍的不是電影，而是人。」

如此顯而易見的道理，在此刻因元次郎而得到提示，我打從心底對自己的不成熟感到慚愧。原來，我什麼都不懂。後來，元次郎的意識模糊了，卻一直握著我的手不放。那是一隻綿軟無力的手。那微弱的體溫讓我永遠無法忘懷。

回程車上，大西開口拜託我一件事。

「可以請你拍下永登現在的樣子嗎？」

「什麼？」

「若是中村導演，永登不會反感的。我想把他現在的樣子記錄下來。」

「……」

「可以嗎？」

「對不起。我沒有辦法，現在的我沒辦法拍。」

為什麼一口回絕，我說不出理由。就是打了退堂鼓，沒了意志力。

當然，瞄準、拍攝被攝者的全部，並非就是紀錄片。我認為，還有不拍攝的這個選項。大西於是不再說什麼。

日之出町附近，「Chat noir」曾經就在這條街上經營。又快來到大岡川河面浮滿櫻花花瓣的季節。探視元次郎數週後的某一天，晚上九點左右，大西打電話給我。

「大概熬不過今晚，請你先有個心理準備。」

這一刻終於要來了。我無法靜靜地待著，於是一個人走到夜色深沉的街上。櫻花還是含苞待放的狀態。和元次郎在一起的記憶，像跑馬燈一樣在我頭腦中閃過。我就這樣過了一個不眠之夜。

第二天早上九點多，電話響起。是大西打來的。

「他剛剛走了。」

「知道了……」

「打算今天晚上把他的遺體送回家。」

「嗯。」

「永登說他想回家。」

「在那之前，我可以去看他一眼嗎？」

「來吧。今天下午以前都在醫院的往生室。」

元次郎在二〇〇四年三月十二日上午八點五十分逝世，享年六十五歲。

我聯絡了中澤，兩個人一起去了醫院。腦子裡一片空白，才察覺自己並不想去見元次郎，因為不知道該如何面對元次郎已死的現實。就在這時，大西又來了電話。

「出了些狀況。現在就要把永登的遺體從醫院移走。」

「怎麼回事？」

「他妹妹來了。說之後的事交由她處理。」

「所以，現在去醫院也無濟於事？」

「這是他妹妹的意思。今天先安置在殯儀館的太平間。」

「然後呢？」

「明天火化，然後把骨灰帶回神戶。」

「怎麼就……殯儀館在哪裡？」

打聽到遺體已經安放在天王町松原商店街附近的殯儀館奉誠殿，我與中澤隨即趕去。在殯儀館工作人員的引領下，我們來到太平間，遺體已經入殮了。打開棺木上半部，我們看到了元次郎的臉。安眠中的美麗遺容，彷彿一叫喚他，就會從睡夢中醒來。就在這時，中澤開口對工作人員說道：

「對不起。有根細毛附在眼皮的地方。」

我一看中澤，他一臉認真。

「我可以拿掉它嗎？」

我屏住呼吸，目光追隨著中澤的手指，看著他用指尖取下了沾在元次郎眼皮上的一根睫毛。睫毛就黏在他的指尖上。不知道為什麼，看到這一幕，我終於意識到元次郎的死。眼淚奪眶而出，那眼淚的量，多到自己也不知如何是好，我就那樣哭泣到不能自已。

情緒平靜下來之後，我才聯絡了大西。下一步打算怎麼辦？明天就要火化了，也只能就這樣。我們不是直系親屬，沒有我們置喙的立場。不過，還是應該要通知元次郎的朋友吧。

「可以再等等嗎？」

大西打斷我的話，說出了實情。

「他妹妹的意思是，只希望親屬參加。她怕麻煩，希望可以免去朋友熟人。守夜等也不舉行了。所以，通知朋友什麼的，可以之後再說嗎？」

「但，這麼做大家都不會接受的。」

「請再給我些時間。」

大西只聯絡了我一個人。包括森日出夫和五大路子等，沒有人知道元次郎已經不在了。我束手無策，只好守候在「Chat noir」門口。大西雖然是元次郎幾十年來的伴侶，但也不敢違背元次郎家人的意願。完全可以想像他鬱悶的模樣。我猛然吐出一口悶氣，抬頭仰望天空時，才發現天已經黑透。早上剛聽到噩耗，才一眨眼，一整天就要過去了。

「Chat noir」隔壁、元次郎家的窗戶裡亮著燈。原本應該在這裡舉行守夜，眾多老橫濱人會來到此向元次郎告別。為什麼會變成現在這個樣子？我無論如何也無法理解。就在我垂頭喪氣時，大西打來電話，告訴我元次郎的遺體將於明天上午十點在久保山火葬場火化。

「那我來通知朋友們？」

「這個，還是……」

大西還是沒有對家人說出口。晚上九點剛過，他又打電話來。這次，我迫不及待地以不容商量的口吻對大西說道。

「現在這個時間，我不知道可以聯絡到多少人，但我必須通知大家。」

「……」

「如此深受橫濱人愛戴的人，絕不可以讓他這樣走完最後一程。」

「我明白了。請通知大家吧，就麻煩你告訴大家務必前來參加告別式。」我趕忙循著手機的聯絡人名單一個一個通知。

「元次郎今天早上走了。遺體明天一早火化。」

元次郎交友廣闊，只有我一個人根本通知不完，所以我又拜託我聯絡上的人，請他們往外通知。我不知道元次郎和妹妹之間有什麼齟齬，也許她對自己有個同志哥哥感到不適，也或許這是只有至親才能理解的恩怨。不過，想到元次郎是如何拚命走過這一生，我實在無法接受這樣安排他的最後一程。

翌日，我和中澤、製片片岡希三人，前往橫濱市西區的久保山火葬場。我心中憂慮著，不知道會來多少人，結果我的擔心完全是杞人憂天。

在Nigiwai座劇場的最後一場演出。這張照片竟成為元次郎的遺照。（森日出夫攝影）

一進到火葬場大廳，就看到森日出夫、大久保文香、五大路子、高橋長英等將近三十人已經先到了一步。其中還有瑪麗小姐的競爭對手、一直備受元次郎照顧的三浦八重子。森的手裡捧著橫濱Nigiwai座最後一場演唱會時元次郎

瑪麗小姐畫的水彩畫。

的照片。

儘管親屬的意願原本傾向於「不要遺照」，但我跟森轉達時，他仍不顧已是深夜，執意馬上沖洗出這張照片，並且加了框。沒有任何儀式，只是眼看著遺體燒掉的告別式。難道這就是弱勢族群的悲哀結局嗎？然而，只有聚集在此的這些朋友們，得以理解這份失去對我們來說如何地沉重巨大。

當棺木裡被每位告別者獻上的花束淹沒，啜泣聲響了起來。這樣的情緒誰都能夠理解。昨晚才得知元次郎去世的噩耗，馬上就要做最後的告別。大家守著棺木，誰都不肯離開。然而，棺蓋終於被無情地封上，裝有元次郎遺體的棺木被送入了火化爐中。關閉爐門，點燃瓦斯。燃燒的聲音，深深地刻蝕在我耳內。

幾個小時後，爐門打開了。剛剛承載棺木的臺子上，如今僅剩白骨。死者形貌無存，只有白色的物質散落。列席者夾起了骨頭，放入白色的骨灰罈中。不再有元次郎的音容笑貌，只是白骨了。喀吱，把骨頭放入骨灰罈時，彼此碰撞，發出了那樣細微的聲音。那是一種有透明感，很悅耳的聲音，也是元次郎最後的告別。

元次郎去世後，大約過了一週左右。

「中村先生，這裡有您的信件。」

我接到大西的電話，趕到了「Chat noir」。收信人姓名地址處，寫著「Chat noir」的地址，和我的名字。寄件人是瑪麗小姐所在的養老院院長。打開信封一看，裡面是幾幅水彩畫，畫的是身著和服的女子。畫的背面，寫著瑪麗小姐的出生日期和她的本名。裡面還有一封院長的信，據說是瑪麗小姐為了祈禱元次郎康復而畫下的畫。其實這些畫是在瑪麗小姐接到元次郎去世的噩耗之後才完成的，但在瑪麗小姐的強烈期望下，還是寄出了。擺放在檯子上的元次郎遺像溫柔地微笑著。

4 親弟弟口中的瑪麗小姐

二〇〇六年一月，元次郎去世快要兩年了。依舊是流經日之出町的大岡川河面上浮滿櫻花花瓣的時節，電影《橫濱瑪麗》終於要公開上映。就在我忙著為此準備之際，瑪麗小姐的養老院寄來了一張明信片，告知我一年前，也就是二〇〇五年一月十七日，瑪麗小姐因心臟衰竭猝然離世，享年八十三歲。可能是院方看到了我寄給瑪麗小姐的賀年卡，才回信給我。

為什麼過了一年才告知我瑪麗小姐去世的消息？我向養老院詢問，才得知在元次郎死後不久，原本那位親切的院長辭職了。因為聯絡人名單出了些問題，未能及時通知到我。簡直是意外草率的結局。我馬上前往山崎君子家，請她聯絡瑪麗小姐老家的親屬。按照瑪麗小姐弟妹的說法，雖然瑪麗小姐生前，家人對她的情感很微妙，不過自從去年她去世以後，曾經的芥蒂也就煙消雲散。

君子聽對方這麼說了，便用力點了點頭，說出了她的想法。

「這樣啊。那麼，下次若有機會去到那裡，希望可以給她獻上一炷香。」

「好啊，我們等你來。」

另外，出乎意料地，瑪麗小姐的某些事情變得清晰起來。二〇〇六年三月，為了宣傳這部電影，我和山崎君子一起接受《週刊朝日藝能》的採訪。君子在桌子上攤開的資料中，夾著瑪麗小姐老家的地址。糟了！我發現後，馬上試圖遮掩，但還是被記者看到了，直抵瑪麗小姐老家採訪。電影很快就要公映，絕不能給瑪麗小姐和她的家人添麻煩，這是我要堅持的底線。

我把我的意思傳達給《週刊朝日藝能》的記者，他在徵得家人同意後進行了採訪……無論如何，我對於自己的無防備與大意，深切反省。但這場麻煩歪打正著，長久以來被面紗掩蓋的瑪麗小姐前半生，經由親弟弟的證詞，也終於被揭開。

「『傳奇娼妓（橫濱瑪麗）』親弟弟首次告白『不為人知的性史』」

本刊前往瑪麗小姐的老家進行了實地採訪，在位於田園地帶的大屋舍裡，瑪麗小姐八十二歲的親弟弟開口說起往事。「我們父母都是農民。姊姊（瑪麗小姐）就是在這個家裡長大的。我們兄弟姊妹八人，四個女孩，四個男孩，姊姊是長女。兄弟姊妹當中三人已經過世，五人尚健在。」

瑪麗小姐出生於一九二一（大正十）年。雖然念完了本地的小學高等科，但因家境貧困，無法進入中學就學，而是上了青年學校[1]，直到畢業。瑪麗小姐的弟弟告訴記者，「姊姊十五歲左右的時候父親去世了。姊姊在青年學校畢業後，就在本地做女傭，後來嫁給了本地的國鐵員工。他們一起過了兩年，還沒等到有孩子就分手了。」當記者問起原因，弟弟回答說，「雖然結婚，戰時也不能待在家裡。當時姊姊在軍需工廠裡做義工。姊姊長得漂亮，在工廠的集體生活中，卻被眾人閒言碎語，因此跑到海邊想尋短。姊夫害怕了，就把她送回娘家，最後就分開了。」

瑪麗小姐離婚後寄身娘家一段時間，之後到兵庫縣西宮做了幾年女傭。一九五二年左

1 日本一九三五年在全國設置的職業學校，對未能升入中學的年輕人進行職業教育、一般教育和軍事教育。該制度一九四七年廢止。

右，她去到橫濱、橫須賀一帶。

瑪麗小姐弟弟告訴記者，「那裡並沒有可以照顧她的舊識，想必她是想過得隨心所欲才去那裡吧。」

此後一段時間裡，瑪麗小姐和老家斷了音訊。

弟弟說，「在這裡，她搞出那麼多事，任性講話又離家出走，和老家算是恩斷義絕的局面。沒有每年回來，僅有兩次回到這裡。還化著白色的妝，穿著白色的衣服。在這種鄉下地方簡直不成體統，因此我們家人就跟她說別回來了。」

那麼她是否給家裡寄錢呢？

「開始的時候，寄了三、四次現金，我們就以姊姊的名義辦了存摺把錢存起來。並不是什麼幾十萬、幾百萬的匯款，要是那麼闊綽的話，就不會把她送進養老院。回到老家時，她手裡完全沒有存款。大概是把錢都花在衣服上了。」

弟弟告訴記者，瑪麗小姐從小就喜歡漂亮打扮。

「針線活做得好，在家是個好女兒。我覺得，姊姊的婚姻失敗，才是一切的源頭。如果沒有離婚，也有了小孩，就不會發生後來的那些事了。母親去世的時候，不知道姊姊在哪，也聯繫不上她，所以到死都見不到自己的女兒。姊姊回老家時，滿嘴說的都是美國什麼的，全是些不著邊際的話，但誰也不想理她。」

一九九五年冬天瑪麗小姐回到老家時，是這個弟弟來接她的。「姊姊重聽，又有白內障，幾乎是兩隻眼睛看不見的狀態。人都這樣了，把她送回老家來是理所當然的。洗衣店的人對姊姊好，我們真的很感謝。我在車站月台接到姊姊，開著車帶她回家。」

弟弟帶瑪麗小姐做了眼科手術，術後才又看得見。牙齒都掉光了，又為她鑲了全口的假牙。所有的費用，都是弟弟支付。然後，送瑪麗小姐進了養老院。

「在養老院裡，姊姊過著隨心所欲的日子，畫自己喜歡的畫，或者跳跳舞。一直到死，生活過得出乎意料地安穩。」

瑪麗小姐離世的時間是去年一月十七日。享年八十四歲（實際是八十三歲）。死因是心臟衰竭。

弟弟說，「接到養老院的電話，我趕到停放遺體的醫院。人已經嚥氣多時，身體都涼透了。」

《週刊朝日藝能》二〇〇六年三月二日號《另類人揭祕檔案》）

這段報導，和我所瞭解的瑪麗小姐生平幾乎沒有什麼出入。然而，瑪麗小姐弟弟的話未必百分之百正確，充其量只從家人的角度談到了某一面向的事實。但這篇報導矮化了我對瑪麗小姐的情感，難免覺得不太舒服。原本在瑪麗小姐的全部人生中，親弟弟和她在一起的時間短得可憐，卻要由親弟弟來訴說她的個人史，到底意義何在？如何認識人的一生，如何認識歷史？事到如今，我愈發迷惑。當然，僅僅拍攝了一部電影的我，也不可能明白全部吧。

5　劃紀錄的大賣座

二〇〇六年四月十五日，電影《橫濱瑪麗》率先在新宿戲院和橫濱新劇場公開上映。一年後，這部電影大賣，總計在全國五十家電影院上映，觀眾達十萬人次以上，創下日本紀錄片電影史上第五名的紀錄。回頭一想，從電話俱樂部事件以來，已經過去了十年，我也三十二歲了。電影公映後，得到了各種不同的迴響。即使當初那麼抗拒，拒絕接受採訪的作家平岡正明，在看了電影後，也寄來推薦文，以便刊登在電影傳單上。

「橫濱瑪麗小姐，絕非傳說，並非虛幻」

近十年來，有關橫濱的影像作品中，崎陽軒燒賣便當的電視廣告算是最好的其中之一。在橫濱中華街的盡頭，夾在三家殯儀館中間的爵士咖啡館「明頓俱樂部」的老闆奧伊頓，從

> 昏暗的店內看著外面下著細如髮絲的小雨，說道：「無論城鎮或店家，還是老舊的好。」逆光下的色彩效果近似黑白。這是鈴木清順導演的電影裡，昭和初年咖啡館的感覺。
>
> 新銳導演中村高寬的處女作《橫濱瑪麗》影像也是絕佳。京急線日之出町至黃金町之間大岡川沿岸的風景，和曾經熱鬧一時、不分國籍尋歡作樂的「根岸家」所在的曙町一帶，彷彿城市的褶皺中隱藏著妖怪一樣，總讓人覺得比起市中心，關內來關外一帶更有味道，比起季節變幻，這裡的不同時刻更是風情各異。清晨、白天和夕陽呈現著不同的城市表情。請不要驚訝於這種感覺吧，它能讓人聯想到足立正生的電影《赤軍——世界戰爭宣言》。
>
> 什麼橫濱最後的洋妾，什麼講述港都瑪麗小姐時情意綿綿的人們，不知怎地像極了日本赤軍突擊隊，開什麼玩笑啊。影片開頭便打出一段字幕，「橫濱有一個老太婆，人稱『橫濱瑪麗小姐』。據說是當年專做美軍生意的妓女。總有一些神祕的傳說伴隨她，而真相無人知曉。一九九五年突然消失了蹤影。」這樣的開場，又令人聯想起足立正生等人拍攝的電影《簡稱・連續射殺魔》。
>
> （摘自《橫濱瑪麗》傳單）

記得當初在電話裡拒絕我採訪時，平岡說出的關鍵字正是「足立正生」和《簡稱・連續射殺魔》。如今又提到這個，真是太諷刺了。我向平岡提起那段往事，但他已經完全不記得。就這麼回事。但平岡說：「如果我提起過足利正生和《簡稱・連續射殺魔》的話，絕不是不把對方放在眼裡，而是認真地拒絕（接受採訪）。」說完他得意地笑了。

因為電影受到好評，我獲得了橫濱文化獎藝術文化獎勵獎。頒獎典禮上，我又見到了攝影家常盤刀洋子。常盤只是道了聲「恭喜」，送了我銀製的書簽作為禮物。有這樣的結局，在我看來就足夠了。查閱下一部作品相關資料書籍的時候，我必定使用這個書簽。如今回想，她那時的拒絕，無疑成就了這部電影。

在這段時間裡，我應媒體之邀寫了文章，也想在此介紹。完成電影又公開上映以後，我更加有機會重新思考為什麼要拍瑪麗小姐，以及瑪麗小姐與橫濱這座城市的關係。

「邂逅瑪麗小姐」

還在念初中的時候，有一次走在橫濱的馬車道上。突然，對面大樓前面的長椅上一個渾然雪白的物體映入我的眼簾。「若是洋娃娃，未免太大⋯⋯但究竟是什麼？」我停下腳步一打量，那物體微微地動了一下。說實話，當時真的嚇了我一跳。是個活物，而且是真人。這就是我和她相遇的第一印象。不久我瞭解到，她就是人稱「瑪麗小姐」的老太婆，專事美軍的妓女（伴伴），是這座城市的名人。

瑪麗小姐的形象與打扮十分奇特，她出現在這座城市本身就充滿了不協調感。我想，最終是因為橫濱的歷史背景與特殊性，使得整座城市都接受了她這樣的一個存在。然而，瑪麗小姐一九九五年從橫濱消失了。「她死了。不，她回老家了。」街頭巷尾流傳各種版本的說法。與其說關注這些傳言，不如說，有一種奇妙的失落感揮之不去。若要比喻，彷彿像是人們聽到「八公從澀谷站前消失了」會有的那種感覺……瑪麗小姐怎麼就消失了呢？也許是在失去YOKOHAMA的魅力、與地方與城市同質化的過程中，橫濱這座城市再也包容不下瑪麗小姐了吧。

二〇〇六年四月起，橫濱的電影院開始上映《橫濱瑪麗》。公映之前，我請求當地商店街幫忙宣傳，但各方態度並不熱烈。原本，在城市現代化的過程中，妓女等邊緣人等都是被排擠的對象。這部電影畢竟涉及了專事美軍的妓女，因此有那樣的反應也無可厚非。但隨後發生了一個有趣的現象。

電影公映一個月，期間每日爆滿。很長一段時間，如果不在上映前兩、三個小時來到電影院購票排隊，根本無法入場。那些提早來買票的人，為了打發時間，就在商店街上吃飯購物。這樣一來連帶促進了（商店街的）經濟，竟出現了「瑪麗小姐景氣旋風」。因為在這座城市無法容身而消失的瑪麗小姐，此刻始料不及地振興城市，帶來活力。我想，如此匪夷所思的悖論，恐怕是橫濱的歷史（記憶）與所謂現在這個時間軸交織下的稀有瞬間吧。

（《月刊J-novel》實業之日本社，二〇〇六年七月號）

6 追尋即將消失的記憶

二〇〇七年春天，由於公映後有了巨大迴響，出版社希望我動筆將《橫濱瑪麗》整理出書。花了一年時間寫完書稿，卻一直放著，沒有交給出版社。因為在書稿中，我傾力談盡了對這部電影的想法，於是想沉澱一下。再者，書稿中還囊括了我差不多全部的私人記錄，公開發表還是感到羞澀。

那麼，在電影上映近十年之後，我為什麼改變了主意呢？

那是因為，不經意地環顧四周，我發現城市和人都發生了很大的變化，許多東西已經消亡。於是我深深地體會到時間殘酷，逝者如斯。我想我寫下的這份記錄，或許有助於留下城市和人們的記憶。

橫濱日劇電影院已經拆除，原址上改建起分期付款購買產權的公寓。「首映」一詞的發源地、橫濱ODEON電影院的大樓裡，引進了二十四小時營業的連鎖折扣店鋪「唐吉訶德」。松阪屋百貨公司關門了，伊勢佐木町的百貨公司全軍覆沒。作為城市再生的改造一環，曾經以「銷魂一刻」熱鬧一時的黃金町鐵橋下，於二〇〇八年開始舉辦藝術節「黃金町市集」，並改造成年輕藝術家們的文創據點之一。

元次郎去世後，「Chat noir」曾標價出售，但始終沒有買家。如今大西尚造的兒子接下了「Chat

noir」，雖然營業照舊，但已沒有從前的氛圍。電影公映前，元次郎、杉山義法、廣岡敬一、瑪麗小姐便已經離開了人世；電影公映後，團鬼六、福長惠美子、高見澤政雄、清川充等多位在片中接受採訪的人或協力者也都紛紛離世。但參與過這部電影或與這部電影有關的人們，我會永銘在心。

本書完成的二〇一六年，參與根岸家採訪的松葉好市去世了。在電影公映前他的就罹患大動脈瘤，當時經營的日式酒吧「古巴」也歇業了。但他愛喝酒的習慣還是改不了，我和他每年見面一兩次，都會喝上一杯。然而，他的結局實在令人唏噓。一個老友打了幾次電話給他都沒人接，趕到他家，發現他已經死在自家床上，就像睡著了一樣。享年七十九歲。告別式的列席者寥寥數人，悄無聲息就辦完了事。不經意抬頭看到祭壇上的遺照，竟是聚焦模糊的照片。大概是幾年前拍的快照，硬是拿去放大。幾年前就患有失智症的松葉之妻博美，看著丈夫的遺像問眾人，「這個人是誰呀？」一想到這就是曾經在伊勢佐木町迎風而行的時尚老紳士的葬禮，與其說是悲傷，更多的是空虛。蓋棺告別之際，發生了令在場者震撼的一幕。妻子博美看到棺材中松葉的臉龐，突然哭了起來。「你怎麼了？你怎麼會躺在這裡！」與老伴告別的最後一刻，本已忘卻的記憶好像又被喚醒了。其實，松葉不算是一個好丈夫。他本來和博美經營「古巴」時，曾扔下一句：「我去買包菸！」結果就與情婦私奔了。儘管如此，兩年後，他竟又手上夾著根菸、若無其事般地回到了家。此時，博美抱著他的頭哭個不停。或許愛情的力量，可以在那瞬間喚回失去的記憶吧。

我們這些列席者，只能站在一旁看著。曾經，我試圖藉由《橫濱瑪麗》將消失的「記憶」記錄，整理出來。但是看著眼前的情景，才知道即使沒有記錄，記憶也不會消失，一定會在某處留下。那是比起以電影作為紀錄，更足以讓人敬重珍惜的。

7　為瑪麗小姐掃墓

電影公映已過去十餘年。然而對我來說，「電影」仍然沒有結束。我指的並不是還要拍這部電影的續集，而是《橫濱瑪麗》的製作與上映雖然告一段落，但在我內心裡它還沒有結束，因為我還有一個銘心刻骨的夙願。

二〇〇六年八月，東京和橫濱的放映結束後，我動了念，想去為瑪麗小姐掃墓。於是，我找了白新舍的山崎君子。就在和瑪麗小姐的老家聯絡、確定行程的時候，意外得知瑪麗小姐的弟弟和弟妹皆相繼去世了。根據弟弟的孩子，也就是瑪麗小姐的侄子表示，二〇〇六年春天接受《週刊朝日藝能》採訪之後，兩人不久即離開了人世。由於與電影公開上映的時間相近，不免也讓人覺得巧合。我們跟瑪麗小姐的侄子商量祭拜墓園之事，結果令人遺憾。對於侄子而言，自己和瑪麗小姐這位偶爾回一趟老家的陌生姑姑毫無親情。他雖沒明說，但意思是不希望我們去，也難免流露出麻煩、別來打擾的語氣。掛了電話後，君子喃喃地說：

「每一代人想法不一樣，這也是沒辦法的事情。我們就到此為止吧。」

二〇〇六年九月廣島上映首日，有一個令人欣慰的重逢。在瑪麗小姐生活的養老院進行採訪準備期間，曾照顧過我的清川充趕來了。他已結束隻身赴外地工作的生涯，回到廣島和家人團聚。車站前迴轉道的那一幕又在腦海裡浮現，我不禁感到心頭一熱。當時他給我的一萬日元已經用罄，但這份情誼，我一直記在心中。我告訴清川，「當時，我就是在準備這部電影。」他聽了只是笑著點點頭。能讓他看到這部電影，彷彿整件事終於可以塵埃落定。

然而，終究不是真正的塵埃落定。我在廣島的首映上致完辭後，第二天便與森日出夫一起趕往瑪麗小姐的故鄉。單線電車的窗外，是一片熟悉的風景。這趟路，起初是我一個人走這條線，第二次則是和元次郎，還有攝影中澤。

這次，是第三次。中途，《神奈川新聞》的記者白鳥明美也和我們會合。電車駛過養老院附近的車站後，再換乘另一輛單線電車，在瑪麗小姐老家附近的無人車站下車。這個村落與二〇〇〇年夏天我第一次來的時候相比，全無變化，時間似乎在這裡停止了。天開始下起毛毛雨，我們也沒撐傘，走在鄉間小路上。九月初旬，正是夏季的濕悶季節，走著走著就汗流不止。抵達瑪麗小姐家的老家，廊臺上坐著一位中年男子。原來，他就是瑪麗小姐的侄子。當然，我們事先並沒有約定告知，於是簡單地向他做了自我介紹，並遞上一盒橫濱名產「有明 Harbor」。

「可以的話，請把這個供奉在瑪麗小姐墓前。」

「我也想帶你們過去啊，可是下起雨了。」

「不，沒關係。我們也不是為了這個特地前來。」說完，我們便離開了。

回程的電車還要等三十分鐘左右，我們便在村子裡走了走。二〇〇〇年第一次來時在村裡轉了轉，已然時隔六年。一望無際的田地裡依舊散落著幾家木材加工廠，以及一條單線鐵路，和一座無人車站。森日出夫不顧雨淋，只是默默地拍著瑪麗小姐故鄉的風景。瑪麗小姐的侄子告訴我們，瑪麗小姐的墓地就在老家附近的山裡。不去墓地也好。我們只想在瑪麗小姐出生成長的地方稍事追悼。況且很難有機會再來了，所以儘量想把這片風景深深地印入腦海。

回到車站的候車室坐下，我們以罐裝啤酒遙祭瑪麗小姐。「啊，好喝。」方才一直走動，如今苦澀的啤酒滲入乾涸的喉嚨間。電車抵達的時刻已近，幾個附近的居民沿著鐵路爬上了月台。再次目睹這似曾相識的一幕，不可言喻的惆悵襲上心頭。

我將啤酒一飲而盡，上了電車。從車窗凝望瑪麗小姐的故鄉，幾分鐘的光景，電車就駛入漫長的隧道。我探頭向車尾望去，黑暗中的一縷光在隧道盡頭亮著。那光亮所在便是瑪麗小姐的故鄉。慢慢地，那縷光變得像豆子一樣小，最後完全融入一片黑暗。漫長的黑暗就這麼持續著，一如銀幕全黑時那般。只有電車行駛的聲音充斥耳廓。我問自己，這部電影結束了嗎？不，只要我活著就不會結束。同時，和這部電影相關的人們，只要這些人的人生不落幕，這部電影就不會結束。我相信著。

文獻引用與資料提供

文內引用資料出處

第一章

《白色瑪麗》（中島羅門／講談社／一九九七年）
《宮田登談日本第九卷——城市的民俗學》（宮田登／吉川弘文館／二〇〇六年）
《旅館內部祕話》（花井和子／近代文藝社／一九九五年）
《PASS　橫濱瑪麗》（森日出夫／天野攝影工作室／一九九五年）
〈資料提供〉林海象、長田勇市、五大路子、橫濱夢座

第二章

《橫濱中區史》
《橫濱市史》
《橫濱市史Ⅱ》
《橫濱市史稿〈風俗篇〉》（橫濱市政府編輯／一九七〇—一九七四年）
《神奈川縣警察史》（一九八五年）

《橫濱西區史》（一九九五年）
《圖說橫濱歷史》（橫濱市民局市民資訊室宣傳中心／一九八九年）
《橫濱的歷史》（橫濱市教育委員會／一九七七年）
《美那登能波奈橫濱奇談》（菊苑老人）
《橫濱的傳說與口碑》（中區磯子區篇／一九三〇年）
《三之宮與阿三的傳說》（早川茂男／一九九九年）
《橫濱舊吉田新田研究》（石野瑛／一九三六年）
《橫濱今昔》（每日新聞橫濱分社編／一九五七年）
《橫濱開港側史》（橫濱貿易新報社／一九七九年）
《丸善社史》（丸善／一九五一年）
《都市橫濱的半世紀》（高村直助／有鄰新書／二〇〇六年）
《橫濱大棧橋物語》（客船與港口遺產會編，JTB出版／二〇〇四年）
《橫濱釋惑散步》（谷內英伸／廣濟堂出版／一九九八年）
《橫濱閒逛伊勢佐木百科》（神奈川新聞社／一九八六年）
《開港慰安婦與被歧視的部落》（川元祥一／三一書房／一九九七年）
《橫濱 chabu 屋物語》（重富昭夫／世紀出版／一九九五年）

《美利堅阿濱的一生》（小堺昭三／波書房／一九七二年）

《Grotesque》一九二九年六月號

谷崎潤一郎《潤一郎迷宮〈15〉》之橫濱故事〈港都的人們〉（谷崎潤一郎／中公文庫／一九九五年）

《中央公論一九三一年四月號　橫濱國際旅館街的國際女郎》（北林透馬）

《戰後性風俗大系　我們的女神們》（廣岡敬一／朝日出版社／二〇〇〇年）

《唐人阿吉物語》（竹岡範男／文藝社／二〇〇六年）

《洋娼史談》（戶伏太兵／鱒書房／一九五六年）

《國家賣春命令物語》（小林大治郎、村瀨明／雄山閣出版／一九七一年）

《敗者的禮物》（Duus昌代／講談社／一九七九年）

《百億日元的賣春市場》（橋本嘉夫／彩光新社／一九五八年）

《反骨七十七年　內山岩太郎的人生》（神奈川新聞社／一九六八年）

《續・日本貞操〈被外國士兵奪去貞操的日本女性之手記〉》（五島勉編／蒼樹社／一九五三年）

《新編我的昭和史4　追逐世態　進駐軍慰安作戰》（鏑木清一／東京12頻道社會教養部／一九七四年）

《週刊每日畫報　一九六二年八月十二日號　我所看到的毒品之町『橫濱的非法交易地段』》

《橫濱回憶相簿　城市與市民的表情》（橫濱市民局市民活動部宣傳中心篇／一九七九年）
《溯源橫濱史話》（橫濱開港資料館、橫濱開港資料普及協會／一九八八年）
《日本放送協會歷史大講堂〈第20卷〉黑船襲來》（日本放送出版協會／一九八九年）
《橫濱的民間故事》（萩阪升／武藏野文化會／一九七六年）
《橫濱人物傳名照汗青五十人》（橫濱開港資料館編／一九九五年）
《街談巷議橫濱史》（橫濱開港資料館編／神奈川新聞社／二〇〇二年）
《地標建築講述神奈川100年故事》（讀賣新聞社橫濱分社篇／有鄰堂／二〇〇一年）
〈資料提供〉野毛山節保存會

第三章

〈資料提供〉永登元次郎

第四章

《危險的毒花》（常盤刀洋子／三笠書房／一九五七年）
《橫濱再現》（奧村泰宏、常盤刀洋子／平凡社／一九九六年）
《橫濱街頭生活》（佐江眾一／新潮社／一九八三年）

《橫濱中區史地區篇》
〈資料提供〉清水節子、杉山義法、五大路子

第五章

《橫須賀老虎板通物語》（藤原晃／現代書館／一九九一年）
《橫須賀老虎板通繁盛記》（藤原晃／神奈川新聞社／一九九五年）
《邀你進入民俗學的世界》（宮田登／築摩書房／一九九六年）
《文獻　戰後「性」的日本史》（伊藤裕作／雙葉社／一九九七年）
《昭和・平成家庭史年表》（下川耿史、家庭綜合研究會／河出書房新社／二〇〇一年）
《日本史年表》（日本歷史大辭典編輯委員會／河出書房新社／一九九七年）
〈資料提供〉山崎君子

第六章

〈資料提供〉李纓、龍影、永登元次郎

第七章

《世界電影作家3　黑澤明》（電影旬報社一九七三年三月）
《巨匠的技巧　黑澤明及其團隊》（膠片藝術社／一九八七年）
《戰後性風俗大系——我們的女神們》（朝日出版社／二〇〇〇年）
《横濱中區史　地區篇》（一九八五年）
〈資料提供〉栗林あゆ子

【為本書提供協助的人】小林幸江、志澤政勝、白尾一博、瀨木廣哉、竹本真紀、中村晶子、三木崇、吉田泰治（五十音順）

國家圖書館出版品預行編目資料

橫濱瑪麗：日本最傳奇街娼的崛起與沒落，獨自背負戰後代價的女性身影，一段不為人知的橫濱滄桑史／中村高寬作；柏樂譯. -- 初版. -- 臺北市：麥田出版：家庭傳媒城邦分公司發行, 2023.01
面；　公分
譯自：ヨコハマメリー：白塗りの老娼はどこへいったのか
ISBN 978-986-344-796-2（平裝）
1. CST：娼妓　2. CST：日本橫濱市
544.76931　　109009541

橫濱瑪麗
日本最傳奇街娼的崛起與沒落，獨自背負戰後代價的女性身影，
一段不為人知的橫濱滄桑史
ヨコハマメリー：白塗りの老娼はどこへいったのか

作　　者／中村高寬
譯　　者／柏樂
文字校隊／李靜宜
文字編輯／賴逸娟
責任編輯／何維民

版　　權／吳玲緯
行　　銷／闕志勳　吳宇軒　陳欣岑
業　　務／李再星　陳紫晴　陳美燕　葉晉源
副總編輯／何維民
編輯總監／劉麗真
總 經 理／陳逸瑛
發 行 人／凃玉雲
出版／麥田出版
104台北市中山區民生東路二段141號5樓
電話：（886）2-2500-7696　傳真：（886）2-2500-1967
發行／英屬蓋曼群島商家庭傳媒股份有限公司城邦分公司
104台北市中山區民生東路二段141號2樓
書虫客服服務專線：(886)2-2500-7718；2500-7719
24小時傳真服務：(886)2-2500-1990；2500-1991
服務時間：週一至週五09:30-12:00；13:30-17:00
郵撥帳號：19863813　戶名：書虫股份有限公司
讀者服務信箱E-mail：service@readingclub.com.tw
麥田部落格：http://blog.pixnet.net/ryefield
麥田出版Facebook：http://www.facebook.com/RyeField.Cite/
香港發行所／城邦（香港）出版集團有限公司
香港灣仔駱克道193號東超商業中心1樓
電話：852-2508-6231　傳真：852-2578-9337
馬新發行所／城邦（馬新）出版集團【Cite (M) Sdn Bhd.】
41-3, Jalan Radin Anum, Bandar Baru Sri Petaling,
57000 Kula Lumpur, Malaysia.
電話：(603) 9056-3833 傳真：(603) 9057-6622
Email：service@cite.my

封面設計／兒日設計
電腦排版／黃雅藍
印刷／前進彩藝有限公司

2023年1月　初版一刷
定價：480元

ISBN 978-986-344-796-2